U0032552

臺灣農民運動與土地改革 1924-1951

The Peasant Movement and Land Reform in Taiwan, 1924-1951

蔡石山

黃中憲 譯

獻給 Tennyson 與 Cordellia

目次

表格、插圖一覽表

表格

插圖

序

在二十世紀初期國與國息息相關的世界裡，俄羅斯一九一七年十月革命的政治海嘯迅即傳到中國與日本，然後在一九二〇年代初期也從日本傳到臺灣島。在一九一〇年代至一九三〇年代這段動蕩時期，中國對臺灣人政治團體未有重大影響。在日本，工人組織和佃農組織一夕之間紛紛冒出。最初，在山川均（一八八〇～一九五八）、麻生久（一八九一～一九四〇）、佐野學（一八九二～一九五三）之類日本社會主義者引導下，在總部設在大阪的日本農民組合指導下，一些臺籍年輕知識分子，特別是關心甘蔗寡占事業支配臺灣農村一事的簡吉（一九〇三～一九五一）、李應章（一八九七～一九五四）、趙港（一九〇一～一九四〇），一九二五年時已開始糾集佃農成立組合。他們把矛頭指向大多為日本人所有的製糖會社，替臺灣佃農爭取較好的條件和公平待遇，包括要求製糖會社替收購的甘蔗秤重時讓蔗農在場。他們的組合運動路線使佃農的抗爭成為兼具政治性與道德性的運動，得到全島人民支持。

地主，尤其是在外地的日籍地主，在臺灣農村社會內造成嚴重不平等，使務農者處於極弱勢地位。日本資本家總共控制了全島農業投資與資本的八成；少數有地的臺籍寡頭統治集團和退休的日籍暴發戶收取佃租，享受都市生活的財富、權力、高尚文化。鳳山、二林、大甲、虎尾之類典型的臺灣農村，一九二〇、三〇年代期間普遍來講似乎平靜無波，但鄉村生活很苦。沒有現代機械化器具，農民日出即到田裡幹活，通常直到日落才休息。但他們的生活水平不高，因為農民的財富占國民財富總額的比例愈來愈低。只要來場嚴重天災或歉收，農民就得吃番薯配乾鹹豆、喝螺肉湯度日。他們的妻小往往得工作以貼補家計。更糟的是，他們向地主借錢時，利率高到他們有時得把女兒賣給妓女戶才還得了債。一九二二年，生產一石米（合五．〇一蒲式耳）約需四十五圓五十一錢，但一石米在市場上的價格只有三十四圓七十九錢。那意味著農民每生產一石米就得虧十圓七十二錢。[1]同樣的，臺灣蔗農完全無權決定自家甘蔗的價格，需要購買肥料、工具之類東西時，只能任由他們的日籍甘蔗園園主擺布。那不是穀倉豐盈、一派恬靜的田園景象，而是貧窮、絕望的大地，只立著一些製糖工廠煙囪，還有大批農民掙扎度日。

加入農民組合的臺灣人，從一九二六年的數千人增加為一九二七年的約兩萬四千人，到了一九二八年已增加到超過三萬人，該組合的分支機構從一九二六年的幾個增加為一九二九年的三十個。光是一九二七年（正好是日本發生經濟恐慌且使臺灣受波及發生經濟危機的一年），臺灣的農民組合就陳情三百四十四次，抒發對日籍地主和會社的不滿，其中某些陳情導致糾紛和逮捕、審判，進而導致一波抗議。在臺灣的農民運動史上，一九二五至一九二八年這段期間，儘管有一些小衝突、抗議、輕罪行為，相對來講較平靜。另一方面，一九二九至一九三四年這段期間，由於殖民當局嚴加管控社會團體，同時第三國際代理人強行擠入組合的領導階層，帶來嚴重困擾，臺灣的農民運動處於多事之秋。

到了一九二八年晚期，臺灣共產黨黨員已開始滲入臺灣農民組合。日本拿下滿洲之後，日本殖民政府於一九三一年十二月開始大力取締臺灣共產黨員和其追隨者，導致臺灣境內四十五名農民組合員遭判罪。臺灣農民組合的中心人物，剛出獄的簡吉，因為加入臺灣共產黨再被判十年徒刑，要到一九四一年十二月才重拾自由。其他農民，若非像簡吉那樣被判不等刑期而入獄，就是逃到中國大陸。臺灣農民組合困擾於派系對立，因不同意識形態而分裂，且領導階層入獄的入獄，逃的逃，組合成員隨之減少到數千人，再減少到數百人，到了一九三四年，臺灣農民運動，實際上已一蹶不振。但它留下臺灣行動主義遺產。本書會以數字呈現一九二四至一九三四年間農民組合所協助激發的騷亂和爭論並予以分析，也會以文獻證明每當有臺籍農組領袖遭日警逮捕，送上法庭審判，都有日籍律師，包括布施辰治（一八八〇～一九五三）和古屋貞雄（一八八九～一九七六），被派來協助臺籍律師。

一九二〇、三〇年代，臺灣的農民組合運動與日本的農民組合運動密切相關。一九二四至一九三四這十年間，農組領袖協助喚醒農民的社會、經濟意識。他們主辦了數場廣被宣傳的示威和騷亂，在法庭內外對抗殖民當局和地主。但這些活動主要限於局部地方：農組未能發起全島性罷工；也未能挑起民眾造反。最後，這些歷練不足的臺籍農組成員的下場，和一九二〇、三〇年代墨索里尼、希特勒、佛朗哥在義大利、德國、西班牙掌權時，遭國家社會主義者無情消滅的社會主義者／工運人士的下場沒有兩樣。中國共產黨的下場亦然，一九二七至一九三四年間差點遭蔣介石（一八八七～一九七五）的國民黨軍隊殲滅。事實上，當日本的激進組合員和共產黨員一個個入獄，激勵和支持臺灣農民運動的來源隨之幾乎遭切斷。更糟的是，臺籍農組成員之間的失和，加上無所不在的日警的監視，使組合難以擴大其基礎。於是，臺灣的農民組合運動，一度慷慨激昂、充滿熱情、衝勁與理想，卻於十年後分崩離析。但這場運動、激昂的演說、地下出版品、著名的訴訟案，全都有助於島民認識此前完全陌生的許多社會主義、西方民主主義觀念，包括剩餘價值、歷史唯物主義、一天八工時、罷工權、受治理者的合意、普選、選舉權、自治、繳給地主三十七．五成的收成和諸如此類的觀念。

從一九四五年日本投降到一九五一年韓戰休戰，新臺灣成為日本人、美國人、中國人匯聚之地。就在這一動蕩時期，臺灣經歷了日本人遭遣返、二二八屠殺（一九四七年全島起事反抗國民黨政府，詳見第六章）、國民黨在中國大陸的潰敗，以及新世界強權美國施予援手。當時的臺灣經濟破敗，靠美國的支持苦撐。國民黨被迫遷臺後，該黨部分領袖理解到它在大陸的最大失策且是廣被宣揚的失策，乃是未能助中國農民改善生活，農民民心背離國民政府。但另有些領袖舉出別的理由：中國連年征戰，先是抗日，然後在打敗日本後幾乎立即就陷入國共內戰。二次大戰後，美國「馬歇爾計畫」設立農復會，努力協助振興中國大陸的農村經濟，欲藉此反制中國共產黨大力推動的土地改革，但為時已晚。

但一九五〇年，當簡吉被國民黨政權（詳見第六章）下獄時，農復會在臺復出，以為島上的農村經濟提供金援、專門技術、方向和管理。農復會是國民黨政府公務體系外的機構，其在農業作業上幾乎完全自主，因此在改造臺灣鄉村上，農復會的角色如同建築工程事務所。於是，農復會除了推動農村發展，也在一九五〇年代臺灣備受讚揚的土地改革上扮演領導角色。那一重大的土地改革能成功，乃是因為國民黨統治者來自大陸，與本土地主沒有多少瓜葛，因為許多大地主若非是已逃走的日本人，就是已從國民黨政府那兒得到工商股票和債券作為補償的臺灣人。最後，在美國的催促和美國農業專家雷正琪（Wolf Isaac Ladjinsky，哥倫比亞大學博士，一八九九～一九七五）建議下，一九五〇年代臺灣施行耕者有其田，從而有效破除一九二〇、三〇年代地主欺凌佃農的大部分惡行。左派人士簡吉追求讓臺灣佃農一年所繳佃租最多只達主要收成的百分之三十七・五（三七五減租）或讓他們擁有自己的農田，而這一夢想，令人意想不到的，至此終於實現。

由於資金全由農復會經手使用，技術人員包含了美國、大陸、臺灣的專家，它所施行的計畫不只有助於餵飽來自中國大陸的兩百萬難民，解決臺灣戰後糧食不足、貿易失衡、通膨惡性循環的問題，還提供島民有用的新材料、先進設備、技術、資本，從而也大大改善了臺灣農民的生活。一九五一至一九六三年這期間，臺灣在農業方面的投資，五成九來自農復會。從一九五二至一九五九年，拜農復會所擬的農業計畫和土地改革的刺激之賜，農業產量以每年平均百分之四的速度成長，人口成長率則是百分之三・六。最後，臺灣農業部門內長期隱而未發的衝突終於平息，從而為一九七〇年代和那之後臺灣經濟的迅速成長鋪平了道路。因此，眼下不只該把大陸人與臺灣人間的族群緊張擱在一旁，還該嚴肅反思臺灣歷史上一段艱辛痛苦的歲月。

注釋

1 《臺灣民報》，第一五四號（一九二七年四月二十四日）。

誌謝

國立交通大學人文與社會科學研究中心，推動以「臺灣海洋文化的吸取、轉承與發展」為題的叢書出版，這本書定位為該叢書的一冊，大部分材料和資料是在二〇一〇至二〇一二年間我擔任該中心主任時蒐集。我要感謝交通大學莊英章院長和吳重雨校長二〇〇九年為我在該校開設講座教授職。簡明仁博士提供了與一九二〇、三〇年代臺灣農民組合有關的許多歷史文件，包括中文和日文的文件。我還要感謝財團法人大眾教育基金會的慷慨資助，並允許我使用該基金會臺灣農民組合收藏品裡的數張照片。

為此出書計畫做研究、撰寫期間，澳洲蒙納許大學（Monash University）的 J. Bruce Jacobs、中央研究院的黃富三、聯經出版公司的林載爵、遠流出版公司的王榮文、國立交通大學的王維資給我鼓勵、友誼和協助。最後但並非最不重要的，我要再度感謝家人對我的學術事業給予一貫的體諒和始終不減的支持。

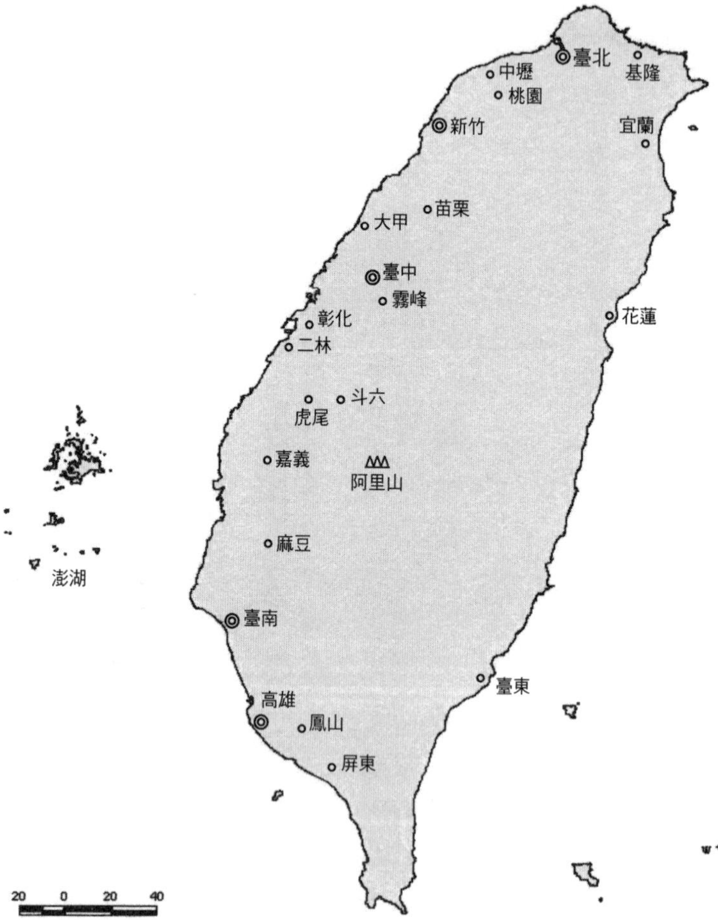
臺北
基隆
中壢
桃園
新竹
宜蘭
苗栗
大甲
臺中
霧峰
花蓮
彰化
二林
斗六
虎尾
嘉義
阿里山
麻豆
澎湖
臺南
臺東
高雄
鳳山
屏東
20 0 20 40

臺灣地圖

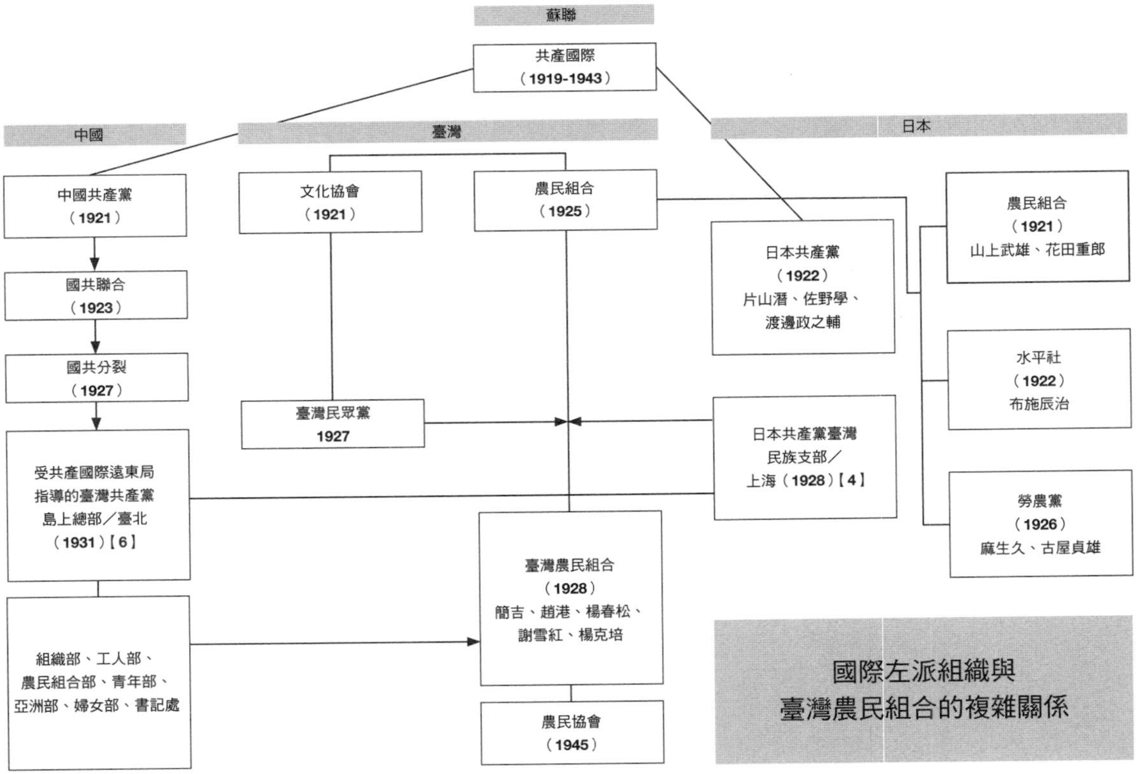
蘇聯
共產國際
（1919-1943）
中國
臺灣
日本
中國共產黨
（1921）
國共聯合
（1923）
國共分裂
（1927）
受共產國際遠東局
指導的臺灣共產黨
島上總部／臺北
（1931）【6】
組織部、工人部、
農民組合部、青年部、
亞洲部、婦女部、書記處
文化協會
（1921）
臺灣民眾黨
1927
農民組合
（1925）
臺灣農民組合
（1928）
簡吉、趙港、楊春松、
謝雪紅、楊克培
農民協會
（1945）
日本共產黨
（1922）
片山潛、佐野學、
渡邊政之輔
日本共產黨臺灣
民族支部／
上海（1928）【4】
農民組合
（1921）
山上武雄、花田重郎
水平社
（1922）
布施辰治
勞農黨
（1926）
麻生久、古屋貞雄

國際左派組織與臺灣農民組合的複雜關係

臺灣農民運動與土地改革

1924-1951

第一章

臺灣農民運動的起源與背景

知識環境

過去四百年，臺灣一直如強力磁石吸引先進世界文化登門，從而造就出豐富的受殖民歷史和獨特的海洋傳統。多種遺風和影響力熔於一爐，有助於刺激臺灣島民的想法，引導臺灣社會的發展。兩次世界大戰之間那段動蕩時期，可貼切說明此點。當時，許多見識不凡的臺灣人，主要透過日語的書籍、報紙、雜誌、電臺和其他媒材，能掌握世界重要時事和流行觀念，例如俄羅斯布爾什維克革命、威爾遜的自決原則、經濟大蕭條、民主與選舉權、馬克思主義。但由於此島的地理位置和東京加諸殖民地人民的限制，基本上由日本教育制度造就出來的臺籍菁英，成為他們日籍導師的新一批追隨者。幾乎所有的臺籍菁英，若非讀過日本大學，就是在臺灣上過正規中學，或者在這兩種學校裡都受過教育，這意味著其中某些人深受自由主義教育者和社會主義教授影響。於是，若要全面瞭解一九二〇、三〇年代臺灣的社會運動，就有必要探明那些運動在日本本土的根源。

在殖民地治理上，日本人從歐洲列強，特別是從印尼的荷蘭人那兒，吸取了一些教訓。平定叛亂和異議分子之後，日本人開始逐步擴大臺灣灌溉、防洪、港口、鐵公路工程等方面的投資和基礎建設。在這同時，臺灣總督府課重稅、收取資本服務費、利用徭役、操縱農產品價格，以管理這個殖民地。日本從臺灣輸入高級木材和農產品（特別是糖和米），向臺灣輸出工業產品。因此，島上的殖民政府未催生出強大的臺籍實業家－資本家階級，使臺灣成為日本的經濟附庸。[1]

文化上，殖民地政府的最終目標乃是同化臺灣人，使他們成為日本天皇的忠貞子民，使島民認同神道教天照大神。為了用日本精神培育臺灣人，殖民地政府於一九一九年開始讓臺籍學生就讀公學校。於是，對臺灣人來說，教育機會變多，尤其是實用的職業訓練、教書、行醫方面。例如，完全免學費的臺北師範學校，一九一九年開始招收優秀的臺籍學生。然後，在臺中和臺南，設立了以培養小學師資為宗旨的類似機構。更早時，設立臺北第一中學校這個五年制中學教育機構，主要招收日籍學生。但隨著新的社會形勢（包括暴增的城市人口和上升的識字率）激發出臺籍中產階級子弟上完小學繼續受中等教育的趨勢，殖民地政府不得不於一九二二年開辦第二家中學。臺北第一中學校招收的大多是日籍學生，臺北第二中學校則著眼於兼收日、臺籍學生。一如師範學校的情況，五年制中學校也在臺灣各大城設立。除了公立中學的必修科目（包括語言、歷史、數學、自然科學），每週一早上，這些學校的師生得一起朝東京的皇宮方向鞠躬，儘管那位在數千公里外。這些中學校也按日本傳統行事曆過節放假，包括二月十一日過建國祭（又稱紀元節），慶祝傳說中西元前六六〇年大和國的創立，以及九月二十四日過秋季皇靈祭（日本人在秋分祭祀儀式中獻上壽司）。

二次大戰前那段時期，日本教育通常遵循歐洲教育制度，也就是從中學畢業後，想讀大學的學生得讀完預備學校，才能進入專門學院或大學，接受再三年的高等教育。於是，一九二五年，殖民地政府開辦臺北高等學校（今日國立臺灣師範大學前身），訓練優秀的中學畢業生。但招生時大大偏袒日本人。一九四〇年，島上有將近五百七十萬臺灣人和三十四萬六千六百三十名日本人，但只有八十七名臺灣人就讀臺北高等學校（相對的，就讀的日本人有三百三十四人）。一九四一年，全部學生為三百六十三名日本人和一百零四名臺灣人。[2] 臺北高等學校被視為臺灣島上英才的薈萃之地，該校學生會看政府喉舌《臺灣日日新報》，攻讀日本神話、歷史、古詩、古典文學、當代小說。但透過在西方留過學的教授之口，學生也接觸到較自由主義、較世界性的觀念。這些學生也能拿到《阿拉伯勞倫斯的生平》、愛因斯坦的《物理學的誕生》（岩波書店翻譯、出版）之類書籍，以及康德哲學論著、歌德《浮士德》的譯本一讀。

配合這所預備學校的創立，一九二八年殖民地政府創立臺北帝國大學（今日國立臺灣大學前身）。它基本上是個研究機構，以滿足日本的殖民事業需求為宗旨，其主要課程集中於熱帶醫學、熱帶農業和華南、東南亞的亞熱帶地區。因此，根據該大學的檔案，一九三九年時全校有教學、研究人員七百零八名，學生卻只有三百七十三人（日人兩百八十三名、臺人九十名）。就讀這所全臺唯一道地大學的臺籍學生，大部分選擇讀醫。[3]

想讀大學但出於某個原因既未讀臺北高等學校、也未讀臺北帝國大學的有錢臺籍青年，總能找到辦法入讀日本境內的其他高等學校或大學。於是，一九二〇年代那十年，赴海外上大學的臺籍青年愈來愈多，出現許多被公認為臺灣先驅性知識分子的臺籍作家和律師。一次大戰爆發時，約有三百名臺籍學生就讀日本數所大學，到了一九二二年更增加為超過兩千四百人。中國民族主義於一九二〇年代高漲之後，在北京、天津、上海、廈門求學的一些臺籍學生組成團體，推動臺人自決。但他們的活動侷限於寫文章、演說、辦群眾大會。但日本自由主義和中國民族主義無疑對數個海外臺灣人組織的形成和活動，施加了不可否認的影響。

一次大戰結束時，為將日本境內所有臺籍有志之士聚於一堂，臺灣慈善家林獻堂（一八八一～一九五六）和行動家蔡惠如（一八八一～一九二九）決定將在日臺籍學生組織成新民會（一九一八～一九二三），以改革日本在臺總督府、出版既能讓日本民眾瞭解臺灣真實情況且能開拓臺灣人眼界的雜誌、爭取中國人民支持為目標。新民會於一九二〇年七月出版其第一期月刊《臺灣青年》，主編為蔡培火（林獻堂的個人秘書和日語翻譯）。接下來十年，直至一九三七年，不管是在臺灣島內還是島外，《臺灣青年》一直是受過教育的臺灣人最喜愛的刊物。[4]

一九一三年，三十三歲的林獻堂，透過王學潛（一八六八～一九二七）的介紹，結識板垣退助伯爵（一八三七～一九一九）。板垣原是四國島南部的土佐藩武士，日本最早政黨自由黨的創辦人，明治時代最有影響力的政治人物和思想家之一。林獻堂邀自由派的板垣於一九一四年二月訪臺，以遏制臺灣的殖民政府，使日人、臺人間嚴重的不平等廣為周知。在臺時，板垣告訴林獻堂的臺灣同胞，他支持臺人擁有自由和人權。[5]他公開促請日本人將臺灣人當成平等的夥伴予以同化，因為他堅信沒有平等的對待，不可能合為一體。[6]板垣在演說和著作中指出，臺灣除了具有經濟、商業價值，還能在日本的海洋防禦上扮演吃重角色。他深信由於臺灣扼守臺灣海峽和巴士海峽，地理位置重要，要建立新東亞秩序，絕不能將臺灣排除在外。[7]

從更廣的視角來看，一九二〇年代是自由主義、社會主義、上漲的民族主義在世界某些地方擅場的時代。一九二一年十月十七日，部分由於板垣等日本自由主義思想家的激勵，林獻堂、蔣渭水醫師（一八九一～一九三一）和一小群受過教育的臺灣人組成臺灣文化協會（一九二一～一九三〇）。臺灣文協的目標，乃是發揚臺灣本土文化，把某種民族主義灌輸進所有島民腦海裡。約兩百八十名創會會員中，有幾名地主，但大部分是學校教師、律師、醫生。在這同時，一九二三年新民會改名，重組為臺灣議會期成同盟。一九二一至一九二四年間，新民會和臺灣議會期成同盟向日本帝國議會總共提出十五次請願，要求帝國議會裡有臺灣民選代表，要求設置由島上所有居民（日本人和臺灣人）普選出的臺灣議會。臺灣議會的權力將包含制訂法律和批准臺灣總督府預算。

接下來數年，由於臺灣文化協會的成員有一部分兼有臺灣議會期成同盟成員的身分，臺灣文協在全島各地主辦了一連串公開演講，在林獻堂的霧峰家開辦了夏季講習會。臺灣文協也四處分發小冊子，舉辦群眾大會，以宣揚島民選出代表成立民選議會的主張，要求讓臺灣人享有愛爾蘭式自治。一九二四年時有七十一人簽署請願書，到了一九三二年增加為兩千六百八十四人。臺灣文協、《臺灣青年》、議會設置期成同盟帶頭促成臺灣民族覺醒，有助於將民族意識灌輸到島民心裡。最後，這兩個組織更加受到深具見識的島民歡迎，原因之一是它們分布甚廣，得以贏得許多贊成民主象徵、平等主義、社會立法、民族解放的臺灣人支持。

事實上，在一九二五年簡吉等人將臺灣農民組成組合時，就有幾名臺灣文協成員也積極支持該組合的計畫，參與了一連串全島演說（後面會詳談此事）。日本殖民地統治者心懷整合之念，能容忍散發請願書、簽名聯署的活動，但針對上漲的臺灣民族意識和自治要求，卻有計畫的設置障礙予以阻撓。他們唯一的目標，乃是使該島成為日本帝國不可或缺的一部分。一九二六年，日本內閣總理大臣若槻禮次郎（一八六六～一九四九）宣布，臺灣人還未準備好參與任何種類或形式的自治。要到二次大戰末期，裕仁天皇才終於同意指定四名臺灣人進入帝國議會，象徵性代表他殖民地的民意。[8]

自由派日本人和知識分子將現代觀念、技術、醫學、公共衛生帶給他們眼中落後的受殖民島民，但未帶給他們政治組織和社會組織。殖民地當局一方面阻止統治者與被統治者自由往來，一方面普遍來講尊重臺灣人的習俗和本土傳統，不干預臺灣人的社會制度（家庭、婚姻、宗教習俗）。這一不干預的社會政策，在某種程度上有助於使本土島民對異族支配的怨恨降到最低。但殖民地統治的確找到辦法根除臺灣人吸鴉片、纏足的習俗，也內化、改良保甲制度，將它改造為日本新的殖民地控制機制，藉此修改傳統的鄰里互助制。這一重獲啟用的制度，精心選出甲長、保正予以培訓，與日警密切合作，最終形成某學者所謂的「殖民地治理集團的第四級」，使日本人得以比明清中國更深入臺灣本地村里。保甲長負責維持治安，提供義務性的修路勞力、清理水溝，以及替政府收稅和收規費。保甲長也得協助警察監視罪犯、未登記的鴉片吸食者和保甲裡不服管教者。此外，保甲長招募十七至五十歲的男子加入地方民兵組織「壯丁團」，並協助推動村里服務計畫，例如瘧疾防治。到了一九〇三年，全島已有四千八百一十五個保和四萬一千六百六十個甲，還有一千零五十八個壯丁團，團員十三萬四千六百名。[9]

一九二〇、三〇年代期間，日籍青年和臺籍學生都碰上形形色色的制度與觀念，因為日本知識分子和作家常讓人摸不清楚其真正立場，針對生與死、信仰與宗教、政治意識形態與個人救贖、國家與帝國提出相牴觸的看法。為日本殖民主義辯護的代表性人物新渡戶稻造（一八六二～一九三三），一九〇一至一九〇三年任臺灣「糖務局長」，後來主講東京帝國大學「殖民政策講座」，主張人道對待殖民地人民。新渡戶留學美國，娶了一名威斯康辛州的女子，成為貴格會教徒。新渡戶擁有三個博士學位，身為貴族院議員和國際聯盟的創始會員，常呼籲其日本同胞要成為具有世界主義胸懷的「世界公民」，要揚棄狹隘的日本特殊主義。新渡戶思慮深、真誠、正派，始終關心大眾的福祉，而非他自己一人的福祉。在一九三二年初，社交媒體尚未問世的時代，新渡戶於某場記者會上宣布，共產主義和軍國主義是威脅世界和平的兩股勢力。難怪日本右派把新渡戶稱作「不忠」、「不愛國」、「叛國」的日本知識分子。但有許多臺籍青年才俊，包括就讀京都帝國大學、後來成為中華民國總統的李登輝（一九二三～），深受新渡戶的世界主義觀啟發。10

一九三〇年代，新渡戶在東大的位置由另一位信基督教的反戰人士矢內原忠雄（一八九三～一九六一）接掌。矢內原曾留學倫敦政治經濟學院，一九二九年，根據遊歷臺灣期間對臺灣人民的調查，出版了《帝國主義下的臺灣》（岩波書店）一書，主張原住民自決。但臺灣總督府宣布此書違反出版規則，予以查禁。矢內原是一九二〇、三〇年代那期間日本最具影響力的社會科學家之一，以個人風範啟發了他的學生，且不久就成為那種風範的典範。除了論經濟學和殖民問題的著作，他論述的主題還包括日本現代化和日本在近代史上的地位。一八六八年四月明治天皇宣布的「御誓文」，把「破除舊有之陋習」、「求知識於世界」與「大振皇國之基業」相連結。頂尖教育家矢內原寫道，日本要現代化，就「必須引進並消化歐美制度、技術與文化。簡而言之，那就等於是要把日本的社會與文化西化……但日本社會變得和西方社會一模一樣，並非世間的正道。」[11]

事實上，日本的確引進多種西方文化與意識形態，將其改造以適應日本國情，其中某些混合日西文化的習俗未被時代淘汰，倖存下來。婦女解放是其中之一。婦女解放由平塚明（一八八六～一九七一）開始推動，她於一九一一年成立了青鞜社。隨著她的文學刊物《青鞜》鼓勵女人如英格蘭女孩那般穿著青鞜（藍襪），發掘自己潛藏的才幹，這個日本有史以來的第一個女性組織，在全國各地吸引愈來愈多人加入，為此後一連串婦女團體的誕生打下了有利條件。曾是東京一位論派教會之傳道師的鈴木文治（一八八五～一九四六），創辦友愛會以在社會裡推廣和解精神。鈴木於一九一五年出席了美國勞動聯盟大會，根據美國勞工領袖撒繆爾．龔伯斯（Samuel Gompers，一八五〇～一九二四）的教誨，一九一九年創立了日本勞動總同盟。鈴木繼續為公平、正義奮鬥，力促讓全國成年男性享有選舉權，然後在一九二五年日本帝國議會通過普通選舉法後實現。

從西方引進的其他觀念也對日本人和臺灣人產生無法抹滅的影響，著名例子包括武者小路實篤（一八八五～一九七六）與有島武郎（一八七八～一九二三）創辦的公社與合作農場。攻讀過德國哲學的武者小路、在美國待過頗長時間的有島，以及一群熱愛詩、小說、美學的人文主義者，一九一〇年四月創立白樺社。武者小路後來於一九一八年在宮崎創立公社，有島則在北海道買下一座農場，免費租給六十九家農戶。白樺社成員大部分畢業自「華族學校」，代表日本的上層貴族。白樺社成員，猶如美國的比爾・蓋茲，提倡人的自我實現和個人才幹的盡情發揮。他們的文學刊物《白樺》常引介、傳播俄羅斯托爾斯泰、美國惠特曼、法國羅曼・羅蘭等人的基督教、人道主義、自然主義觀念。[12]

為釋放社會各階層的潛力，確保經濟資源更公平分配於人民，早期明治政府想打破日本既有的等級制度，但未能如願。這一等級制度歧視部落民、阿伊努人、沖繩人、在日朝鮮人。部落民，又稱「穢多」，由從事「污穢」行業者構成，包括喪事承辦人、劊子手、屠夫、製革工、挖水溝者、薩滿僧等。部落民是遭社會排斥的賤民，因而被污名化為「下人」。阿伊努人是居住在蝦夷區域（北海道）的原住民，俄羅斯的庫頁島和千島群島上也有阿伊努人。國家的「民族平等」政策，目的無疑是提升下等人的地位，使現代日本成為更寬容的社會，但這些賤民大部分繼續在都市的少數民族聚居區和偏遠地方找到安身之地。在這一背景下，水平社這個追求平等的團體於一九二二年三月三日創立，以消除等級制度和解放受社會歧視之人為目標。水平社成員為人道主義者，深信在像日本這樣的現代社會裡，對自己同胞存有偏見、歧視乃是滔天惡行。顧名思義，水平社主張日本社會應如水平面那般平等、平滑。一九二七年三月赴臺替一群遭關押的臺灣農民在法庭上辯護者，乃是布施辰治。他擁有明治大學法學位，是水平社最具影響力的成員之一。布施與臺灣農民運動關係深厚，第三章會深入探討這點。

在日本，一九一〇年代至一九三〇年代其實是「百花齊放、百家爭鳴」時期。這一崇高的理想主義的確啟發了一位臺籍年輕學生。此人名叫林呈祿（一八八六～一九六八），明治大學法學院畢業生。他心目中的英雄是矢內原忠雄，於是他開始呼應矢內原的觀念，把反殖民主義與民族主義掛鉤。一九二三年四月十五日，半月刊《臺灣民報》出現在東京的臺僑社群裡。它的發行人是早稻田大學畢業生黃呈聰（一八八六～一九六三），總編是林呈祿。黃和林都是新民會會員和臺灣文化協會成員，由於讀者和訂戶大部分是臺籍學生和一些來自大陸的中國學生，這一新刊物裡的文章和報導大多以漢文撰寫，但偶爾夾雜日文。兩年後，《臺灣民報》改為週刊性報紙，因為它也承擔左右臺人輿論的角色。原本遭臺灣總督府禁止在臺流通的《臺灣民報》，一九二七年八月一日獲准在臺北發行。該報的臺北分社社長是王敏川（一八八八～一九四二），同樣畢業自早稻田大學，擁有政治學學位。林呈祿兩度因違反出版規則入獄，但他寫的社論大力提倡成立臺灣民選議會、臺灣自治、成立農民組合。王敏川則派他的職員和記者，包括蔣渭水的助理謝春木（一九〇二～一九六九），赴全島各地採訪新聞和重要時事。每個農民組合支部的創立典禮和臺灣農民組合的成立大會、在臺中舉行的每場年度會議，謝春木都沒錯過。他掌握各地農民組合的最新計畫和最新目標，報導農民集會、被捕、受審之事和組合領導人、行動家遭監禁的消息。後來謝春木移居上海，改名謝南光，一九三五年遭中國國民黨政權逮捕，遭指控是「日本間諜和共產黨員」。

此外，這份由臺灣人經營的最重要報紙，常將著名日籍學者、政治人物、組合領袖的文章和演說稿翻譯成中文，包括在思想、行動方面很有影響力的日本人，例如吉野作造（一八七八～一九三三）、福田德三（一八七四～一九三〇）、大山郁夫（一八八〇～一九三〇）、福本和夫（一八九四～一九八三）、山川均、麻生久、矢內原忠雄、古屋貞雄。此報也刊出簡吉、蔡孝乾（一九〇八～一九八二）、蔣渭水等重要農民組合成員所寫的文章。一九四一年二月十一日，《臺灣民報》察覺到戰事的升高和當局必會加緊對所有報紙的事前審查，不得不改名為《興南新聞》，從此轉而為日本軍國主義張揚。[13]

在一九二〇、三〇年代這些重要日本知識分子中，曾留學英美、後來在母校東京帝國大學當政治學教授的吉野作造，常撰文探討在沿襲傳統帝制的國家施行西式民主的難題。吉野主張民本主義，即民治、民享的民主政體。福田德三畢業於德國慕尼黑大學，在慶應義塾大學教經濟學，主張社會福利國體制，力促施行社會改造以因應日本工業經濟裡的快速變遷。大山郁夫就讀過芝加哥大學和慕尼黑大學，是早稻田大學教授。他目睹頻繁的勞資糾紛和地主剝削佃農之事，提倡解放日本工農大眾。為主辦巡迴公開演說，以便向日本大眾合法宣揚他們的理念，這三位來自三所頂尖大學的人氣教授（吉野、福田、大山）組成黎明會。在講究靈活變通與折衷的傳統文化裡，在極注重密切社會關係、而非注重西方科學精神與個人主義的社會裡，這些在西方留過學的學者受到他們的學生和青年愛戴與崇拜，被他們視為令人耳目一新、現代、進步的先驅。吉野被視為自由主義者，但福田和大山公開表明其與馬克思主義的密切關係。在十九、二十世紀之交，西化通常被人與殖民主義畫上等號，福田、大山之類左派作家得證明日本現代化和反殖民主義兩者並行不悖，才能說服臺籍學生接受他們的觀念。

但一九三〇年代也是法西斯主義或軍國主義的時代，民主主義失敗和國際聯盟所構想的新世界秩序瓦解是那個時代的特色。有些主張保護本土文化的日本小說家和詩人，憂心西方文化腐蝕人心。對西方文化的信任減少——若考慮到西方既有的帝國主義、種族歧視制度，這堪稱勢所必然——絕非小事，因為追求亞洲新秩序不是小事。在經濟大蕭條和軍國主義興起的推波助瀾下，泛亞洲主義這個新學說，變成取代一九二〇年代「大正民主」之脆弱議會政黨政治的口號。泛亞洲主義暗示要由日本領導中國、滿洲、蒙古之類鄰邦的改革運動，暗示日本也能將英、法、荷、美之類西方強權逐離東南亞。

在這樣的情勢下，日本政府加強壓制日本和其殖民地境內的革命左派。從一九二八年開始，日本政府祭出一九二五年的治安維持法，逮捕、關押了約三百名日本共產黨員。依據該法，凡是提倡改變日本國體或提倡廢除私有財產的團體，都不得成立。於是，在日本境內，各種左派幾乎絕跡，在它的殖民地亦然。福田於一九三〇年去世，大山於一九三三年逃到美國。誠如後面幾章會討論的，臺籍左派人士與他們的日籍老師、顧問的密切關係，與臺灣新興農民組合的密切關係，到了一九三四年也已被打斷。

聲勢日壯的日本社會主義和臺灣農民組合的萌芽

但有個舉足輕重的日本政治人物，以左派身分發跡，投身每個新興的日本勞動組合、農民組合，但後來立場轉右，提倡泛亞洲主義，支持日本軍國主義，贊同近衛文麿親王（一八九一～一九四五）的東亞共榮圈主張。此人就是麻生久。麻生一九一三至一九一七年就讀東京帝大時主修法、俄文學，欣賞且敬佩屠格涅夫（一八一八～一八八三）和托爾斯泰。從東大畢業後，麻生為《東京日日新報》短暫效力，撰文稱頌列寧的布爾什維克革命。在這同時，他積極參與吉野教授之黎明會的事務。一九一九年，麻生加入鈴木文治的友愛會，試圖使這個組織激進化，以推動他的社會主義目標。一九二〇年，麻生組織全日本礦夫總聯合會，親身參與數場銅礦、煤礦工人與礦場主的勞資糾紛，為此，麻生進出監獄數次。一九二五年，麻生成為日本勞動總同盟的政治部長，全心投入日本的無產階級政治運動。一九二五年十月二十二日，二十八歲的臺籍醫生李應章帶領約五十名二林蔗農（在今彰化縣）抗議一家日本人的製糖株式會社，升高了臺灣境內的農民運動。六個月後，初審期間，三十九名甘蔗工人被判犯了聚眾鬧事罪和毆打罪。日本勞動總同盟的黨綱要求「解放殖民地」、「勞工每日八工時」、「消除失業」、「獲得生產權利」，於是，麻生，身為這個有二十萬會員之政黨的政治部長，覺得他有義務出面替人在獄中的這些臺籍甘蔗工人辯護。一九二六年七月二十日麻生久抵臺。除了在臺北的法庭上替被判有罪的三十九人大力辯護，麻生也冒著極濕熱的天氣巡迴臺灣，四處演說，鼓勵臺灣農民成立組合。麻生的本地嚮導，不是別人，就是簡吉。簡吉也充當麻生的翻譯。一九三二年十月，麻生久再度來臺，但這時他的政治立場已變，他給臺灣農民運動的建議亦不同於以往。他在臺的活動詳情，接下來幾章會有更深入探討。

一九二六年夏末返日之後，麻生久糾集他在日本農民組合（創立於一九二二年）裡的追隨者和左派社會主義知識分子，在一九二六年十二月九日組成名叫日本勞農黨（Nihon Rōnōtō）的社會主義政黨。麻生獲選為此黨的主席，三輪壽壯（一八九四～一九五六）則被選為書記長。這個新政黨是一九二〇年代日本的幾個無產階級政黨之一。在分裂的社會主義陣營裡，此黨代表中間立場，該黨黨徽與錘子和丁字鎬、紅星、地球儀、NRNT

這四個字母，一起出現在盾牌上。此黨切斷與蘇聯所控制的共產國際的關係，卻自認為是革命性馬克思主義組織。事實上，此黨致力於動員勞動階級群眾進行司法鬥爭，同時反對日本介入中國，也致力於在朝鮮半島和臺灣幫忙成立農民組合。[14]

一九二七年十二月十至十二日，日本勞農黨在東京召開第二次年度代表大會。大會主席大山郁夫宣讀待議事項，包括念出帝國各地的同志和支持者寄給此次大會的賀文和賀電。會議第二天，星期日，日本勞農黨書記長報告，採行麻生指示且已在一九二七年十二月五日在臺中召開第一次全島會議的臺灣農民組合也發來賀電，「支持」此次大會。臺灣農民組合的法律顧問古屋貞雄也發來賀電，電文簡要：「恭賀召開第二次代表大會。我們努力爭取我們所要的世界。貞雄。」古屋貞雄是山梨縣人，一九一九年自明治大學畢業，取得法學位。在這之前他參與朝鮮半島農民運動，從而在殖民地事務、農業事務上取得寶貴經驗。由於他的專門知識和法律素養，古屋於一九二七年五月四日被派去臺灣，待到五月二十四日。他第一次訪臺只待了二十天，但那之後他頻繁往來於臺灣、朝鮮半島之間，充當兩地農民組合運動的智囊。一九二八年春，古屋於募集到足夠的競選經費後返回山梨，代表日本勞農黨角逐眾議院議員席次，未能如願。他曾以農民組合首席顧問的身分待在臺灣，直到第二次世界大戰結束後。戰後時期，古屋終於在改組後的日本眾議院拿下一個席位，且連任兩次。一九七六年他去世，時為日本社會黨的中央委員。接下來幾章會完整交代古屋在臺的足跡和留下的遺產。[15]

一九二七年日本勞農黨第二次代表大會時，有位叫村田的代表起身，提議表揚古屋貞雄在朝鮮半島和臺灣的成就。村田說：「顧問古屋的作為，代表我們所有人。他以我們日本勞農黨代表的身分，為朝鮮半島和臺灣受壓迫人民英勇日夜戰鬥（與會者鼓掌）。我們期望古屋先生代表我們積極解放兩千萬朝鮮人民，並提升臺灣農民的利益。我們必須進一步抗爭。因此，日本勞農黨代表大會應發電文給古屋，為他打氣！」主席大山就此動議詢問是否有人有異議。會場久久寂然無聲，這個動議隨之獲一致通過。將電文發給人在臺灣的古屋之前，書記於會上先朗讀了電文：「古屋您代表我們日本勞農黨，在前線為朝鮮、臺灣受壓迫人民的解放奮鬥。感謝您的英勇戰鬥，希望您會繼續發起新的鬥爭。發自日本勞農黨第二次代表大會。」[16]

由於有數名日本勞農黨黨員與共產黨員關係甚密，麻生久所領導的日本勞農黨建黨只兩年，就在一九二八年十二月遭解散。讀到這裡，可能會有讀者把日本勞農黨和勞農黨搞混。後者基本上由日本共產黨（一九二二年七月十五日創黨）控制，因此兩者的政治區隔很明確。從政治立場來看，中間派的日本勞農黨介於左翼的日本共黨和右翼的社會民主黨之間。因此，此黨常遭到來自其左右兩翼的批評，左翼把日本勞農黨稱作「小資產階級」，右翼則聲稱日本勞農黨正遭共黨利用。一九二八年，日本共黨試圖將日本勞農黨和勞農黨合為一體，但無法像在勞農黨內部那樣，在日本勞農黨內建立據點。一九二八年十二月二十日，麻生的日本勞農黨與無產大眾黨、日本農民黨、四個地區性政黨合併為日本大眾黨。一九二八年十月，也問世了一個與無產大眾黨有關連的女性組織，即無產婦女同盟。[17]

麻生所屬政黨的分裂、合併、轉換，說明了一九二〇、三〇年代日本一新政治現象的複雜和混亂。在一九三〇年由麻生主持的日本大眾黨某場大會上，新興的臺灣農民運動成為關注重點。由於有數名臺灣農組領袖遭逮捕、定罪，該會一些與會代表認為該黨應立即著手解救他們的臺籍同志。但當有人提議擱置臺灣議題時，麻生避掉辯論、質問的正規會議程序，斷然宣布通過「動議，推遲臺灣議題討論」。支持臺灣人的代表激動萬分，大喊「麻生，你錯得離譜！臺灣問題不是小事，這個動議不應未經辯論就通過！」[18]還有些人甚至高喊如果不把臺籍友人救出來，別想離開會場。大會頓時陷入混戰，警察被叫進場，逮捕了十九名與會代表。麻生久身陷混亂之中，無計可施，只能休會。

隨著麻生久的作風益發具爭議性，他的敵人升高對他的批評與攻擊，痛斥他是「狡詐的機會主義者」、「冒牌貨」、「披著羊皮的狼」。一九三一年七月底，麻生帶領他的幾名黨工前去九州宣揚他的「愛國社會主義」主張時，在福岡遇上一大群敵視他的抗議者。數百名左派黨員、手持標語的工會成員、佃農、戲劇演員、詩人、青年、女人出來堵麻生一夥人，並公開譴責。他們高舉各種海報，向旁觀者分發印製的材料。有份小冊子指控麻生和他的黨羽於一九二九年以一萬三千圓的價錢，把日本大眾黨賣給田中義一將軍（一八六四～一九二九）和實業家久原房之助（一八六九～一九六五）。還有些指控說麻生有個過從甚密的盟友，一九三〇年收受資本家三千圓，然後命令煤礦工人（麻生所屬政黨的黨員）取消原計畫對礦主發動的罷工。[19] 一九二八年三月二十八日，田中將軍下令大規模逮捕日本共產黨員和他們的支持者，解散左派工會和其他社會組織。久原房之助是礦業實業家，也是礦業鉅子鮎川義介的內弟。一如其他財閥，久原成為戰時日本軍國主義的右派支持者。

值得注意的，整個一九三〇年代，甚至在與他黨合併為社會大眾黨之後，麻生在日本勞農黨聯盟內的派系，繼續以獨立小集團的形態運作。一九三六年，為進一步推動他仿自希特勒之國家社會主義的「愛國國家社會主義」，麻生久出馬角逐帝國議會東京都議員席位，如願當選。一九三七年再度競選，成功連任。麻生成立了「木曜會」，其會員主要是他的東大校友、貴族、右翼領袖。「木曜會」每週四晚上聚會（常選在麻生家），討論國家大事，並整合會員意見，爭取立法。一九四〇年二月，他所屬的聯合政黨裡有些國會議員提議削減軍事預算。麻生和其小集團立即採取斷然的反制措施，將鈴木文治等反軍方的資深黨員逐出這個聯合政黨。這時，麻生構想的日本重建方案，乃是要將軍權與無產階級勢力整合為一，同時將天皇的權力與人民的權力結合在一塊。這時麻生之意識形態的核心理念，乃是崇拜國家權力和頌揚天皇的神性。但一九四〇年九月六日，麻生任職於近衛文麿的第二次內閣期間，死於心臟病發，享年四十九。[20]

一九二〇年代，愈來愈多日本青年心儀於社會主義，共產主義若非被視為解決日本所有政治弊病的萬靈丹，就是被視為社會改革綱領，在這同時，許多臺籍學生開始研讀馬列主義，冀望為自己家鄉的更美好未來貢獻一份心力。臺灣農民運動源於殖民地剝削和意識形態的勃發，因有許多上述學生的加入而聲勢大振。日警、保甲制度和財閥壟斷臺灣經濟，令臺灣人民痛恨，使島民心中的民族意識更加濃烈。這些學生裡，值得一提的是蘇新（一九〇七～一九八一，東京外國語學校）、陳來旺（成城學院）、林添進（日本大學）、何火炎（早稻田大學）。楊雲萍抵東京後不久，就積極參與臺灣青年會；後來楊雲萍成為該會附屬機構社會科學研究部一員。這一左派研究團體不久後脫離臺灣青年會，自立為組織嚴密的東京臺灣社會科學研究會。兩位日籍社會主義知識分子，在將馬克思主義和社會主義引介給臺籍學生上貢獻甚大，一是山川均，一是佐野學。山川是中學中輟生和記者，佐野是東大畢業生和早稻田大學經濟學教授。兩人參加了一九二二年七月十五日日本共產黨的創黨大會。日本共產黨創黨頭幾年，山川是該黨的龍頭老大。佐野則獲選為該黨中央委員。任教於早稻田時，佐野不只把馬克思主義引介給他的日本學生，還積極招募臺籍學生加入他的左派運動。佐野擔任日本共產黨政治局書記時，掌管國際事務。擔任此職時，佐野吸收了臺灣人（包括陳來旺、林添進、林兌）入黨，在設立臺灣民族支部（日本共黨的地下分支）上出力甚多。他於一九二五年訪臺，也為臺灣共黨半月刊《平平》寫了〈經過上海〉一文。佐野繼續下指示給臺籍共產黨員，直到一九三二年入獄為止。但與他的東大校友麻生久一樣，佐野後來在意識形態上一百八十度翻轉，棄絕共產主義，轉而擁抱「國家共同體」。著名的日本共黨創黨黨員鍋山貞親（一九〇一～一九七九），政治立場也徹底翻轉。事實上，一九二〇、三〇年代期間，日本知識分子和作家常讓人摸不清楚其真正立場，在生與死、信仰與宗教、國家與愛國精神、政治意識形態、個人救贖方面，常提出自相矛盾的看法。

山川均在意識形態上未有這樣的翻轉，但他的政治生涯還是充滿轉折。從名校京都高等學校退學後，他曾因嘲笑日本皇太子的婚姻短暫入獄。後來山川效力於社會主義者幸德秋水（一八七一～一九一一），後者將馬克思的《共產黨宣言》譯成日文並於一九〇四年出版。身為勞農派的創始會員，山川反對第三國際（詳情下一章會談），不贊成無產階級立即革命，主張採取直接的政治行動，加強與勞工運動的協同行動。由於這一路線，他批評由無政府工團主義者或虛無主義者組成的極端派系領導的無政府主義團體。

但不久，一些預料之外的事件，令日本左派大為緊張。一九二三年九月一日上午，芮式規模七．九的強震襲擊東京和其周邊地區，奪走超過十三萬條性命（大部分被燒死或被煙嗆死），損壞八分之一的基礎設施——這些統計數字不只駭人，還讓人覺得不祥。這個地震除了帶給日本人民無可估量的苦難，還嚴重破壞了日本的社會結構。這場人稱「關東大地震」的天災，震央距兩百萬人口的東京只八十公里。這一毀滅性的天災（以及二〇一一年東北地震／海嘯和連帶發生的福島核電廠熔毀），迅即激起日本人對境內朝鮮人這個少數族群的種族敵視。東京、橫濱的朝鮮居民趁震災混亂之利洗劫日本家戶財物、縱火倉庫、在井水下毒的傳言甚囂塵上。於是，無家可歸、滿肚子火的日本人找到藉口屠殺在日朝鮮人，使約六千朝鮮人遇害，日本政府不得不宣布宵禁。然後，日本當局認定犯下這些滔天種族罪的惡徒，大部分是與極端工團主義者有密切關係的勞動者。就在當局仍在從可靠人士那兒蒐集書面證詞和證據之際，有個憲兵決定自行搞定此事，殺害了大杉榮（一八八五～一九二三，無政府工團主義者的領袖）、他的情婦和一名六歲的侄子。隨著大杉的遇害，無政府主義運動在日本政治界從此無足輕重。21

大杉慘死時，敢言的社會主義知識分子山川均脫離他所協助創立的日本共產黨。到了一九二〇年代，已有數部山川的書和文章譯成中文，其中有些出現在臺灣人的喉舌《臺灣民報》上，同樣對臺籍青年，特別是臺北人連溫卿，產生某種程度的影響。連溫卿以實際行動全心支持世界語運動，提倡超越國界、宗教信仰而會使世界臻於和平的世界語言。他極為仰慕山川，宣揚山川的漸進式社會革命主張，對一九二八年一月第一個機械工人工會在臺北的成立卓有貢獻。他曾寫信給日本農民組合會長山上武雄，就成立工會之事請教山上。[22]

一九二三年間，連溫卿結識日籍年輕教師山口小靜，山口也是世界語的積極實踐者。透過山口女士的介紹，連溫卿開始與山川通信，討論社會改革、馬克思主義等議題。一九二四年五月，連溫卿陪山口到東京，以便她能在慶應義塾大學舉行的世界語協會大會上發表簡短演說。在東京時，連溫卿住在山川家，從而進一步深化兩人的師徒關係。那之後，連溫卿被同輩稱作山川學說在臺發言人。[23]連溫卿也主動協助山川蒐集臺灣經濟、社會、政治方面的研究資料。山川利用弟子連溫卿送來的資料，寫下一篇長文〈弱小民族的悲哀〉，尖銳批評日本在臺的殖民統治。一九二六年，當時在北京大學求學的臺灣人張我軍，將此文翻成中文，發表在《臺灣民報》（一九二六年，第一〇五號至一一一號）上。以下是此文的一些節錄：

第一〇五號（一九二六年五月十六日）：在「一視同仁」、「內地延長主義」、「同化融合政策」下的臺灣

臺灣有在日本全體國民的名目之下，於政治的、經濟的都受著支配的三百五十萬的民族。雖說是無產階級，對此也不能夠回避責任。我們對於他們的厲害和運命決不可無關心。今年的眾議院，接到臺灣特別議會開設的請願，又說這個請願已被認為沒有違背憲法而得了受理了。這個請願怎樣地被處理著，又由著議會結局將被如何處理，這還是不明，然而無論如何處理，這個事實，的確把許多人的注意挽到不應該忘而又被忘了的臺灣民族之上。我以為倘能介紹多少可以明白母國的殖民政策下的臺灣的資料於這個議會，這也許是對於他們的責任的一端罷。

「……山有喬木，海有龜鱉，野則穰穰之五穀熟，而百禾離離。富源無盡滅之期，寶庫任人之開發。退足以為子孫建百年之大計，進則可以伸展南方經略之大志。」

打開臺灣年鑑的一九二五年版來看，此序言中的一節，以簡潔的文字，將領臺的意義教給我們。

臺灣於明治二十八年（一八九五）被領隸，自明治三十年即立了特別會計。以當時的計畫，是預定到明治四十二年止，臺灣的經費不得不由國庫給補助。這在日本的財政是不輕的負擔，所以甚而有倡寧可放棄臺灣之說。然而臺灣的「開發」，却得到預想以上的進步，到明治三十七年（一九〇四），總督府的財政就獨立，早已沒有受本國補助的必要了。在這九年裏頭，由本國的財政所補助於臺灣的款項，為三千四十八萬八千六百八十九圓，這就是領臺以來，日本所灌輸於臺灣的本錢。

對於這個資本，日本得了什麼？試將自明治三十年到大正十年（一八九七～一九二二）止的對內貿易（臺灣與母國間）的移出入金額總計加起來，是二，〇〇三，二一二，三二〇圓……。由此生出來的純利，最低按一成五（15%）是三〇〇，四八一，八四八圓，將近十倍於日本占領以來所灌注於臺灣的本錢。……

……所以在臺灣土地集中的程度，雖是比內地較低，但是，大體上可以看做是在相去不遠的狀態。……由於自作農減少而自作兼小作增加著的事實，夠能推測到或程度。

第一〇六號（一九二六年五月二十三日）

……據大正九年到十年（一九二一至一九二二）的調查的結果——臺灣的農民究竟成立自怎麼樣的階級。

試就在大正九、十年臺灣的耕地（七十七萬六千餘甲中的）七十二萬一千餘甲來看，農戶數的六十四%強，僅僅持有耕地全體的十四．四%弱，而三六%弱卻持有耕地的八十五．六％強（一甲地合〇．九七公頃或二．四英畝）。在內地，由於土地集中的作用失去耕地的小自作農的大部分，是變成小作農（佃農）；在臺灣的，受了同樣的作用的壓迫，卻變自作兼小作農以維持命脈。再看每一戶平均的自作地和小作地：自作地是一．一三五甲，小作地是一．三八九甲（大正十年）；比較內地的，廣大些……

第一〇七號（一九二六年五月三十日）

臺灣的農民狀況——即是，在一方面雖然也有少數的大地主，但是農民的大多數，只持有些少的土地——依其耕作不足以維持其生活的些少的土地，這些小農，為了經濟上的壓迫，或失土地之一部而使自作兼小作農的社會層膨脹，或完全失掉土地變成小作農，其餘的，從農業被驅了出來。再在一面雖也行著如製糖會社的經營地或總督府殖產局所有的進步的大規模的耕作，但是農民的多數是耕作著極其狹小的土地的貧農。因此，跟著商業資本之得勢，容易不得不服其支配與（榨）取。……

……芭蕉的產額年年增加，大正十二年（一九二四）中銷售於內地的金項在八百萬圓以上。而自去年（一九二五）初，臺灣青果株式會社成立以來，臺灣的芭蕉遂專任該公司包辦了。……於是，芭蕉栽種者立了一切的計畫，到六月末芭蕉（已）陸續運到基隆了。可是郵船公司和商船公司都遵依總督府的密令，拒絕生產者所欲直接運出的一切的芭蕉的積載。

在臺灣內地資本的勢力，是怎樣地增大著，這依著諸會社與其資本的增大就可以知道。大正元年（一九一二），各種會社（株式、合資、合名）數一百四十七社，資本總額是一億兩千五百餘萬圓，平均一社各分八十五萬六千餘圓，可到了大正十三年，一變而成六百三十四社，資本總額六億兩千餘萬圓，一社各分九十七萬九千餘圓。臺灣的代表的大企業，不用說是製糖業，而占著工業株式會社的資本總額二億七千萬圓中的二億六千二百餘萬圓（大正十一年），正是全體株式會社的資本總額的四十五·三%。……

擁有二億八千萬圓的資本的十四個新式製糖會社，除在島內把持著四十八所製糖場和冰糖工場一所、酒精工場十所之外，在島外有十七所精糖工場和八所粗糖工場，而拿那定為原料採取區域的六十二萬二千甲的耕地。……

第一〇八號（一九二六年六月六日）

製糖公司是在臺灣最大的資本家，同時又做著最大的地主君臨於那等於農奴的臺灣農民。到大正十一年（一九二三），製糖資本由臺灣的農民之手得來的耕地是五萬二千餘（甲）……

這樣的砂糖王國，不但在臺灣的耕地總面積裡頭，所有著愈來愈占了大的比率的廣大的土地，其對於數萬甲的土地且握著小作權（即贌耕權）。於是，製糖資本，是支配著臺灣的耕地全體的十分之一以上的耕地的，在這點是可以匹敵耕作著約十萬甲的土地的二十二萬五千戶的農民（全農民的五五％）的一大勢力，實在可以說是資本的一大王國。尤其是若只就蔗農來看，大正十年的甘蔗插種面積是十一萬六千餘甲，所以臺灣的甘蔗農業——因而農民——完全站在製糖支配之下。

製糖會社的所有地以及贌耕權取得地九萬甲裡頭，大約有四成是應用著機械力和進步的耕作方法，公司自己直接經營的自作蔗園，而其餘的六成即是農民贌耕的一般蔗園。……

……甘蔗的收買價格，照規定是和耕種者協定而後受官廳的許可，而這個規定，只誠實地實行其一半。明言之，製糖會社在事實上僅得官廳的許可以決定價格，農民的甘蔗常是由於這種獨斷的價格。……

……可是，應該注意者，是對於製糖資本的這個神聖的主權，發生了新的反抗的勢力這層。即是農民組合被組織於一部的蔗農的事。由了屬於林本源製糖會社的採取區域的臺中州北斗郡二林庄的蔗農手，前年組織了農民組合，而這個恐怕就是臺灣唯一的農民組合吧。……

第一〇九號（一九二六年六月十三日）

……臺灣素以竹林出名，由著農民的家裡工業所產出的竹細工，年算六十五萬圓，而以竹為原料的竹紙的年產額達到十八萬圓。尤其是蟠據於竹山、斗六、嘉義三郡的竹林，自古來稱為林圮埔的大竹林而有名的。這近旁差不多完全沒有耕地，所以庶民大都承了二百年來的祖宗的遺業經營竹紙的製造，而靠著竹生活的人，實有一千六百家、一萬二千人。這些竹林，是庄民的祖宗開拓山腰、如由對岸中華移種良種、造成今日的大竹林。因此，日本領臺以前，清朝政府賜持認定庄民之對於此等竹林的業主權的證明，由是作了課稅簿，令其繳納了稅錢。……

……這是（明治）四十一年（一九〇九）九月某日的事，突而由所轄警察署送來一道命令，著上下全體庄民各帶印章到署候訊。……

……其結果，是公司直營竹的採伐和販賣，庄民遂變成「單做公司的苦力、職其指揮、從事於採伐和搬出、而得工錢而已」的。……

……這樣過了十七年的今日，竹林問題何以又變成新的問題起來呢？因為正如十七年前，「總督府模範竹林」的標札變成「三菱貸下」的標札一樣，這個標札又——而且是極其自然的狀況——將變成三菱製紙會社所有林的標札啦。……

第一一〇號（一九二六年六月二十日）

在臺灣主要的工業生產品（年產五萬以上）的年產額，大概有二億三千五百萬圓（大正十二年），若從這中間扣去砂糖和酒精，以及如樟腦、鴉片、香菸這類的專賣品，就只有四千萬圓之譜。這些生產的大部分，是由著家庭工業以至小規模的手工製造業給行著。這些製造業使役著近十萬的工人，但是，製造業者之數有二萬一千餘（大正十一年末當時），所以一企業平均只不滿五人。且工人的約五成五分是婦女。……

這些工廠的大多數是內地人所經營的，工人的大多數是臺人。……

如此被酷使於工廠的未滿十二歲的幼年，幾乎全部是臺灣人而非日本人，便是未滿十五歲者也依然如此，便是未滿二十歲的，日本人也只有極少數。而且到二十歲以上者，日本人這才占了比其對於工廠勞動者的總數的比較率更其多的比較率。……

……其餘如對於官吏的薪俸等等，也嚴存著同一的原則。例如日本人的官吏，有本俸的六成的加俸，又下至雜差，隨其官階各有一定的宿舍料，然後臺灣人卻領不到。……

……對於同一的勞動，在內地人與臺灣人之間，立了報酬的差別。……

第一一一號（一九二六年七月七日）

我在教育界做事的朋友，於兩三年前視察了臺灣的小學校，對著現在實行著共學的某小學校的校長，問他說：內地人兒童和臺灣人兒童打架不打架？於是校長正色而言曰：那是以對等的人對待臺灣人，這才會發生打架等事，然而臺灣人是當作××××教育著，所以內地人的兒童決不與臺灣兒童打架。……

……大正十三年（一九二五）十一月十九日（？）的《大阪每日新聞》的社（論），

有如下面的一節：「……實在，現在的臺灣島民，絕對沒有言論集會的自由……，能不能從他們島民奪取言論集會的自由，這（已）成了總督府應做的事情裡頭的，最大的事情的一個。固然，言論機關有《臺灣新聞》、《臺灣日日新報》以及《臺南新報》的三新聞。然而大家都說他們是御用的報紙，與最必要的一般島民的日常生活毫無交關。事實勝於雄辯，近如今春以來，在進行中的治安警察違反事件，關於此事的記載，雖一行亦不使其登出；時或遇有內地報紙，論及該事件——該事件是不消說——或論及總督府政治，總督官憲即很親切的只將那記事一個個剪取，絕對不讓他們島民知道事件的真相。……」

這是老實的批評，政治上的言論或集會是不待說，即對於學校裡的學術上的講演會亦加著非常的限制。……

……關於臺灣的事，還有很多應介紹的事。……

……我的目的，不是要將我自己對於臺灣的意見和判斷提供讀者的，（毋）寧說是提出這些問題以引起一般人對於臺灣的注意的。只有一個無可疑的事實，是內地的資本的壓迫若愈成功，因此即愈將促進臺灣民族自身的階級的分化作用。而且在這種作用的進行的一步一步間，臺灣民族的民族主義的問題，同時將漸漸地帶著階級的問題的性質。這層無可疑的事實有這樣的意思：臺灣問題，將變成特地於內地的無產階級和無產階級運動，要求更多的注意和關心的問題。……

山川均於一九三二年，許多共產黨員遭下獄那一年，退出政壇。他繼續寫政論文章，直到一九三七年日本侵華且軍國主義者所掌控的政府開始壓制異議言論時才停筆。山川被捕，判定犯了散播「危險思想」罪。戰時他在獄中度過。連溫卿，一如他的恩師山川，不贊成一步到位的無產階級革命，受到他較激進臺籍同志無情批判，一九二九至一九三〇年被逐出臺灣文化協會和農民組合。總之，山川和連溫卿都未追隨當時潮流而失去自己立場。就連溫卿來說，晚年窮途潦倒，晚景淒涼。

兩次世界大戰之間的日本農村

一九一〇年代至一九三〇年代，日、臺兩地有著類似的知識環境，但即使在日本農民運動和臺灣農運之間，都有根本的差異。首先，臺灣是日本的殖民地，臺灣人未享有和日本人一樣的法律保護和特別待遇。再者，日本佃農—地主紛爭的本質、內涵、範圍也不同於在臺的此類紛爭。但臺灣農民組合成員向殖民地政府和資本家勢力抗爭時所採用的作法，和日本勞動組合（工會）、農民組合的作法幾乎沒有兩樣。當然，若非有麻生久、山川均、古屋貞雄、布施辰治之類具影響力的日本知識分子和組合領袖，臺灣不會有簡吉、李應章、連溫卿等組織起組合之人。甚至可以說臺灣農民運動的領袖只是他們日籍老師的追隨者和弟子。因此，粗略瞭解兩次世界大戰之間那段時期的日本農民運動，就是理所當然。

一八九五年十月日軍占領臺灣時，日本有人口四千兩百萬（相對的，一八九七年臺灣人口兩百八十萬），但只有百分之二住在城市。日俄戰爭期間（一九〇四～一九〇五），仍有八成農民住在農村。直到一九三〇年代中期，日本城市人口占總人口（七千萬）的比例才達到四成。由於迅速工業化和都市化，日本的農村社會和都市社會都出現明顯改變。明治政府把既有的七萬九千個町村重組為一萬四千個新町村。一八八〇至一八九〇年，各種地方互助團體都併入帝國農民組合，以便耕種者能從政府取得低利貸款。一八九九年，帝國議會制訂一農民組織法；六年後（一九〇五），政府規定每個農戶都得加入其所在地的農會，以便農民能得到定期的再教育、再訓練。[24]於是，從全國層次上看，日本的人均國民所得於一八八〇年代至一九一〇年代有增無減。從地方層次上看，孩童教育投資、鄉間道路的鋪設和拓寬、社會能力（social capability）和社會流動性的改善，都開始變得顯著。

但日本農民的生活水平仍低，因為沿襲千百年的傳統仍根深蒂固，難以改變。幾乎沒有哪個著名、傑出的日本學者、作家和政治家提倡反西方、反現代的文化本土主義，但日本農村往往抗拒改變，對政府新政策、新規定激烈反彈。為何日本農村居民對從西方引進的「現代」觀念或方法不感興趣，原因在此。例如，日本農民仍偏愛用陰曆（而非格列高里曆），不願讓自己小孩注射天花疫苗，偏愛睡榻榻米而非床，諸如此類。儘管祭出道德勸說和宣傳口號，政府欲將日本農民現代化的初步作為常受挫且／或失敗收場。

大部分日本農民是佃農。在戰前日本，有錢有地位者在德性上高於地位較低下者的傳統觀念仍然盛行。由於沒有土地且倚賴地主過活，佃農地位低於地主。事實上，佃農若在村中道路或田間小徑上碰到地主，得靠到一旁才算得體。地主可要求佃農或佃農妻子到他的田裡或家裡幹活，即使因此會延誤佃農自家的重要雜活亦然。如果他們做完一天雜活後，地主妻子賞他們一頓飯吃，他們會滿心感激的鞠躬，在地主廚房的角落用餐。佃農以實物支付佃租，大部分佃農以談定的收成數量，而非收成比例，支付地主。那意味著如果佃農無法增加其所耕種之土地的產量，不只可供一家子食用的農產品會較少，而且還無法準時繳付佃租。手頭吃緊或日常生活有困難時，他們通常個別找地主尋求救濟或援助。[25]

但兵役和政府提供的學校教育具有抹平社會地位差異的效用，提供新的視野，為佃農和工廠工人的子弟開啟機會之窗——他們的父親所無緣享有的東西。明治時期的領袖很清楚教育在西方每個現代化國家裡發揮的作用。據「一八九〇年教育敕語」，日本國設計初等教育課程時，以將日本孩童教導成忠心、有用的日本帝國子民為宗旨。在六年的強制性初等教育期間，日本學童，不管是出身有錢地主階級，還是貧窮佃農階級，都學倫理學、語言、算術、歷史、地理、科學、畫畫、唱歌、體育、縫紉、家政等科目。他們也學書法，學打算盤。批評者主張，日本教育無意培養學生獨立精神；但青春期小孩上過六年（對某些人來說是九年或十一年）學校之後，的確培養出某種好奇習性。受過教育者，包括出身卑微的體力勞動者和佃農，都看得懂報紙、書、雜誌，從而吸收資訊和知識。這時，受完學校教育者有機會瞭解所在地政府的施政和日本中央政府的動態（但對後者的瞭解不如對前者的瞭解深入）。[26] 俗話說得好，知識就是力量；教育使有本事的人得以在政治界、社交聚會、商業交易上表達自己看法，甚至使某些人得以獲取權力和財富。

兵役經驗同樣強化了基礎教育對許多日本年輕男子的影響。徵兵制施行於一八七三年，凡是滿二十歲的年輕男子都得入伍服役，只有某些特定人士例外，例如畢業自文部省、工部省之類中央部會所出資維持之學校而具有專門技能者，以及正在海外留學者和正在攻讀醫學與獸醫學者。符合當兵資格的男子，以抽籤方式分發，在陸軍或海軍裡服役三年，退役後再於後備部隊裡服役兩年。後備軍人是為因應緊急事態而設置，軍人休假時可返家從事自己的職業。從一般兵士的角度看，自明治初期成立日本皇軍起，皇軍一直是促成社會改變的有力工具。軍人受西式軍事訓練，受到嚴格操練，以便一聲令下即可出動。一般百姓和上層階級子弟在軍中一視同仁；因此，在軍營裡，軍人的社會出身毫不重要。在這一真正平等的世界裡，應徵入伍兵，不管出身高低，都吃同樣食物，穿同樣灰制服、遮陽帽、綁腿，拿同樣的步槍、刺刀操練，睡在同樣的營房裡，從同樣款式的水壺裡喝同樣的鹹水。應徵入伍兵的獎懲，取決於他們的表現，而非取決於他們家的貧富或社會地位高低。

對於佃農家庭或生活艱困之勞動者家庭出身的軍人來說，軍營大不同於他們成長期間所置身的世界。在後一世界，他們的父親和祖父習於向有錢地主和礦主鞠躬致意。許多這類軍人發現，在陸軍或海軍中服役的確是件令人耳目一新、解脫束縛的事。還有些人與他們父親之老闆的繼承人結為朋友。當年輕入伍兵拿自己的能力與同輩的能力相比較，理解到自己的本事不輸那些享有特權的權貴子弟，他們開始抱怨自己受到的輕視，開始不滿自己這類出身者必須表現出的恭順行為。[27]

服完強制性的兵役後，有些人留在軍中，有些人在城裡找到工作，有些人回家在租來的地上幹活，還有些人加入退伍軍人組織。可想而知的，平等相處的回憶和軍中經驗，促使這時才二十幾歲的這些佃農／退伍軍人，日後與他們的地主打交道時更敢於清楚表達自己的意見。畢竟他們耕地，把河水挑過堤岸替農田灌溉，生產農作物，而地主終日閒閒無事，坐收佃租。誠如一九二〇年代初期某農民組合領袖所說的，「過去我們以為靠地主的恩惠和特別照顧才得以存活，如今我們理解到地主因我們的勞動才得以活命……藉由我們的付出，國家得到保護，土地得到耕種，人民得到餵飽。」[28]

初等教育和徵兵如何引發人民對上層剝削階級的普遍猜疑和怨恨，並不易弄清楚。自一九一〇年代起，日本境內出現區隔分明的勞力市場和資本市場，所得分配隨之出現兩極化，資本部門享有高薪，勞力密集部門則領取相對較低的工資。這一現象促成經濟不平等，進而引發國內社會不安和抗議。即使在徵兵制裡都有不平等之事，例如有錢子弟能花錢免除兵役。一八七三年徵兵令第六條規定：

「符合資格的年輕男子，來到該服役的年齡時，可藉由繳交兩百七十圓的替代費，免去入常備軍和後備部隊服役。」[29] 因此是不公正、不平等、不照規矩行事、寡頭統治的政府，促成富理想主義的年輕學生革命熱情高漲。

一九一八年七、八月的全國性「米騷動」，就可充分說明此點。一九一八年七月二十三日，在日本海岸富山縣境某漁村發生暴動，抗議日益上漲的米價，沒幾天，就如星火燎原擴散到三百多個市町村。將近一個月，富人和囤積米的商人遭攻擊，他們的倉庫遭洗劫。這場暴動的肇因並非當地稻米歉收或不足，而是通膨和政府試圖用法律和規定降低米價的不當政策。暴動者或許沒有高度的政治意識，但漁民的妻子知道自家微薄的實質收入已變少，買不起養活一家人的食物。大阪宣布戒嚴。東京也未能躲過暴動，當局隨之派兵鎮壓。政府禁止所有與暴動有關的新聞刊物出版，但暴動直到八月下旬才平息。[30]事實上，「米騷動」預示了一件事，即由於經濟情勢的劇烈變化而在一九一〇年代晚期和一九二〇年代初期受苦的許多佃農和工廠工人，終於把積壓的怨氣化為反對現狀的聯合行動。

一九一八年「米騷動」催生出自由黨政府，且連同推翻俄羅斯沙皇政權的布爾什維克革命一事，共同喚醒大部分日本學生。學生因此注意到自己社會裡貧窮不幸人民的困境。上漲的革命熱情，如同野火，迅即擴散到日本每個校園。形形色色的左派學生社團成立，在一九二〇年代初期的幾乎每個校園裡，都可聽到要求改革日本社會、經濟、政治制度現狀的口號。甚至，大學生若只表明瞧不起財閥和寡頭統治者但未表態支持受壓迫人民，會遭到同儕集體排斥。據文部省的某份官方檔案，許多被捕的左派學生，成績在班上名列前茅，甚至有些學生出身有錢人家。接受調查的學生裡，將近六成六被歸類為「好」，意為「還不錯」、「尚可」、「持重」，或「勤奮」。只有百分之四．六被歸類為「壞」，例如「患疑病症」、「意志薄弱」、「不受約束」之類，剩下的百分之二十九．四屬於「中等」。另一份報告，也由文部省於一九三三年寫成，指出那些懷有並提倡「危險思想」的年輕人並非偏差分子，也未患有心理疾病，反倒是大部分人具有「高貴」氣質和「正常」性格。[31]當然他們年輕，充滿熱情，活力十足，一派樂觀，但在對反貧窮、反不平等的討論中，他們也充斥天真、膚淺的心態和自相矛盾的想法。換句話說，他們能看出社會的弊病和問題，但他們提出的各種解決辦法卻未必適用於當時的日本。

大學教育和徵兵顯然影響了佃農的行為，因為佃農變得更願意加入農民組合以便要求地主減少佃租，特別是在饑荒、暴動時或地主角逐議會席次而亟需選票時。透過所在地的組合，佃農暫時減少佃租的要求往往升高為永久減少佃租的要求，而且佃農還開始堅決要求於規畫改善農業時將他們的專門技術和利益納入考量。佃農在所在的町村裡組織農民組合、退伍軍人協會、合作社等互助團體，以取得他們原倚賴地主供應的某些服務。這不只是經濟性的舉措，還是佃農欲掌控自己生活的有意識作為的一部分。[32]

日本最早的農民組合，一八七五年成立於本州中部的岐阜縣。到了一九〇八年，已有約五十個具有類似綱領的農民組合成立；一九一七年增加為一百七十三個，一九二一年達到六百八十一個，然後在一九二三年暴增為一千五百三十個，登記的組合員人數共達十六萬三千九百三十一人。但這一數字還是只占日本佃農總數的百分四．三而已。四年後的一九二七年，會員數增加到三十六萬五千九百三十一人，占日本佃農總數的百分之九．六。[33]日本的農民運動在國內不同地區發展並不平均。例如，在日本東北部和九州，只有幾個農民組合，但在本州中部和瀨戶內海地區，佃農成群加入組合。一九二七年，日本四十七個縣總共有四千五百八十二個農民組合，其中四成一集中在以下七個縣：山梨（百分之四十一．六）；新潟（百分之三十二）；香川（百分之二十九．九）；德島（百分之二十二）；群島（百分之二十一）；岐阜（百分之十八．五）；岡山（百分之十七．一）。[34]

農民的組合化影響了戰前日本政黨的面貌，因為組織化的組合懂得利用手中選票造福自己地方——包括控制並管理本地森林、神社、公用井之類。明治憲法載明如何成立民選帝國議會（蘇伊士運河以東最早的此類國會），從而也為無財產資格限制的男性普選權打下基礎，一九二五年三月第五屆帝國議會通過這方面的法律。規範眾議院議員選舉的法律於一九二五年五月五日獲修訂，該法第五條規定：「凡是年滿或年逾二十五歲的日本男性公民都有投票權」，「凡是年滿或年逾三十歲的日本男性公民都有資格被選為眾議院議員」。[35]這項法律對日本農民心態的改變有全面性的影響，因為它使佃農在選擇所在地的縣議會代表時有置喙的權利。角逐地方議員席位的候選人，大部分來自有錢地主階級，需要選民的選票，而那些選民也是他們的佃農。換句話說，日本歷史上頭一遭，小人物和「下人」能用手中選票來和他們的地主和上等人討價還價，爭取較有利的租地契約和／或承租條件。

普選權法無疑是國家賞予的胡蘿蔔，但國家給予胡蘿蔔的同時也舉起大棒，亦即在一九二五年四月二十二日制訂的治安維持法。國家想確保自己有工具和權力來監控人民思想、行為的趨向，防止革命性意識形態從一小批知識分子擴散到一般來講單純且受傳統約束的民眾。事實上，國家的確利用此法騷擾、逮捕、拘禁左派行動主義者，藉此剷除這類人士，使他們無法與佃農、工廠工人接觸。這項法律也在實質上使報紙不敢報導佃租糾紛和工業罷工。對受殖民的臺灣人來說，很不幸的，只得到大棒，沒得到胡蘿蔔。

日本領導階層追求農村進步，隨時準備展開必要的改革以紓解佃農的不滿，但堅決制止極端主義和革命。國家未用武力處理農民的問題，反倒三管齊下防止「單純」的佃農相信馬列意識形態。第一重作法是要政府官員定期參加農民組合的會議，聽取農村民怨，然後承諾解決農民問題，藉此達到宣傳、防止之效。國家總共成立了九百個農民委員會，作為化解民怨的機構。第二重作法是先發制人出面調解，要佃農和地主碰面，和和氣氣解決兩方紛爭，如有必要由政府裁決。第三重作法是由官方給予大量支持和物力援助，包括設置定期講習會教佃農用較粗重的犁和新工具改善灌溉和播種方法，教他們選用較好的種子和肥料，教他們控制雜草和害蟲以增加農產量。換句話說，國家的確承認佃農有權組成組合，但國家也扮演「老大哥」的監控角色，甚至以提防心態盯著他們。[36]

一九一七至一九三〇年，每一年涉入紛爭的佃農戶數，都未超過全國三百八十萬佃農戶數的百分之四。一九一七至一九三〇年得到報導的兩萬一千五百六十九件紛爭中，超過一萬六千件（約占總數的七成四）發生於全國四十七個縣的僅僅十九個縣，而且那十九個縣在關西平原和關東平原之間形成幾乎連成一片的一個區塊（日本的稻米生產帶）。它始於新潟、埼玉、金澤，綿延到大阪的中央東北區、三重、和歌山，再到瀨戶內海兩岸，然後繼續綿延到北九州的福岡。一九二〇至一九三〇年涉入紛爭的一百一十四萬四千四百一十八個佃農中，整整七成八住在那十九個縣裡。而那十九個縣的佃農總數占全國佃農人口不到四成五。[37]

全民教育、徵兵、男性普選權無疑在多個方面影響了農民運動。但佃農的戰鬥性為何出現、何時出現、在何處出現？一九一八年夏全國陷入混亂失序期間的「米騷動」，的確應被視為一個起始點。但這場暴動也具有地區性——在關東、關西交界處的那個稻米生產帶，紛爭與抗議的次數最多。這兩個地區與日本其他地區間的重大差異肯定在經濟上。到了一九二〇年，近畿、中部兩地方的農民都已高度參與米市場，他們所購買的高價肥料也占了全日本所用高價肥料的一半。耕地只有一英畝的佃農，幾乎不得溫飽。在這樣的情況下，不滿現狀的都市知識分子、組合領袖、左派學生，鼓勵這些無權無勢、經濟困頓的佃農與勞動階級合力抗爭。

在這同時，為確保日本社會不致兩極化，為防止鄉村成為左派據點，國家已採取一連串反制措施，以使農村百姓脫貧。當局未忽視佃農的委屈，未任其惡化。因此，農民沒有理由認為只有透過激進的政治改變才能滿足他們的需要。尤其，在競選活動期間，兩大黨政友會和憲政會都保證會築壩蓋橋，改善道路和學校，把政府經費帶給他們候選人的選區。於是，在「現代化」的口號下，日本農村社會的確有所進步。在此該指出的，一九二〇至一九三〇年，捲入佃租糾紛的佃農高達一百一十四萬四千四百一十八人，但這些糾紛主要與拖欠佃租和地主隨意終止租地契約有關。一九二六年，日本的佃租糾紛有兩千七百五十一件，而該年臺灣只有六個農民組合。兩年後的一九二八年，臺灣農民組合的會員數達三萬（但只有兩萬人繳會費），而日本登記的農民組合會員數則達三十三萬，比臺灣多了十倍。在一九二〇年代的日本，捲入紛爭的佃農占全部佃農的比例，一年平均超過百分之六十，到了一九三〇年代，平均只有百分之十三。[38]下表說明上述情況的統計數據（見表1）。

大部分日本佃農自行向地主抗爭，事前未經所屬組合認可。但在臺灣，情況不同且較複雜。首先，臺灣的地主是擁有大甘蔗園和林地的財閥。再者，臺灣人控訴或抗議時，臺灣總督府和日籍警察、法官幾乎始終站在日本金融巨獸那邊。臺灣農民當然無法選出自己的議員，以借助他們糾正製糖公司加諸他們的不公。由於立足點不平等，臺灣佃農向地主爭取權益時，除了求助於境外組織別無選擇。事實上，臺灣佃農打算用激烈手段集體對付地主之前，得先徵求大阪的日本農民組合總部允許，或得先向日本勞農黨派來的律師徵詢意見。後來，組合的每個重大決定，都是在徵詢過共產國際在上海的代

表 1　日本的佃農與佃租糾紛，1920-1941

				佃農		地主	
年份	農民組合數	會員數	佃租糾紛	總人數	捲入糾紛的比例	總人數	捲入糾紛的比例
1920	-	-	408	34,605	84.8	5,234	12.8
1921	681	-	1,680	145,898	86.8	33,985	20.2
1922	1,114	-	1,578	125,750	79.7	29,077	19.4
1923	1,530	163,931	1,917	134,503	70.2	31,712	16.5
1924	2,337	232,125	1,532	110,920	72.4	27,223	17.8
1925	3,496	307,106	2,206	134,646	61.0	33,001	15.0
1926	3,926	346,693	1,751	151,061	54.9	39,705	14.1
1927	4,582	365,332	2,052	91,336	44.5	24,136	11.8
1928	4,353	330,406	1,866	75,136	40.3	19,474	10.4
1929	4,156	315,771	2,434	81,998	33.7	23,505	9.7
1930	4,208	301,436	2,478	58,565	23.6	14,159	5.7
1931	4,414	306,301	3,419	81,135	23.7	23,768	6.9
1932	4,650	296,839	3,414	61,499	18.0	16,706	4.9
1933	4,810	302,736	4,000	48,073	12.0	14,312	3.6
1934	4,390	276,246	5,828	121,031	20.8	34,035	5.8
1935	4,011	242,422	6,824	113,164	16.6	28,574	4.2
1936	3,915	229,209	6,804	77,187	11.3	23,293	3.4
1937	3,879	226,919	6,170	63,246	10.3	20,230	3.3
1938	3,643	217,883	4,615	52,817	11.4	15,422	3.3
1939	3,509	210,208	3,578	25,904	7.2	9,065	2.5
1940	1,029	75,930	3,165	38,614	12.2	11,082	3.5
1941	294	23,595	3,308	32,289	9.8	11,037	3.3

資料來源：農民運動史研究會編，《日本農民運動史》（東京：東洋經濟進步社，1961），頁 123、127。

表和臺灣共產黨之後才做出。此外，臺灣主要的農民組合成員年輕急躁，玩政治相對較稚嫩。他們需要來自境外的指導者指示，因此不敢做任何違反「世界潮流」的事。馬克思主義的知性魅力，有一部分在於它宣稱具有科學精神。但由於日本當局留心俄羅斯等國的教訓，他們不會看輕農村問題，也不會任由這些問題惡化。此外，日本帝國裡的政治走向，乃是國家社會主義和軍國主義的興起，而非共產主義的興起。這是莫斯科的共產國際所預料到且是日本左派知識分子所希望的走向。長期來看，由於臺籍農民組合成員太快左轉，且不久就面臨艱困情勢，幾乎所有組合領袖不是入獄，就是被迫流亡。這場追求正義的大眾社會運動，一度前景看好，但只走過五或六年振奮人心的歲月，就漸漸式微。

注釋

1 Samuel P.S. Ho, *Economic Development of Taiwan, 1860-1970* (New Haven: Yale University Press, 1978), 101.

2 Patricia E. Tsurumi, *Japanese Colonial Education in Taiwan, 1895-1945* (Cambridge, MA: Harvard University Press, 1977), 127, 253, 280.

3 《臺灣省五十一年來統計提要》（臺北：臺灣省行政長官公署統計室，一九四六），頁一二一四—一二一七。

4 見臺灣史料保存會編，《政治運動篇》裡的《日本統治下の民族運動》，東京，一九六九年，第二卷，頁二二五—二二七。

5 陳逸雄譯，〈板垣退助的臺灣論說〉，《臺灣風物》第三十九卷第三期（一九八九年九月），頁八三—八五、九八—九九。

6 Edward I-te Chen, "Formosan Political Movements Under Japanese Colonial Rule, 1914-1937," *Journal of Asian Studies* 31.3 (May 1972): 477-497.

7 見《板垣退助全集》，板垣守正編（東京，一九三三—一九六九重刊），頁三九五—四一二。

8《日本統治下の民族運動》，出處同前，第二卷，頁三四二、三七八—三七九。

9 Hui-yu Caroline Ts'ai, "One Kind of Control: The hoko system in Taiwan under Japanese rule, 1895-1945," Ph.D. dissertation (Columbia University, 1990), 44-47, 65, 74-82, 102-106；以及羅吉甫，《野心帝國：日本經略臺灣的策謀剖析》（臺北：遠流出版公司，一九九二），頁九二；Chen, Ching-chih, "The Japanese Adaption of the Pao-Chia System in Taiwan, 1895-1945," *Journal of Asian Studies* 34 (1975) 2: 391-416.

10 對新渡戶之「世界觀」的評論，見Andrew E. Barshay, *State and Intellectual in Imperial Japan: The Public Man in Crisis* (Berkeley, CA: University of California Press, 1988), 53-54; also Shih-shan Henry Tsai, *Lee Teng-hui and Taiwan's Quest for Identity* (New York: Palgrave Macmillan, 2005), 38-39.

11 矢內原忠雄，《現代日本小史》，兩卷（東京：みすず書房，一九五二），第一卷，頁九—一〇。

12 欲更深入瞭解這些人道主義的、西方導向的會社，參見David John Lu, *Sources of Japanese History* (New York: McGraw-Hill Book Company, 1973), vol. II, 118-121.

13 經過漫長的蟄伏，《臺灣民報》於臺灣復刊，二〇一四年五月一日出版其第一個電子版。

14 欲更瞭解，參見Robert A. Scalapino, *Democracy and the Party Movement in Prewar Japan: The Failure of the First Attempt* (Berkeley, CA: University of California Press, 1975), 332; George M. Beckmann, and Genji Okubo, *The Japanese Communist Party 1922-1945* (Stanford, CA: Stanford University Press, 1969), 34, 49, 372; Janet Hunter, *Concise Dictionary of Modern Japanese History* (Berkeley, CA: University of California Press, 1984), 79.

15 古屋的活動和演說，有一部分刊登在《臺灣日日新報》第九八一一號（一九二七年八月二十日）；第九九三〇號（一九二七年十二月七日）；第九九九一號（一九二八年三月十九日）；《臺灣民報》第一七一號（一九二七年八月二十八日）。

16 青木惠一郎編，《日本農民運動史料集成》（東京：三一書房，一九七六），第一卷，頁一五四八。

17 Robert A. Scalapino, *The Japanese Communist Movement, 1920-1966* (Berkeley, CA: University of California Press, 1967), 36; Beckmann and Okubo, *The Japanese Communist Party 1922-1945*, 173; International Labour Office, *Industrial Labour in Japan in Japanese Economic History, 1930-1960* (New York: Routledge, 2000), vol. 5, 114; Vera C. Mackie, *Creating Socialist Women in Japan: Gender, Labour and Activism, 1900-1937* (Cambridge: Cambridge University Press, 2002), 138.

18 青木惠一郎，《日本農民運動史料集成》，第二卷，頁二三二。

19 《長尾文庫》（東京：龍谷大學圖書館藏，一九三六），《產業史資料》，編號C0209。

20 欲更瞭解麻生有關重建日本社會的看法，見David G. Goodman and Masanori Miyazawa, *Jews in the Japanese Mind: The History and Uses of a Cultural Stereotype* (Lanham, MD: Lexington Books, 2000), 101.

21 見大澤正道，《大杉榮研究》（東京：同成社，一九六八），頁一七一－一七二、一八四。

22 蔡石山，《滄桑十年：簡吉與臺灣農民運動》（臺北：遠流出版公司，二〇一二），頁四三四。

23 欲更瞭解連溫卿的政治哲學，參見連溫卿，《臺灣政治史》，張炎憲編校（臺北：稻鄉出版社，一九八八）。

24 Arthur E. Tiedemann, *An Introduction to Japanese Civilization* (Lexington, MA: D.C. Heath & Company, 1974), 444-448.

25 欲更瞭解日本地主與其佃農的互動，參見Ann Waswo, *Modern Japanese Society, 1868-1994* (Oxford: Oxford University Press, 1996), 66-68.

26 欲更瞭解日本的初等教育，參見Aso, Makoto and Ikuo Amano, Education and Japan's Modernization (Tokyo: Japan's Ministry of Foreign Affairs,1972)。

27 欲更瞭解，參見Ann Waswo, *Modern Japanese Society*，65-66。

28 出處同前，頁六七。

29 David John Lu, *Sources of Japanese History*, vol. 2, 47。

30 Ibid., vol.2, 109-110。

31 〈左傾學生生徒の手記〉，第一卷，日本文部省（一九三四）。參見Masao Maruyama, "Pattern of Individualism and the Case of Japan: A Conceptual Scheme," in Marius Jensen ed., *Changing Japanese Attitudes*

toward Modernization (Princeton, NJ: Princeton University press, 1965), 520-521.

32 Ann Waswo, *Modern Japanese Society*, 73。

33 Ann Waswo and Nishida Yoshiaki eds. *Farmers and Village Life in Twentieth Century Japan* (London: Routledge Curzon, 2003), 80.

34 出處同前。

35 David John Lu, *Sources of Japanese History*, vol. 2, 115。

36 Ann Waswo, " In Search of Equity: Japanese Tenant Farmers in the 1920s,' in T. Najita and J.V. Koschmann, eds., *Conflict in Modern Japanese History: The Neglected Tradition* (Princeton, NJ: Princeton University press, 1982), 366-411; also Ann Waswo, "The Transformation of Rural Society, 1900-1950," in Peter Duus, ed., *The Cambridge History Japan* (Cambridge: Cambridge University Press, 1988), vol. 6, 541-605.

37 Ann Waswo, *Modern Japanese Society*, 69。

38 Peter Duus, *The Cambridge History Japan*, vol. 6, 585.

第二章

臺灣鄉村的時間與空間

一九二〇年代的臺灣鄉村

一八九五至一九〇二年，臺灣人對新殖民統治者總共發動了九十四場有組織的攻擊，耗掉東京數百萬圓的軍事預算，奪走數千條臺籍、日籍人士性命。為減少島民暴力反抗，化解島民恐懼，臺灣總督府施行了一連串改革，包括公共衛生、教育、土地測繪、人口普查、設立臺灣銀行（一八九九）等。日本的改革計畫，與其說是為了造福島民，不如說是出於現實利害考量，因為東京想安撫人心，抑制殖民地支出，刺激經濟成長，以擴大殖民地政府的稅基。在為刺激臺灣經濟成長而施行的諸多新計畫中，土地測繪是日本人最重要的成就之一，因為此舉在損害臺灣人利益下確立了現代土地所有制的權利與義務。

一八九五年，臺灣總督府頒布「官有林野取締規則」。該法第一條規定，「只要耕種者無法出示足以證明土地歸屬的契據或其他文件，他們的土地就要由政府沒收。」隨著浩大的一八九八年土地測繪作業完成，出現二十五萬七千八百一十甲先前未登記在政府課稅清冊上的可耕地。臺灣總督府的檔案顯示，臺灣的土地稅收從一九〇三年的九十二萬圓增加為一九〇五年的兩百九十八萬圓，增加了兩倍。一九一〇年，臺灣總督府徹底測繪全島林地時，臺籍耕種者只能證明五萬六千九百六十一甲林地是他們所合法擁有。

於是超過九十一萬六千七百七十五甲林地和森林被新的殖民地主子沒收為官有地。[1]

土地測繪創造出一些臺灣大地主，但真正受益者是殖民地政府。殖民地政府自此擁有數量龐大的無主的或／和無文件證明歸屬的林地和可耕地。更重要的，土地已成為大宗商品，且隨著島內安全機制（保甲和警察局）的建立，會於不久後吸引日本資本家投資此島。不久後，臺灣總督府將極大比例的這批新土地廉價賣給日本公司和在臺日籍移民。一九二五年後，臺灣的日本殖民地政府把另外四千甲既耕地和可耕地贈予日籍退休官員。誠如山川均在其痛批日本殖民政策的文章中指出的，到了一九二六年，已有超過五百家日本公司在臺成立事業單位，每個事業單位的資本額超過三十萬圓，從而使臺灣成為帝國經濟裡的寶貴資源。根據江賜金（一九〇六～？）的調查，一九三一年日籍個人和公司所擁有的土地如下：

日本人把殖民地當成本國糧倉，投注極少心力於工業發展，要到二次大戰末期才改弦更張。因此，基於促進臺灣農業經濟發展的更大計畫，殖民地政府在島上建造了完備的經濟基礎設施，亦即建造了超過六千五百公里長的鐵軌和公路、一條南北向縱貫鐵路（一九〇八年四月完工）、用以灌溉臺灣中部和南部稻田以利稻米生產的一萬六千公里長溝渠、用於水力發電的一些混凝土大壩和水庫。但電話數量是兩萬五千具，尖鋒發電量只有三十萬千瓦，也就是人均約〇．〇五千瓦。稻米生長季的大部分期間，農民讓稻

表 2　日本人在臺灣持有的土地，1931

農場名	所有人	面積（甲）
源成	愛久澤直哉	3,700
南隆	南隆	4,000
今村	今村繁三	1,600
山本	山本條太郎	1,000
赤司	赤司初太郎	1,000
大寶	大寶農林部	4,000
星製藥農場	星製藥會社	4,000
日本拓殖	株式會社	3,000
官營移民村	內地人農民	2,700
退官者	1928 年退休者	4,700
臺灣拓殖茶園	臺灣拓殖會社	1,000
三井茶園	三井合名會社	17,000
三菱竹林	三菱商事會社	15,000
臺東開拓會社	株式會社	20,000
北埔事件功勞者拂下地		17,000
總數		99,700

資料來源：江賜金，〈臺灣農民運動小史〉，刊登於《臺灣民報》第 394 號（12/12/1931）。

田為水所覆蓋，因此需要大量的水灌溉，而且種植和採收稻米很費工。在尚未機械化的時代，牛是不可或缺的役畜，臺灣稻農非常倚重牠們。在北臺灣的多山地區，有些稻田在河或池塘之旁的山坡上闢成梯田。在平原地區，稻田若非靠雨水注水，就是人工注水。在前後稻米生長季之間，北臺灣的農民種茶樹，而茶樹也需要豐沛降雨和極潮濕的土壤。另一方面，中臺灣和南臺灣的農民以三年為一期，輪種稻米、甘蔗和其他農作物（比如大麻、花生、甘薯、洋蔥之類）。

一九二二年，在臺的日本農業科學家培育出可口、富黏性的中粒品種米「蓬萊米」。這一新品種迅即在日本受到歡迎，協助解決了日本的米不足問題。[2]臺灣每年平均生產超過六百萬石的米，市值一億六千萬圓。一九二五年，臺灣出口約兩百四十五萬五千石蓬萊米到日本，價值超過七千兩百一十一萬圓。但大部分臺灣農民買不起高級米；吃的是較便宜的低級米或甘薯。[3]在這同時，殖民地政府著手壟斷大宗商品的生產、銷售，包括菸草、酒、樟腦、鴉片、鹽，並成立公司控制鐵路、電報、商業性航運業。大阪商船，例如蓬萊丸、扶桑丸、瑞穗丸，定期前來臺灣運走米、糖、木材、樟腦、鹽、茶葉、煤和建材。日本郵船株式會社（三菱商事株式會社的前身）也出資建造了一些萬噸船，包括朝日丸、吉野丸、大和丸，以從事與日本新殖民地的貿易。[4]

由於日本本土幾乎不產糖（只有沖繩例外），日本過去有八成多的國內用糖從海外進口。但日本人在十七世紀中葉荷蘭人據臺時就知道臺灣是理想的蔗糖產地。甘蔗是最適合在臺灣熱帶、亞熱帶乾燥地區栽種的耐寒植物。於是，日本人一掌控此島，即買下大量臺灣農地（大部分位在中部、南部沿海平原），闢為大面積的甘蔗田。糖業需要極費工的栽種和收割。甘蔗莖長到六、七公尺高後，需要複雜的收割過程。臺籍甘蔗工人，在工頭的密切注視下，用大砍刀小心翼翼砍下甘蔗莖，堆放在牛車上或拖拉機上，然後透過軌道系統將甘蔗運到附近的糖廠。但在將甘蔗加工，從甘蔗莖榨出汁之前，糖廠經理會檢查甘蔗品質，將它們秤重，再開始製糖過程。除了製出黑糖和白糖，蔗汁還可發酵、蒸餾成酒精。二次大戰期間，日本軍方也用糖當燃料。

到了一九〇二年，日本人已對島上八座製糖廠投資了兩百七十萬圓，其中一百萬出自三井財閥。在這同時，臺灣的殖民地政府提供甘蔗園豐厚補貼，成立了數個設施以提倡科學農業和增加蔗糖產量。於是，日本在製糖廠上的投資從一九〇八年的九百二十萬圓增加為一九一二年的一千五百萬圓。新渡戶稻造擔任臺灣糖務局局長時（一九〇一～一九〇三），發表了《糖業改良意見書》，為臺灣糖業裡的勞工、管理階層關係定了調。根據日本官方的調查統計，一九二五年臺灣總共八十萬甲耕地，其中十三萬甲用於種甘蔗，甘蔗工人占了臺籍農民的四成八。[5]

到了一九三九年，臺灣已成為世上第七大蔗糖產地，糖成為臺灣最重要的出口品項，年產量達八億公斤，出口額一億一千萬圓。根據臺灣銀行保存的資料，一九二〇年，糖占去臺灣所有出口額的百分之六十五．七五，一九三〇年則是百分之五十八．七九。[6]財閥利用其對出口網絡的壟斷，賺取巨額利潤。日本財閥卡特爾名下的前幾大製糖廠，包括三井臺灣蔗糖會社（一九〇〇年創立於屏東）、鹽水港製糖場（一九〇三年創立於臺南）、大日本製糖會社（一九〇六年創立於雲林虎尾）、明治蔗糖會社（一九〇六年創立於臺南麻豆）。[7]

但臺籍工人首度抗議的對象，卻是由臺灣人擁有的兩家製糖會社。一家的老闆是南部高雄的陳中和（一八五三～一九三〇），另一家是位在中臺灣彰化的林本源製糖會社。這些抗議的發生並非偶然，而是新社會意識的覺醒和臺灣社會運動升高的預兆。

雖然在初等教育階段受日本教育的人愈來愈多，雖然有了新農業方法和新品種種子，雖然有鐵路連接各大城，一九二〇年代的臺灣農村社會仍非現代社會。一九二〇、三〇年代臺灣鄉村似乎普遍平靜無事，但生活苦。沒有今日的機械化工具，農民天亮就在田裡幹活，通常直到日落才休息。當然沒有週日和假日。偶爾，燃燒乾草垛，碾米廠嘎吱作響，腳踏車來來去去，但生活水平低，因為農民的財富占國民財富的比重愈來愈低。在宗教上（到廟裡拜拜），在社會上（家族關係），在鄉里的團結上，傳統漢人習俗維持不墜。一九二〇年的人口普查表明共有三百六十五萬臺灣人，其中兩百三十八萬（也就是百分之五十九．六〇）務農。十年後（一九三〇），臺灣人總數增加為四百六十萬，而在農業部門裡工作者增加為約兩百五十三萬，也就是總人口的百分之五十五．一九。下表說明日本殖民統治期間臺灣人的戶數和人口（見下表3）。

在農村社會裡，有艱苦度日的農業工人和同樣艱苦度日、必須把部分收成繳給地主的佃農，也有富裕地主；在土地持有的面積和模式上當然有差異和變化。以一九二二

表 3　臺灣人口，1905-1940

年份	臺籍人口總人口（所有族群）*	臺籍人口	年成長率	每戶平均口數
1905	3,039,751	2,973,280	5.2	1.12
1915	3,479,922	3,325,755	5.3	0.83
1920	3,655,308	3,466,507	5.3	1.71
1925	3,993,408	3,775,288	5.5	2,22
1930	4,592,537	4,313,681	5.7	2.48
1935	5,212,426	4,882,945	5.8	2.42
1940	5,872,084	5,510,259	6.0	2.42

資料來源：總督官房統計科，人口統計，年度卷，1906-1942，臺北，臺灣總督府；1935 年人口普查，統計表，描述性部分，頁 30 和 1940 年人口普查，統計表，摘要報告，發布於臺灣總督府報，1941 年 4 月 22 日。也參見 George W. Barclay, *Colonial Development and Population in Taiwan* (Princeton, NJ: Princeton University Press, 1954)。

*1930，1935，1940 年的人口普查，包含原住民領地。

年為例，自耕農占農村人口百分之三十・三，半自耕農占百分之二十八・九，佃農占百分之四十・八。應該注意的，願意在田裡幹活的艱苦度日農民，始終比可供耕種的土地多。到了一九三五年，這一情況沒變，百分之三十八・一的農家是佃農，百分之三十・五是半自耕農，百分之三十一・四是自耕農。[8]

但光是統計數據未反映臺灣農家的真面貌。對許多無法在他地找到穩定工作的人來說，務農較能提供安穩的生計，尤以少年和年紀較大的男女為然。相較於臺灣境內的其他行業，農業最受這其中許多人青睞。年紀較大的男子很可能被認定為農業工人。在臺灣，大部分人的生產性付出，其實侷限在與家中其他人合作執行且被編為家務活的工作上。農家、自有地者和其他與農業有關的生產者，通常要他們底下的勞動男女留在家幫忙。女人偶爾出外受雇於他人，但戶長是主要的參與者。因此，女人在農業部門裡其實很重要，因為她們也為家庭生計有所貢獻。[9]

大部分自有地者耕種約一甲的地，相當於〇．九七公頃或二．四英畝。但土地的價值因地區而異，取決於該地土壤所能種出的作物種類。一般來講，一年能兩收稻米的土地，比一年只能一收的土地值錢。種甘蔗的利潤高於種大麻或花生。臺灣的熱帶氣候很適合種稻、甘蔗、茶葉。夏季少雨，濕度大，但午後常有陣雨。冬季，北臺灣多雨、潮濕，常是多雲細雨的天氣，極適合種茶。另一方面，南臺灣暖和乾燥，其土壤種植甘蔗極為理想。大部分可耕地位在西海岸的平原上，但它們並非全都能得到灌溉，因而並非全都適於種稻——這類田地稱作旱田。適合種稻的田地稱作水田，在亞熱帶臺灣，稻田絕大部分是水田。一般來講，臺灣農民愛水田甚於旱田。

根據臺灣總督府農務局一九二六年的普查，臺灣共有八十一萬四千五百四十五．六九甲可耕地，其中水田三十九萬三千九百四十三．三四甲，旱田四十二萬六百零二．三五甲。相對於一九二四年的數字，總面積增加了一萬五千兩百二十八．四九甲，其中八千七百二十七．四甲是水田，六千三百．零九甲是旱田。一九三〇年的普查說明了各州

表 4　各州廳的人口與土地分布

州廳	水田（甲）	旱田（甲）	人口
臺北州	54,982.93	34,826.57	896,380
新竹州	78,858.95	60,860.63	513,067
臺中州	94,481.14	64,309.42	990,571
臺南州	90,656.51	168,677.75	1,115,287
高雄州	63,074.93	62,235.58	601,547
臺東廳	4724.65	9425.33	46,182
花蓮港廳	7,164.23	12,458.10	72,555
澎湖廳	0	7758.97	60,124
移民			128,412
總數	393,943.34	420,552.35	4,464,125

資料來源：臺北，臺灣總督府，1930 年普查，統計表，表 11。50 甲合 120 英畝。

廳的人口和水旱田的分布情形（見表 4）。

這些統計數字同樣未反映臺灣經濟、社會的真實狀況，因為社會最頂層是握有全臺資本八成的幾個日籍資本家，位於最底層者是貧窮的臺籍佃農。這些佃農占農業人口約七成，剩下的三成是得把部分收成繳給地主的佃農（share-cropper）和無產階級。由於政治、軍事、經濟大權都掌握在日本人手裡，愈來愈多日本人，特別是來自九州的日本人，想移民臺灣。一九二〇年，臺灣共有十六萬四千兩百六十六個日本人，只占臺灣的人口百分之四．四九；到了一九三〇年，在臺居住的日本人已增加為二十二萬八千兩百六十一人，占全島人口的百分之四．九七。一九三〇年代，日本國民占全臺人口不到百分之五，卻擁有臺灣耕地三成。

因此，各種日籍退休官員這時都已成為有臺籍佃農為其效力的地主。這種不合法、強盜般的行為激起廣大臺灣人憤慨，於是，每當有日本人前來索取自認歸他們所有的土地，認定遭殖民統治者強占土地的當地農民即挺身反抗，發洩怒氣。這種事發生在許多地方，但抵抗最激烈的一次發生於大甲郡大肚庄和虎尾郡崙背庄。有個很好的例子：一九二六年，臺灣總督府打算把二十五甲大肚庄水田賣給退休的日籍官員，把二十五甲旱田賣給某製糖會社。大肚庄民得悉此事，立即聚集於當地某廟裡，激烈抗議這一惡劣決定。然後他們向臺北的殖民地政府訴願，以下是他們反對此次售地的理由：[10]

農業的興衰和國家的榮枯息息相關。目前，我們政府制訂了各種法律，謀求改善疲弊的農村。基於以下理由，我們提出這次請願。

先前提到的可耕地和林地，兩百多年前由祖先傳給我們的農民。（一六八三至一八九五年統治此島的）滿清政府承認我們的產權，發下地契、合約等證明文件，同時收稅、收租。此島轉移給日本後不久，測繪了土地，一如以往新當局也承認我們的產權，向我們收稅。但關於預定要賣給日籍所有者的前述土地，它們於一八九七年和一九一一至一九一二年兩次遭洪水淹沒，土壤流失，政府因此將它們評定為荒地，把它們移出課稅名單。

最近，前所有人，千辛萬苦，努力開墾，栽種草木，構築堤岸，投入勞力和資本，終於使這些土地再度翠綠豐茂。那之後，前業主一再申請新地契以成為這些新生地的主人，但政府以這些地未被充分開墾為理由拒絕。其他的申請者未得到政府任何答覆。一九二五年，總督府辭退一些官員。為彌補他們收入的損失和誘使他們永久待在臺灣，為增加日本人和臺灣人的互動，為開發未開墾的地，以使他們願在此扎根落戶，政府決定從我們人民手裡拿走這些地，轉交給那些退休的日本官員。

關於林地，一九〇八年二月，政府下令原所有人攜帶印章到郡役所。所有所有人齊聚於大堂後，斗六郡的警察局長宣讀總督所下達的命令：「你們的竹子長得很好，品質和美觀程度超過島上任何地方的竹子。為此，總督府決定將它們指定為模範竹林，以保護、培育高品質竹子。你們贏得好名聲，那應會有益於你們。從今起，竹子的採收和生產仍一如過往。你們很自由，不必擔心。為獎勵你們的成就和你們辛勤栽培祖先傳給你們的竹子，總督府決定給你們補貼。

讀完獎賞聲明後，警察局長拿出一張白紙，所有林地所有人的名字和地址都已寫在其上。然後他要每個人在各自名字底下蓋上自己的印章。所有人遲疑，未照命令做，對此感到不安，因為不清楚這是怎麼一回事。日本警察立即祭出威脅、粗話、詭計，以哄騙、逼迫在場農民用印。結果，所謂的模範竹林只是政府為了據有這些林地巧立的名目。紅印泥還沒乾，殖民地政府就已將這些竹林地和相鄰的森林轉移給三菱財團。

原所有人如此說明這個案子：

首先，這些地是他們祖先傳給所有者的遺產；其次，這些田野兩度遭洪水摧殘而成荒地，原所有人流汗出力，才使它們再度適合耕種；第三，現行的耕種者一再申請重新據有這些地；第四，這些地是現行耕種者唯一的生計來源。如果政府從他們手中拿走這些地，賣給退休日本官員和一家大公司，這些耕種者會陷入挨餓赤貧之境。他們的家人會落得無家可歸，處境悲慘。受益者是退休高官、有錢律師或已擁有賺錢職業、享有退休金和每年紅利等特別待遇的日本人。請在做出最後裁定前考慮前述的情況。請願者上。

由於日本人擁有這麼多上等可耕地，控制了主要農產品且壟斷了臺灣的農業資本，臺灣廣大農民陷入貧窮、依賴之境。從十九、二十世紀之交，直到一次大戰結束，臺灣的經濟急速成長，因為臺灣的產品在境外市場銷路很好，而且臺灣農民能取得新品種種子、先進農業方法、技術。但農業生產品質、數量上的改善，一般只造福地主和資本家，未澤被於鄉村的自耕農、佃農、受雇工人。

簡單看一下南臺灣小港庄和北臺灣赤土崎這兩個村子的情況，可瞭解存在於臺灣的兩個不平等社會，一是有錢的日本暴發戶，一是艱苦度日的臺灣農民。小港庄位在高雄州鳳山郡，有四千甲可耕地，其中三千六百甲屬臺灣製糖株式會社所有，剩下的四百甲可耕地屬小地主和自耕農所有。這家製糖會社種甘蔗和稻，雇用了小港村大部分勞動力。小港村工人靠這家製糖會社維持生計，因此常受到中世紀農奴般的對待。根據某份調查報告，高雄州成年男子的日工資是五十三錢，成年女性為四十三錢，但一九三一年初時已調降五錢。一九三一年七月一日，工資再調降，成年男性只有四十錢，成年女性三十錢。工資如此微薄，如果一名工人每個月工作二十天，月收入將只有八圓。事實上，八圓工資已成為這個村子裡的農家普遍的月收入。當然，如果夫妻兩人都受雇於這個糖廠，一家的月收入將增加為十四圓。但由於一個月的預算要十四或十五圓，要養活一家五口或六口就很難。在這樣的情況下，有些年幼小孩或祖父常須設法找兼職工作，以貼補拮据的家庭生計。但若有人生病，一家就會入不敷出；營養不良和挨餓致死之事，在這地區的確偶有發生。存款兩百圓，極為罕有——只有三或四戶人家存下那麼多錢。這類人被視為「有錢人」。[11]

另一個例子是位於今日新竹清華大學東邊的赤土崎。一百多年前，赤土崎村民的祖先離開福建，定居在這個離海岸有段距離的小三角洲。到了一九二〇、三〇年代，已有約百戶人家住在那裡，幾乎都是當佃農為生。事實上，在該聚落沒有自有地者。每個佃戶在約一甲的租地上耕種，一年要繳佃租四十石米給地主。他們所承租的土地大部分是靠雨水灌溉的看天田。平均來講，豐年時春秋兩收總共約六十石米。但荒年時，這些佃農的收成幾乎不夠繳交佃租。有時厄運接連而來，連續兩個荒年，使他們日子難過。為何這個村子有許多年輕男子在沒有農活要忙時到村外找工作，原因在此。例如，到糖廠當短時粗工，當鐵軌清掃員的代班員，到磚瓦窯當廚子或搬運工，以及其他不需專門技能的工作。女人待在家裡操持家務，小孩，有些只有六、七歲大，則在野外看管水牛、山羊、鴨，採集獸糞、大小樹枝當燃料，諸如此類。[12]

一九二〇、三〇年代，種植、收割稻米是臺灣鄉間到處可見的景象，數十萬座甘蔗田圍住偏遠的農村。米廠和糖廠成為殖民時期臺灣的象徵。占臺灣農業工人四成八的蔗農，得在蔗田裡辛苦工作漫長兩年，才能砍下蔗莖，見到他們辛勤工作的成果。但砍下的甘蔗一運到糖廠過磅，就完全受糖廠人員擺布。糖廠主管替一堆堆的甘蔗評定等級和秤重時，臺籍佃農／蔗農不准在場。蔗莖上的葉子是否已完全除掉，以及／或者甘蔗是否已完全清掉表面的泥土，完全由糖廠主管認定。糖廠經理有權將甘蔗等級降級，也能隨意低報甘蔗重量，任人擺布的佃農無權就與這些事有關的任何事物提問或質疑。此外，佃農無權置喙自家甘蔗的價格。據政府規定，甘蔗的收購價要由政府官員與製糖廠經理共同制訂。但實際上，在甘蔗收購價上，後者總是獨斷獨行。因此，不管滿不滿意收購價，臺籍蔗農都只能乖乖收下糖廠付給他們的錢，別無選擇。[13]

史學家和社會學家喜歡引用列寧一九一六年出版的《帝國主義是資本主義的最高階段》，將資本主義與帝國主義、殖民地革命扯上關係。到了本書被視為世界無產階級革命的聖經時，列寧已摒棄馬克思主義的歷史觀，即不再認為每個社會都得先經過封建主義、資本主義，才能建立社會主義。後來，列寧將心力投注於鼓吹世人將帝國主義戰爭轉化為內戰。列寧用五個條件描述帝國主義的特性，當這些條件都存在時，革命成功就有可能。五個條件是：一、在經濟上，生產與資本集中；二、銀行資本與工業資本結合，然後轉型為托辣斯（財閥）的金融資本；三、資本開始輸出到外國；四、壟斷全球金融資本；五、最大的托辣斯利用其對全球金融資本主的壟斷，漸漸入侵並瓜分世界各地的領土和資源。

如果用列寧的帝國主義理論分析臺灣的經濟概況和其蔗糖資本，可清楚看出已有一個典型的日本殖民地經濟在這島上發展出來。而且那一殖民地經濟已產生資本家—資產階級和無產佃農階級間的社會衝突，社會結構明顯有助於滋生島民的不滿。事實上，日本的左派領袖，例如日本共產主義行動家和共產國際幹部片山潛（一八五九～一九三三）、早稻田大學教授佐野學、著有《左翼勞動組合的組織與政策》等書的渡邊政之輔；還有幾位臺籍年輕激進人士認為，發動革命，把日本帝國主義和資本主義趕出臺灣，乃是可能的事。因此，臺籍年輕知識分子受啟發而終於付諸行動，並非偶然之事，而是個現象。基於這些理由，共產國際著手將臺灣納入其世界革命計畫中。

共產國際與臺灣共產黨的誕生

在變化無常的共產主義政治圈，為促進並協調世界各地的無產階級革命，前後成立了三個「國際聯合組織」。「第一國際」於一八六四年九月二十四日，由英國工會、法國勞動組織、義大利馬志尼主義者和以個人身分參加的波蘭人、德意志人，成立於倫敦的聖馬丁堂。卡爾．馬克思起草了該組織第一場公開演說的文稿，最後一次大會於一八七六年七月十五日在費城舉行。一八八九年，即馬克思死後六年，「第二國際」在巴黎成立，總部設在布魯塞爾。它是個鬆散的協會，由多國的社會主義政黨組成，包括德國的社會民主黨。但第一次世界大戰期間，德國社會黨員與法國、英國的左派軍人在戰場上廝殺，慘烈的殺戮顯然與馬克思主義的「工人無祖國」口號相牴觸。儘管最後一次會議於一九二三年在漢堡舉行，「第二國際」實際上已於一次大戰期間瓦解。[14]

「第三國際」，也就是共產國際，作為「第一國際的繼承者」和「世界革命的參謀部」，一九一九年三月創立於莫斯科。它的成員最初主要是俄羅斯、烏克蘭、波蘭的重要共產黨員；這一改組後的國際共產組織的推動者是列寧和托洛茨基。共產國際代表大會平均一年召開一次。第一次代表大會一九一九年三月召開，第二次是一九二〇年七月，第三次是一九二一年六月，第四次是一九二二年十一月。到了一九二一年召開第三次代表大會時，共產國際的成員已包含世界上大部分左派政黨，包括法國社會黨、德國的獨立社會民主黨、捷克社會民主黨、英國社會黨、美國社會黨、挪威勞動黨，以及來自義大利、西班牙等國的較次要社會黨。日本共產黨於共產國際第四次代表大會時獲認定為該國際組織的分支。[15]

列寧交出共產國際的領導權後，前後代表大會之間的空檔拉長，於是第五次代表大會於一九二四年六月召開，接著發生一九二五年史達林、托洛茨基兩人的鬥爭和蘇聯共黨核心集團裡的一連串清洗。第六次代表大會舉行於一九二八年七、八月，採納了由尼古萊．布哈林、約瑟夫．史達林掛名提出的共產國際綱領；但第七次代表大會直到一九三五年八月才在莫斯科召開。[16]一九一九年三月六日第一次代表大會步入尾聲時，共產國際發表由保加利亞人克里斯蒂安．拉科夫斯基（Christian Rakovsky）、列寧、俄羅斯人格里戈里．葉夫謝耶維奇．季諾維也夫（Grigorii Eveseevich Zinoviev）、托洛茨基、瑞士人佛里茨・普拉滕（Fritz Platten）簽署的宣言。這份宣言被國際共產黨人公認為「第二共產黨宣言」（以有別於一八四八年馬克思發表的第一共產黨宣言），宣告了以下的主張：[17]

> 殖民地的解放，只有在母國的勞動階級獲解放下，才可能實現。要到英格蘭與法國的工人推翻勞合喬治和克里蒙梭之後，工人和農民，不只安南、阿爾及爾、孟加拉的工人和農民，還有波斯、亞美尼亞的工人和農民，才有機會過獨立自主的生活。在較發達的殖民地，戰鬥已在進行，戰鬥者不只掛著民族解放的旗幟，還具有相當公開表明的社會性格……勞動階級被他們不共戴天的敵人逼著打內戰。勞動階級必須以牙還牙……有見識的工人清楚意識到他們的任務的世界史性質，著手組成國際聯盟，作為組織社會主義運動的第一步。
>
> 儘管第一國際預見到未來的形勢……儘管第二國際聚集數百萬無產階級者並將他們組織起來，支持人民群眾公開行動者和支持革命行動者仍是第三國際……世界各地的無產階級！團結起來打擊帝國主義者的野蠻作風，打擊君主政體，打擊特權階級，打擊資產階級國家和資產階級財產，打擊各種社會壓迫和民族壓迫。各國的無產階級，與我們一道，齊聚在工人委員會的旗幟下，為了無產階級的掌權與專政打革命戰爭。

共產國際要求所有政黨採取革命性質鮮明的黨綱，要求他們保證在世界社會主義運動上唯蘇聯馬首是瞻。蘇聯境外的共黨，若要加入第三國際，一律得接受一九一九年採納的二十一個條件，包括：[18]

一、日常的宣傳和鼓動必須具有真正的共產主義性質，且必須符合第三國際的綱領和所有決定。

二、凡是由黨掌控的新聞機關，都必須以已證明忠於無產階級革命大業的可靠共產黨人擔任主編。

三、共產黨人不能信賴資產階級法律，必須在每個地方另行創立自成一格的不合法機構，以便在關鍵時刻能協助黨執行其革命職責。

四、傳播共產主義理念的職責，包括必須在軍中進行堅持不懈且有步驟的宣傳。

五、必須在農村地區進行有步驟且持續不斷的鼓動工作。

六、凡是想加入共產國際的黨都必須承認有必要和改良主義全面且徹底的決裂。

七、凡是想加入共產國際的黨都必須無情譴責「他們本國」的帝國主義者在殖民地裡的作法，以行動而非以言語支持諸殖民地裡的每個獨立運動。

八、凡是想加入共產國際的黨都必須全力支持每個蘇維埃共和國同反革命勢力進行的鬥爭。

九、凡是不接受共產國際之條件與主張的黨員，原則上都必須開除黨籍。

一九二一年，蘇聯將莫斯科的第一省立高中改闢為名叫東方勞動者共產主義大學（KUTV，一九二一～一九三八）的黨工培訓機構，一九二五年十一月七日，為悼念孫中山（一八六六～一九二五）並慶祝布爾什維克十月革命八週年，共產國際將該校的中國研究系抽離主校區，改名為中國勞動者孫逸仙大學（莫斯科中山大學）。孫逸仙直至走到生命盡頭時仍是堅定的革命家且無疑是偉大領導者，卻「只能留給他的黨一份很可能是（英國首相）拉姆齊・麥克唐納在半小時內輕鬆為他擬就的黨綱（三民主義）。」[19]著名演說家且公認是蘇聯紅軍之父的托洛茨基，主持這所新大學的開幕典禮。托洛茨基於演說中強調理論與實踐並重，也就是說課堂上的學習必須與定期參觀工廠、礦場、軍事操練和觀察蘇維埃政府結構、黨組織的運作相輔相成。為贏取中國學生的信賴，托洛茨基特別呼籲他的俄羅斯同胞重新評價中國和中國人民。在中國革命方面，托洛茨基說，中國農民比俄羅斯農民多上許多，但中國農民比俄國農民更無力扮演領導角色。[20]

莫斯科中山大學有約一百個房間，包括位於一樓的一間餐廳；一間藏書三千冊的圖書館、數間教室和讀書室，以及二、三、四樓各樓的行政室。大禮堂裝飾雅致，禮堂左右側，兩國國旗下方，各掛著列寧、孫逸仙的肖像。莫斯科中山大學的教學綱領和課程，旨在以共產主義意識形態塑造富理想主義的年輕新血的思想，將他們培訓為手法純熟的政治工作者，以便他們離校後文能左右群眾，武能指導政變。這樣的培訓必須快且有效，以滿足整個亞洲之革命運動迅速擴展的需求和中國之政治劇變的需求。因此，在此校的學習時間是兩年，而非一般的四年。

這個新學校的教官包括托洛茨基、史達林、張國燾（一八九八～一九七九）等人。當時有約一百名中國人和十二名日本人就讀這所免繳學費的秘密大學，但到了一九二七年，學生人數已增加為八百。許多日後叱吒風雲的中國人就讀過東方勞動者共產主義大學或莫斯科中山大學，包括瞿秋白（一八九九～一九三五）、劉少奇（一八九八～一九六九）、朱德（一八八六～一九七六）、鄧小平（一九〇四～一九九七）、楊尚昆（一九〇七～一九九八）、蔣經國（一九一〇～一九八八）、谷正綱（一九〇一～一九九三）。莫斯科中山大學是國民黨聯俄容共政策的產物，因此，在蔣介石一連串血腥清洗中國共產黨員之後，共產國際於一九三〇年決定關閉此校。但莫斯科中山大學不只是多變之現代中國政治的反映，還是蘇俄政治局勢的一部分。一九二四年一月列寧去世後，史達林與托洛茨基展開你死我活的鬥爭，另一方面，共產國際諸領袖間也起了衝突。在此必須指出的，每一次的黨內鬥爭期間，中國問題都成為清洗的焦點之一。每個共產國際領袖都想成為中國人的發言人，因為每個都自認是中國革命問題的權威。至於該大學的中國學生，除了在中國革命裡發揮作用，也被捲入俄羅斯／共產國際政治的漩渦中。

莫斯科中山大學短暫存世期間，卡爾・拉狄克（Karl Radek）和帕維爾・米夫（Pavel Mif）前後擔任該校校長。拉狄克是波蘭猶太人和托派，一九二七年遭開除黨籍，十年後死在獄中。米夫（原名Mikhail Firman）是經濟學博士，與中國共產黨的主要黨員很熟，因為在擔任莫斯科中山大學校長之前和之後派駐上海。[21]

一九二〇、三〇年代馬克思主義蔚為顯學之際，馬克思主義和列寧主義在日本知識分子圈和大學校園大為流行。要現代，就要左傾。這一風潮迅即擴散到臺灣青年圈子。事實上，大部分有子女在上大學的臺籍有錢父母，特別擔心自家子女左傾，會染上「危險思想」。的確有幾個臺灣學生變成左派，也被吸收到上海、莫斯科求學。彰化人許乃昌（約一九〇六～一九七五）就讀上海大學（中國共產黨的掩護機構）時，導師是中共創黨人之一的陳獨秀（一八七九～一九四二），在陳獨秀推薦下，他於一九二四年在東方勞動者共產主義大學攻讀俄語、馬克思主義理論、列寧主義、心理戰。還有《臺灣民報》北京特派員謝廉清（一九〇三～一九六一），一九二五年三月起在東方勞動者共產主義大學學習歷史唯物主義、宣傳等革命手法。根據日本警察機構的原始資料，許乃昌和謝廉清於一九二五年七月回北京，收到共產國際給予三萬圓，供他們整合上海、東京兩地的臺籍學生並將他們組織成數個讀書會。[22]

在這同時，上海大學教授安存真（一八九六～一九二七）和宣中宣引介他們的臺籍學生林木順（一九〇二～一九三四？）、謝雪紅（一九〇一～一九七〇）、陳其昌（一九〇四～一九九九？）等人加入共青團。林木順在他的同輩裡大概較為突出，出身中臺灣南投的商人家庭。他母親於他十三歲時去世，一九二二年四月他開始就讀臺北師範學校，但到了一九二四年三月，他已因為「性行不良」遭退學。謝雪紅是傳奇性的臺籍女子，曾是某有錢地主的妾，從未受過初等教育。她直到十九歲才開始學識字寫字。與家人同赴東京時，她拋棄丈夫，前往上海就讀免學費的上海大學。一九二六至一九二七年間，林木順和謝雪紅被派去莫斯科，先在莫斯科中山大學就讀，然後在東方勞動者共產主義大學學日語。但不知為何，共產國際的高階日本共產黨員決定，應將他們二人和當時就讀該大學的十二名日籍同志平等對待。在寫給該大學職員舒米亞茨基（Shumyatsky）的某封信中（信上日期為九月二十日），片山潛寫道：

親愛的同志，

林和謝這兩位來自臺灣的學生，應和日本學生一起學習，因為他們和日本學生沒有差別。位在莫斯科的日本代表團已決定派他們和其他日本學生一起回日本，先去東京，再回臺灣。根據我們的協議，日本學生應在東方勞動者共產主義大學就讀，因此這兩位臺灣學生也有資格在該校就讀。向共產主義致敬。[23]

值得注意的，片山潛認為林木順和謝雪紅是日本人而非中國人，於是把他們帶離以中國學生居多數的莫斯科中山大學。一九二七年十月十七日，林、謝二人離開莫斯科，離開前片山潛就如何吸收具社會主義傾向的臺灣人組成政黨給了指示。兩人於一九二七年十一月在海參崴短暫停留，與渡邊政之輔等日本共產黨員交換了意見。據若林正丈教授的說法，林、謝二人在東京時，日本共產黨中央委員佐野學和市川正一（一八九二～一九五四）與他們有接觸。渡邊告訴佐野，共產國際已下指示要把臺灣共產組織當成日本共產黨的支部。在這同時，渡邊和佐野與一些剛從上海來到東京的臺籍同志談過。最後是由渡邊和佐野為他們的年輕臺籍同志草擬黨綱和政治指導原則。[24]

一九二八年二月，林、謝二人回上海，與翁澤生（一九〇三～一九三九）、蔡孝乾（一九〇八～一九八二）一起吸收臺籍青年。翁是中國共產黨重要人物瞿秋白的學生，在上海的共產國際東方局有影響力；蔡是彰化郡人，文采斐然；二次大戰期間在毛澤東的延安游擊基地住過短暫時間。一九二八年四月十五日，二十二歲的林木順和二十七歲的謝雪紅，連同另外七名臺灣人——翁澤生（二十五歲）、林日高（二十四歲）、陳來旺（二十三歲)、張茂良(二十三歲)、潘欽信(二十一歲)、蔡孝乾(二十歲)、洪朝宗——加上化名彭榮的中國共產黨代表和朝鮮共產黨員呂運亨(一八八六~一九四七),在法租界租下上海某照相館的二樓小房間,正式組成作為日本共產黨支部的臺灣共產黨。[25]

三天後的四月十八至二十日,新成立的臺灣共產黨在同樣位於上海法租界的翁澤生家舉行第一次中央委員會議。在諸多待解決的問題中,當務之急是選出每個部門的主管。林木順要擔任黨書記長兼組織部長;林日高掌管婦女事務部;蔡孝乾被任命為宣傳部長;莊春火掌理青年事務,洪朝宗掌農民運動部。在對外事務上,翁澤生派駐上海,擔任與共產國際、中國共產黨的連絡人;謝雪紅駐東京,負責與日本共產黨連絡,陳來旺是特工,負責從在日臺灣人裡招募新血。

臺灣共產黨當下的任務是滲入臺灣農民組合,把臺灣文化協會從草根性群眾教育組織改造為左派「民眾黨」,因為這兩個臺灣團體是當時最大且經營最完善的臺灣人民族主義組織。在這場歷史性會議之後不久,林木順和陳來旺東渡日本,林日高和潘欽信回臺招募新血。新加入黨員包括翁澤生後來的妻子謝玉葉、楊克培(一九〇八~一九七八)和他的侄子楊春松(一九〇〇~一九六二)。一九二七年五月,明治大學畢業的楊克培在漢口市的「泛太平洋弱小民族大會」上擔任日語翻譯;同年八月,他已返臺加入臺灣農民組合。在這同時,楊春松獲選為臺灣農民組合中央委員。到了一九二九年初,已有數名臺灣共產黨「東京特別支部」成員，包括蘇新和蕭來福，也在臺灣和臺灣農民組合一起奮鬥。此外，有些臺籍中共黨員，例如王萬得，也已從中國返臺。在這同時，謝雪紅一直在臺北經營一家掩護地下活動的國際書店，開始為臺灣共產黨執行地下活動。[26]

至於他們的日籍導師，一九二八年市川正一代表日本共產黨出席在莫斯科舉行的共產國際第六次代表大會，獲選為該組織執行委員會委員（一九四五年日本無條件投降前五個月，市川在宮城監獄遭刑求致死）。一九二八年十月，渡邊政之輔試圖代表共產國際將資金和指示傳達給臺籍地下黨員，但在基隆港遭日本警察捕獲殺害。[27]

注定失敗的臺籍左派人士

一九二〇、三〇年代的經濟、社會結構造成不平等，引發臺灣人怨恨和敵視，但臺灣共產黨剛問世的激進馬列主義黨綱仍舊得不到群眾支持。島上所有居民對國際情勢認識不足，受傳統束縛的農民很容易就被顛覆性的外國觀念嚇到，而無所不在的日本警察當然隨時可出手逮捕涉嫌散播「危險思想」者。戰前和戰時個人或有組織的團體要削弱日本天皇至高無上之類基本原則，似乎是幾乎不可能的事。更糟的是臺灣共產黨來自莫斯科、日本的資助與支持不穩定且不可靠。

接下來的三年裡，臺灣共產黨試圖打入臺灣農民組合的機構，以改變臺灣農民運動的目標，也就是要從原本追求更好經濟改善改為主張政治鬥爭／階級鬥爭，從解決地主／佃農紛爭改為發動無產階級革命，但這並非易事。首先，臺共黨員數不到一百。此外，由於幾位年輕領導人的社會、經濟背景各異，臺共領導階層裡有出於私怨的衝突。謝雪紅和王萬得兩人處不好，已是眾所皆知的事，因為謝懷疑王對她懷有宿怨。

政治路線爭執——該走共產國際的托洛茨基路線還是史達林路線；日共的山川路線還是福本（和夫）路線？——加深臺共成員間本已深刻的嫌隙。他們仿效、實行布爾什維克所謂的「清洗」，彼此公開攻訐，甚至將戰友逐出黨。例如，日本共產黨不滿意翁澤生妻子謝玉葉、蔡孝乾、潘欽信、洪朝宗的表現，下令將他們逐出臺灣共產黨。這些二十幾歲、見識有限的年輕人欠缺政治識見和國際歷練，面對他們的莫斯科、東京、上海上級所各自下達的革命策略，常被那些策略間的基本差異弄得無所適從。例如，一九二七年，共產國際奉布哈林的指示針對日本的情況草擬了新的方針，而在那些方針裡，「資產階級—民主主義」革命被認定為當時可行。但一九二八至一九二九年布哈林遭清洗後，共產國際指示其所有同志將革命活動從城市轉移到鄉村。接著，方針又修正，一九三一年，在日共中央委員會所定的某個計畫中，「無產階級」革命被認為適合於日本。[28]到了一九三〇年代，臺共領導階層為該接受哪個母黨（日共或中共）領導起爭執。[29]

為更清楚理解令充滿理想主義與熱情的臺灣左派人士無所適從的東西，我們先來看看他們對一議題——農民與蘇聯最高領導人所表達之無產階級革命兩者的關係——的不同看法。蘇聯共黨簡單一刀切：「腦力勞動者」相對於「體力勞動者」。[30]列寧說農民是最後的資本家階級，而根據托洛茨基的不斷革命論，農民無法成立有戰鬥力的獨立政黨。無產階級政府會遭到仍擁有自己財產的資本家反對。無產階級未來必須掌權，農民則要支持革命，直到沒收土地為止。但在那之後，無產階級所將不得不採取的每個社會主義措施，都會把較富有的農民送進反動派的懷抱裡，於是今日這些無產階級盟友，明日會變成無產階級的敵人。[31]

史達林認為知識分子與農民／工人兩者在實現革命上有不同的角色和貢獻。根據史達林的說法，在俄羅斯，農民由幾個社會群體構成，即貧農、中農、富農。貧農支持勞動階級，中農是其盟友，富農是階級敵人。史達林如此看待這三個社會群體。針對農民問題，擔任史達林首席理論家直到一九二八年失勢為止的布哈林寫道，「有必要讓富農發揮他們的經濟潛力」。於是布哈林提出兩階段革命論，也就是應先進行民主主義—資產階級革命，再進行社會主義革命。[32]

一九二三年托洛茨基、史達林互鬥期間，史達林利用其高超的操縱、權謀本事打敗了托洛茨基。一九二四年十月起，史達林成為列寧的接班人，一九二五年五月，他提議組成一兩階級政黨，由工人、農人組成的黨，並採行工人與革命小資產階級組成革命同盟（對付民族資產階級）的方針。這一同盟或許會體現在成立一個從勞動階級和農民大眾吸收黨員的政黨上。當然，史達林一如列寧和托洛茨基，認為必須毅然決然進攻帝國主義。[33]

史達林還重述列寧對農民大眾的看法，即農民是最後的資本家階級。史達林說列寧說得沒錯，因為俄羅斯社會由兩大階級構成：農民是以私有財產和小規模商品生產為其經濟基礎的階級。只要農民繼續進行小規模商品生產，農民大眾就會在其群體裡生出資本家——不得不連續不斷的生出資本家。史達林認為在探討馬克思主義對勞動階級、農民兩者結盟問題採何種看法時，這至為重要。這意味著無產階級不只需要與農民達成各種結盟，而且還得是在對農民大眾的資本家分子展開鬥爭的基礎上結盟。[34]

一九二〇年代期間希望在日本實現社會主義革命而人數不多的都市知識分子，把佃農和工業工人愈來愈多的罷工，視為無產階級覺醒的跡象。但從莫斯科傳給他們的信號，使他們有不同的解讀並採取不同的路線。共產國際第四次代表大會期間被承認為共產國際支部的日本共產黨，被指示要使用「各種方法在農民大眾裡，特別是貧農裡，建立影響力」，要與資產階級聯手進行反政府的鬥爭。[35]但山川均，日本共產黨創立者和該黨最具影響力的馬克思主義理論家，不願聽命於莫斯科，因為他認為一九二〇年代的日本仍處於「封建」或「半封建」階級，得經過必要的「資本主義」時期，無產階級革命才能成功。他較支持得到勞、農兩方支持的廣泛社會主義運動，把重點擺在實際的益處上，主張在日本發展共產黨的時機還沒到。一九二四年他解散日本共產黨。這一講求實際的路線，人稱山川主義，與理論導向的福本主義大相逕庭。福本主義認為既有的資本主義，連同封建主義，都是助長革命的爆炸性力量，認為自由主義資產階級具有革命傾向和民主傾向。[36]

但山川主義激起爭議和攻訐，它的對手，由福本和夫領軍的福本主義，在國內外都未得到多少支持。福本畢業自東京帝國大學，擁有法學位，拿到官方獎學金赴德、法留學。他對卡爾·馬克思、佛里德里希·恩格斯（一八二〇～一八九五）、羅薩·盧森堡（Rosa Luxemburg，一八七〇～一九一九）的著作和理論很感興趣。福本於一九二六年接掌剛重出江湖的日本共產黨後，開始攻訐山川主義，主張區分「真」馬克思主義者和「假」馬克思主義者，呼籲「真」馬克思主義者集中心力於理論性鬥爭。福本努力改善日本共產黨的理論基礎，宣傳他的革命觀，但他對理論的執迷，其實使日本共產黨與強調行動的其他左派團體分道揚鑣。共產國際也不滿福本的路線，一九二七年發文同時抨擊山川和福本。然後莫斯科要求日本共產黨立即著手發動兩階段革命以推翻日本政府，特別是推翻天皇制和日本議會，要求該黨致力於財富重分配並與蘇聯密切合作。[37]

於是，左派知識分子本身對馬克思主義理論較細微之處的意見分歧和其中某些人對此團體領導權的爭奪，影響了他們有效動員無產階級和與無產階級溝通的能力。此外，由於政府迫害，日本共產黨得在極艱困環境下運作。在日本，沒有哪個組合，甚至沒有哪個勞動組合領導人，鼓吹日本工會依附國際工會聯合會（Amsterdam International）。各個農民組合於一九二二年合併為名叫日本農民組合的全國性聯盟。這些農民組合的成立，乃是為了以集體之力爭取耕作者的權力和減少佃租，同時漸漸削弱地主的掌控。但就在日本農民組合變得愈來愈好鬥、影響力愈來愈大時，這一農民聯盟於一九二七年不接受要其指派一代表赴巴黎參加反對帝國主義、贊成民族獨立聯盟（League against Imperialism and for National Independence）的提議。它還是擔心日本當局祭出一九二五年治安維持法使情況變複雜或甚至用該法阻撓它的運作。該法第一條對任何社會抗議團體或國際陰謀的定義，尤其充斥著危險的模稜兩可性。保存在日本農民組合大阪總會的兩份文件——一份來自莫斯科、一份來自巴黎（且有亞伯特・愛因斯坦涉入其中）——就是這一情勢的證據：[38]

(1) IMPERIAL GOVERNMENT TELEGRAPHS. (Delivery Form)

Station: Office No. 7 Nihon Nomin Kumiai

Time Received: 237S Date: 19 Enari Cho 186 Osaka

By I, YAMASHITA

Class Original Office Voscou

No. 12/03 Words 36

Date 19 Time 15 20

FEDERATION AGRICULTURAL COOPERATIVES SOVIET UNION PROPOSE ACQUAINT YOUR SITUATION SOVIET PEASANTRY INVITES YOU SEND FOUR DELEGATES TENTH ANNIVERSARY SOVIET UNION 25 OCTOBER STOP ANSWER MOSCO SOYUZ SOYUZOFF KAMINSKY

（蘇聯農業合作社聯盟想瞭解你們的情況／蘇維埃農民邀你們於十月二十五日蘇聯十週年時派四名代表到蘇聯。回電莫斯科的 Soyuz Soyuzoff Kaminsky）

(2) Ligue Internationale contre ISAVTRY INVITE Set pour 1 Internationa Nationale

3, Rue Parmentier, Neuilly s/Seine Paris

Paris, le October 4th 1927

To the le October 4th 1927
Enari-cho 186, Konohana-ku Osaka
COMITE Do 186, KoProfesseur A. Einstein
Henri Barbusse
Mme Veuve Sun Yat Sen
General Lou Tsoun Lin

親愛的同志，你們肯定聽說了反殖民壓迫與反帝國主義大會的事。該大會於今年二月在布魯塞爾召開，促成了「反對帝國主義、贊成民族獨立聯盟」（即反帝大同盟）的創設。當時有約兩百名各種族、各大洲的代表在場。殖民地國家和半殖民地國家，出席特別踴躍，例如：主要以國民黨和中華全國總工會為代表的中國；由印度國大黨和其他組織代表的印度，以及由南非民族議會和埃及國民黨代表的非洲。與會的帝國主義國家中，英格蘭派來很有份量的代表，尤其是「英國工黨」、「獨立工黨」和礦工聯盟。法國派來許多代表，德國亦然。有些著名的工運人士，例如埃多．費門和威廉．布朗，許多國會議員，例如Ｆ．Ｉ．蘭茲貝里和威利．明岑貝格，還有一些作者和科學家，例如昂利．巴比塞、恩斯特．托勒、教授西奧多．萊辛和教授阿爾豐斯．戈德施密特，也前來參加這個代表大會。這些代表都主張受壓迫階級與受壓迫人民合力對抗資本主義和帝國主義，共同追求民族平等和社會平等。

我們認為你們贊同「反對帝國主義、贊成民族獨立聯盟」的目標和宗旨。令人遺憾的，只有一名日本代表出席布魯塞爾會議，即片山潛同志，如果貴組織願意附屬於本聯盟，以使國際反帝運動得以打入帝國主義日本，以使本聯盟得以在那裡建立分部，我們會至感欣慰。

由於眼下太平洋有可能爆發帝國主義戰爭和中國有可能遭帝國主義干預，本聯盟的執行委員會已商定於今年十一月在巴黎召開一特別會議。日本一些代表出席此次會議至為重要，因為日本帝國主義在華北和滿洲拚命發展，而且太平洋戰爭是極令人憂心的問題，隨時可能在日內瓦海軍裁軍會議失敗之後爆發。因此我們衷心希望貴組織派一名代表出席巴黎大會。如果有困難，建議貴組織指派目前住在歐洲的一名日本同志作為代表。

我們會另函寄上一份布魯塞爾大會的會談記錄。

期盼早日收到回覆。

書記路易．吉巴蒂（簽名）書記廖漢辛（音譯）（簽名）敬上一九二五年四月二十二日，「憲政會」黨的加藤・高明內閣支持男性普選權，但同時讓治安維持法獲得通過，前者是向日本人民遞出的胡蘿蔔，後者則是用來壓制可能顛覆國家之勢力的棒子；然後，行政體系、財閥、軍方組成國家的鐵三角，政黨則依附在這鐵三角上。但最重要的，治安維持法意在保住以天皇為中心的政體，意在挫敗可能煽動暴動、暴力、恐嚇或其他不法行動的社會分子。從一九二〇至一九四五年，日本當局屢屢祭出治安維持法，逮捕、關押了數萬名日本人、朝鮮人、臺灣人，包括共產黨員、自由派知識分子、狂熱宗教團體的信徒。該法有些重要的相關條款如下：

第一條　凡是以徹底改變國體或否定私有財產制為目的結社者，或凡是加入此類會社並完全知情其目的者，都會判十年以下的勞役刑或禁錮刑。凡是欲犯下前項之罪行而未遂者，也會受罰。

第二條　凡是就與前面第一條第一項所述那些目的的遂行有關之事，與他人交換意見者，都會判七年以下的勞役刑或禁錮刑。

第三條　凡是煽動他人以遂行第一條第一項所述那些目的的者，都會判七年以下的勞役刑或禁錮刑。

第四條　凡是煽動他人從事暴動或侵犯人身或其他傷害生命、身體或財產之罪行，以遂行第一條第一項那些目的者，都會判十年以下的勞役刑或禁錮刑。

第五條　凡是為了犯下第一條第一項和前三條所述那些罪行而供予錢、物或其他財產上的利益給他人，或為了同樣目的而提議或保證做這些事者，都會判五年以下勞役刑或禁錮刑。凡是在知情的情況下接受這些供予，或提出該要求或保證者，會受到類似懲罰。

第六條　凡是犯下前三條所述那些罪行且主動向當局自首者，會得到減刑或免遭起訴。

第七條　凡是在本法施行區域外犯下本法所述罪行者，亦適用於本法。39

在這一背景下，臺灣農民組合仍排除萬難於一九二八年十二月三十至三十一日在臺中舉行第二次代表大會。口號明顯較激進，例如，「臺灣被壓迫民眾團結起來」、「擁護工農祖國蘇維埃」、「全世界無產階級解放團結」。參加此次大會的一百二十名代表，由同樣支持左傾組合運動的幾類人（民族主義者、社會主義者、共產主義者）組成。他們選二十五歲的簡吉為組合的書記長，也通過婦女部組織綱領、救濟部組織綱領（以救助入獄同志的家人）、青年部組織綱領，以及批准一九二八至一九二九年的六千圓預算。一般認為這三套組織綱領由臺共黨員林木順寫就，但由當時二十七歲的謝雪紅提出。在此也該指出的，簡吉當時還不是臺共黨員。不過，有幾位日後會影響這一農民運動方向的臺灣人，其實在莫斯科受過訓練。[40]

一九三〇年十月二十九日，臺灣共產黨在臺北松山舉行「擴大中央委員會」會議。一九三一年三月十日，共產國際的遠東局（在上海）發出「致臺灣共產主義者書」，文中強調六個新指導方針：一、顛覆帝國主義統治，沒收日本帝國主義企業，臺灣政治經濟完全獨立；二、無條件沒收一切土地，歸還給鄉村的貧民、中農使用；三、誓必消滅榨取階級及一切封建殘餘；四、顛覆帝國主義者、地主、資本家的政權，建立農工蘇維埃；五、取消帝國主義一切賦稅、一切苛稅；六、實行八小時的勞動制、社會保險，極力改良工人階級的生活。[41]

為呼應並服從共產國際的要求，臺灣共產黨發出十三個口號：包括一、打倒總督專制統治——打倒日本帝國主義；二、臺灣民族獨立萬歲；三、建立臺灣共和國；四、廢除壓制農工惡法；五、土地歸於農民；六、罷工、集會、結社、言論、出版自由。[42]很顯然的，到了一九二九年，臺灣的農民組合運動已轉向馬克思主義。

共產國際於一九一九年初創立時，誓言「以各種手段，包括武裝力量」戰鬥，「以推翻國際資產階級，打造一國際蘇維埃共和國，作為完全廢除國家之前的過渡階段。」共產國際於一九一九至一九三五年共召開了七次世界代表大會。它也舉行了十三次執行委員會的「擴大全體會議」，它們的角色同於較浮誇的代表大會。共產國際執委會最後一任主委，由史達林指派，名叫格奧爾基・季米特洛夫（Georgi Dimitrov，一八八二～一九四五），他也是保加利亞共黨的首腦。二次大戰期間希特勒的「巴巴羅薩行動」使俄羅斯蒙受了該國歷史上最慘重的傷亡，史達林隨之與英、美這兩個帝國主義、資本主義國家結盟。為化解羅斯福總統和邱吉爾首相的疑慮，使他們相信蘇聯已不再執行在他國境內挑起革命的政策，以在政治上使詐而著稱的史達林，決定解散共產國際。於是，經過二十四年在世界各地陰謀策畫、蒐集情報、煽動無產階級革命，共產國際執委會於一九四三年五月十五日正式宣布解散共產國際。這時，日本當局已將臺灣共產黨撲殺殆盡，臺灣的農民組合運動已岌岌可危。

注釋：

1 羅吉甫，《野心帝國：日本經略臺灣的策謀剖析》（臺北：遠流出版公司，一九九二），頁一一二、一一九—一二〇。

2 見Chang Han-yu and Ramon Myers, "Japanese Colonial Development Policy in Taiwan, 1895-1906: A Case of Bureaucratic Entrepreneurship," *Journal of Asian Studies*, 22 (4) (August 1963) : 441-455; Ramon Myers and Mark R. Peattie, eds., *The Japanese Colonial Empire, 1895-1945* (Princeton: Princeton University Press, 1984), 420-452.

3 《臺灣民報》，第一五四號（一九二七年四月二十四日）。

4 入江文太郎，《基隆風土記》（一九三三；重刊本，臺北：成文出版社，一九八五），頁一四一；也見〈橫濱商工會議所〉，《橫濱開港五十年史》（東京：名著刊行會，一九七三），頁三七三。

5 見蔡培火等人合編，《臺灣民族運動史》（臺北：自立晚報叢書編輯委員會，一九七一），頁四九五—五〇一。

6 臺灣銀行經濟研究室編，《日據時代臺灣經濟史》（臺北：一九五八），第一卷，頁一四〇—一四九。

7 Hugh Borton, *Japan's Modern Century* (New York: The Ronald Press, 1955), 273.

8 《臺灣省五十年來統計提要》（臺北：臺灣省行政長官公署統計室），頁五一四。

9 George W. Barclay, *Colonial Development and Population in Taiwan* (Princeton: Princeton University Press, 1954), 204-206; also Samuel P.S. Ho, *Economic Development of Taiwan, 1860-1970* (New Haven: Yale University Press, 1978), 101.

10 山邊健太郎編，《現代史資料》，《臺灣一》，第二十一卷（東京：みすず書房，一九七一），第七節「農民運動」，頁三三九—三四〇。

11 《臺灣民報》，第三七五號（一九三一年八月一日）。

12 此事也見諸《臺灣民報》，第三七八號（一九三一年八月二十二日）。

13 山邊健太郎，《現代史資料》，《臺灣一》，第二十一卷，第七節，頁三三八。

14 C.L.R. James, *World Revolution, 1917-1936: The Rise and Fall of the Communist International* (London: Martin Secker and Warburg, 1937) , 38; also German Bundestag Press, *Fragen an die deutsche Geschichte*（德國歷史問題）(Bonn: German Reichstag Publication Department, 1984), 246, 461.

15 Leon Trotsky, *The Third International After Lenin*, 1929 French edition, 1936 English first edition, tran. John C. Wright (New York: Pathfinder Press, 1970), 314-315.

16 Ibid., 308, n1 and 313, n12.

17 C.L.R. James, *World Revolution, 1917-1936*, 113-115.

18 Helmut Gruber, ed., International Communism in the Era of Lenin: A Documentary History (Ithaca, NY: Cornell University Press, 1967), 241-246.

19 C.L.R. James, *World Revolution, 1917-1936*, 233.

20 Trotsky, *The Third International After Lenin*, 184.

21 欲更瞭解，見 Yueh Sheng, *Sun Yat-sen University in Moscow and the Chinese Revolution: A Personal Account* (Center for East Asian Studies, University of Kansas, 1971).

22 臺灣總督府，《警察沿革誌》，中譯本（臺北：南天書局，一九三九），《臺灣社會運動史，一九一三—一九三六》第三卷，第三章，「共產主義運動」，頁五八四。

23 林炳炎，《林木順與臺灣共產黨的建立》（臺北：作者自費出版，二〇一三），頁一五六。

24 以 npouvmureekerce meyue u opsauuzayo Horomeyue 之名歸檔的俄羅斯檔案。也見若林正丈，《台湾抗日运动史研究》（東京：研文出版，一九八三），頁三一六—三一七。

25 呂運亨父親是有錢地主，但呂放掉他的佃農和其他形同奴隸的人。一九一一至一九一二年間，呂在平壤長老教會神學院攻讀神學。一九一九年凡爾賽和約會議期間，呂和幾名朝鮮民族主義者在朝鮮挑起一場大叛亂。一九一九年二月十五日，他與來自海參崴的幾名朝鮮民族主義者，在西伯利亞的 Nicholsk 宣布朝鮮脫離日本獨立。

26 《警察沿革誌》，出處同前，頁五九〇—五九四；也見山邊健太郎，《現代史資料》，出處同前，（一九七一）二十二：頁 xx-xxvi，一三七、二五六；（一九六八）二〇：頁二三五—二三六，以及（一九六六）十七：頁三〇六。

27 恒川信之，《日本共産党と渡辺政之輔》（東京：三一書房，一九七一），頁三五〇—三六一。

28 Roger Swearingen and Paul Langer, *Red Flag in Japan: International Communism in Action, 1919-1951* (Cambridge, MA: Harvard University Press, 1952), 26, 43-44.

29 Frank S.T. Hsiao and Lawrence R. Sullivan, "A Political History of the Taiwanese Communist Party, 1928-1931," *The Journal of Asian Studies*, February 1983, vol. XLII, no 2: 281.

30 Joseph Stalin, *Problems of Leninism* (Moscow: Foreign Languages Publishing House, 1940), 559-560, 638-640.

31 See C.L.R. James, *World Revolution, 1917-1936*, 38.

32 Ibid., 245, 260, 271.

33 Joseph Stalin, *Problems of Leninism*, vol. 1, 278.

34 Ibid., 261.

35 George M. Beckmann and Genji Okubo, *The Japanese Communist Party 1922-1945* (Stanford: Stanford University Press, 1969), 61.

36 Hsiao and Sullivan, "A Political History of the Taiwanese Communist Party, 1928-1931," : 281.

37 Beckmann and Genji Okubo, *The Japanese Communist Party 1922-1945*, 106-107.

38 *Archives of Taiwan Peasant Union Headquarters, International Documents, B Group*, 34, 52-53.

39 朝日新聞社編，《史料明治百年》（東京：朝日新聞社，一九六六），頁四六六－四六七。

40 資料來源：*Archives of Taiwan Peasant Union Headquarters, International Documents, A Group*, 153, 156-159.

41《警察沿革誌》，《臺灣社會運動史》第三卷，第三章，「共產主義運動」，頁六九八。

42 出處同前，頁六一一。

第三章

臺灣農民組合的興起

簡吉——農組背後的推手

臺灣農民組合運動的興起，最初受到來自日本本土的日本社會主義者、活躍組合成員的啟發和鼓勵，但佃農與地主所簽的短期租約與／或長期租約有瑕疵也是原因之一。首先，島民通常不識字，對法律幾乎完全不懂。為何殖民地政府能沒收他們的耕地，賣給退休日籍官員或財團，原因在此。為何有那麼多農民貧困不堪，不得不當佃農或領工資者，原因也在此。一般佃農無力使攸關他們利益的問題得到討論。照傳統作法，每當佃農覺得受到地主或公司不公平對待時，只能向甲長或保正訴苦，也就是向本地菁英訴苦。在某些例子裡，保甲長請警察幫忙，要警察出面調解或找受雇者和雇主當面談判，乃至擬出雙方都可接受的解決方案。但公司／地主始終有最有力的資源，農民／佃農沒有組織幫他們減輕經濟痛苦。

到了一九二〇年代，由於強制性公立教育，臺灣人見識提高，能從雜誌和刊物取得資訊。受過初等教育的中農看得懂報紙，而原侷限在城鎮的報紙，這時滲入鄉村愈來愈多。因此，農民變得較有自信，敢正視雇主，要求公平的租約或合理的佃租。農業是臺灣經濟裡最重要的產業，且一半以上的務農人口若非是半自耕農，就是無產階級農業工人，農民組合因此應運而生，以矯正既有不健全、有利於地主／雇主的簽約傳統，以為佃農提供救助，以改善他們的生活，減輕他們的焦慮。

臺灣總督府瞭解臺灣作為日本穀倉的重要，投入許多人力和資金改善此島的農業生產力。殖民地政府，包括官員、不同層級的指導者、乃至下至地方警察，遵循來自日本的中央集權式農業管理政策，掌管種子挑選、動物飼養、甘蔗與稻米種植技巧、農產品的生產和行銷、田野與水土的保存之類事務。一九〇八年，臺灣總督府頒布「臺灣農會規則及施行細則」，以鼓勵臺灣農民運用集體力量，增加新農作物品種，學習新工具和新技能，更加有效的利用肥料，以及改善灌溉和農產品的行銷。先前，一九〇〇年時，在臺北郊區三峽，第一個由政府批准的農會成立；接著在臺北州名叫和尚洲的村子（今桃園國際機場附近）成立第二個農會。從一九〇三至一九二六年，全島總共成立了三十一個類似的農會。到了一九四五年，由政府管理的農會已增加到五十五個。此外，臺灣總督府補助一百多個互助性的農業合作社，例如產米合作社、甘蔗合作社、茶農合作社，以及橘子、蔬菜、動物飼養、豬農合作社等。[1]

殖民地統治者始終擔心島民會暴動與／或造反，因此前述農會的組織、綱領、資金取得，從一開始就全由臺灣總督府設計、指導、控制。經濟上，它們或許對臺灣農民有某種程度的助益，但真正受惠者是日本的農業綜合企業和公司，以及買得起最優質臺灣農產品的日本消費者。政治上，外來統治者用這些農會和互助合作社作為另一層控制機制，以像老大哥般嚴密監視臺灣廣大農民。

誠如第一章裡談過的，日本在其本土運用類似的作法多年——利用農會控制農民，藉此維持鄉村的平靜無事。但在十九、二十世紀之交世界社會主義聲勢上漲之後，較獨立自主、較懂政治的日本農民決定成立自己的草根性農民組合，以便與由上而下、由政府把持的農會相抗衡。到了一九〇八年，已有兩百零四個這種農民組合出現，八年後更增加為四千個。到了一九二四年，除開沖繩，這些小型地方農民組合已建構起全國性網絡以擴大活動和提升影響力。最敢於發表意見、最引人注目的農民組合，乃是來自近畿地方的兵庫、京都、奈良和來自新潟、山梨、岡山、岐阜、愛知、德島、福岡諸縣的農民組合。它們交換心得，互相幫助，成立合資公司，最後發展成一個全國性的農民組合。它們極力要求政府和地主不只要善待它們，還要給予它們所認為理該享有的公平。日本農民運動的歷史，簡單來說，就是一開始從底層，作為地方團體的草根性運動，然後發展成地區性網絡，再成長為一個全國性組織，成為沒有政府資助的日本農民組合。[2]

一九二二年，為了集合眾人之力爭取佃農權力和降低佃租，日本農民組合問世。一九二四年二月二十九日，這個有五十萬會員的組織在大阪召開其全國性代表大會。來自不同地方之農民組合的代表，一個接一個上臺講話，譴責政府政策和壓迫農民的地主階級。隔天，代表大會同意成立青年部、婦女部和供緊急情況和救助之用的「儲備金」。這場代表大會也選定四月九日為農民節，所有農業工作者休假的日子。他們也通過派代表到臺灣、朝鮮宣傳他們綱領、計畫的決議，也要積極接觸國際農民組織，要派代表參加日後的國際代表大會。此外，這場代表大會公開反對既有的「物業賃貸法」，反對限制、懲罰社會團體的法律，也促請日本政府承認蘇聯等國。[3]

一年後的一九二五年二月二十七日，日本農民組合第四次代表大會於東京召開，為期三天。第一天天剛亮時，鈴木文治帶領關東一百五十名代表到東京火車站迎接來自關西地區、奈良、大阪、京都、九州地區的代表共四百六十人，其中四人是女性。政府派出兩百名警察維持秩序，防止意外發生。代表大會宣讀來自國內各地的賀電，傾聽、討論、收下來自不同委員會的報告，通過年度預算等。第五次全國代表大會於一九二六年三月十至十三日在京都舉行，三千多名代表與會。除了全國代表大會，地區性代表大會也定期舉行。例如，大阪農民組合聯合會於一九二五年十二月二十日召開其代表大會。會中，大阪分會決定發行一份由農民編輯、為農民而寫的期刊。[4] 臺灣農民運動的創始成員讚嘆日本農民運動的成就，仿製其組織藍圖、委員會架構、規約、綱領、規定、宣傳技巧、公開聲明的內容和風格等。

除了日本和臺灣兩地佃農都蒙受到的不公平租賃，土地所有權問題和糖、竹、香蕉的生產，進一步加劇一九二〇年代臺灣農民的困境。為取得精確的土地資料供農業規畫之用，並為擴大和穩定稅基，日本人在臺施行了土地登記計畫（一八九八～一九一〇）。這些計畫的確大大傷害了臺灣傳統的土地持有制，普遍不利於一般農民。以香蕉生產為例，一九一〇至一九一五年，由於數十萬臺灣耕作者拿不出有效的契據證明自己的所有權，數十萬甲林地遭臺灣總督府收歸國有。產權有爭議的這些土地，當時若非被歸類為「要存置林野」，就是歸類為「不要存置林野」。然後，一九一九至一九二〇年的生長季期間，嚴寒天氣毀掉大部分香蕉園。當時一簍香蕉能讓蕉農賺三十圓，於是他們在政府還未將林地區分為「要存置林野」或「不要存置林野」之前，就自行開墾林地，闢為香蕉園。不知為何，殖民地政府對此問題視而不見，未出聲制止。事實上，光是在臺中州，這類未經核准的香蕉園，占地就廣達一萬甲。但政府突然決定在那些地方種樟樹時，即命令蕉農拔光所有香蕉樹。大屯郡大寶蕉農和東勢郡東勢庄蕉農（兩者都在臺中州轄區裡），尤其首當其衝。他們也擔心如果樟腦種植區進一步擴及到山坡地外，適合種香蕉的林地會大幅減少。出於這些原因，他們向總督府請願，要求推遲樟樹種植。[5]

臺灣佃農面臨的另一個困境，源自臺灣的製糖公司。彰化、屏東兩地的甘蔗田是絕佳例子，兩地的甘蔗田都超過一千甲。最初，製糖公司為誘使農民種甘蔗，保證提供蔗苗和早植獎勵，並補貼肥料，提出優厚的甘蔗收購價格。但佃農與公司簽的契約充斥法律術語和模稜兩可的用語，大體上保護雇主的利益。諸多問題不斷困擾佃農，而甘蔗收購價，誠如前面某章所談過的，是其中之一。一九二〇年代之前，普遍溫馴的臺灣佃農忍氣吞聲，但一九二五年起，契約糾紛愈來愈多。這引起殖民地政府注意，因為島內各地成立的農民組合愈來愈多。事實上，臺灣總督府在其一九二六年預算中，首度針對業佃糾紛的解決和調解機關的設立立項撥款。

透過東京的臺灣社會科學研究會，臺灣文化協會成員與日本農民組合首度接觸。一九二四年八月，臺灣文協領導人之一的黃呈聰（一八八六～一九六三）從東京返臺，建議在其家鄉彰化郡線西庄成立蔗農協會。不久後，召開一場由當地人參與的會議，成立「甘蔗耕作組合」，從而提升蔗農的地位和經濟福祉。黃呈聰的父親是地主和資本家，黃家與日本人關係很好。在早稻田大學攻讀政治學和經濟學時，他加入新民會，一度擔任在日臺灣青年會會長。但未能融入社會主流的黃呈聰一度陷入認同危機，於是開始探索自己是誰。他研讀聖經，把自己房子闢為真耶穌會教堂，想藉此找到救贖。他覺得「進不能為純日本人，退不能為純中國人」，於是他決定重建臺灣，使自己成為真正有血性的臺灣人。他發行了第一份臺灣人報紙《臺灣民報》，同時積極投入臺灣社會運動。他的甘蔗耕作組合未能得到廣泛支持，但他的報紙會在日後提倡、推動臺灣農民組合運動上扮演吃重角色。[6]

一九二五年六月，嘉義郡新港成立了一個類似的蔗農組合，但由於經驗不足且成員各自為政，不久就遭解散。於是臺灣較早期的農民組合，其架構是為解決一時的特定問題而設，壽命相對較短，但後來的組合則是以永久運作為目標的正式組織。農民組合致力於透過多種自助，透過結成聯合陣線對付製糖財團，減輕鄉村的經濟、社會不平等。例如，一九二五年六月二十八日，臺灣的農民組合領袖鐵三角，李應章、簡吉、黃石順（一八九八～？），聯手於彰化郡成立二林蔗農組合。這個組合以提升蔗農地位為宗旨，向林本源製糖會社提出數項要求，包括提高甘蔗收購價、甘蔗秤重時有組合代表在場，蔗農可自由選擇要購買的肥料，決定甘蔗收割日期時蔗農有置喙的權利，等等。

正式來講，臺灣有組織的農民組合運動始於高雄州鳳山，然後往北移到臺南州的麻豆、嘉義郡的竹崎，再往北到虎尾、大甲，然後新竹、中壢、桃園。每個組合都是某個明確地理範圍裡個別農業工作者自發組成的志願性協會，以維持並改善承租條件，推動佃農間互助，改善產量為目的。凡是在該特定區域裡租地耕種者和在大種植園工作者都可入會。在某些區域，自耕農也可入會。他們在村中會堂、本地學校、佛寺或道觀裡舉行公開集會。

十九、二十世紀之交，很有事業心的高雄大地主陳中和（一八五三～一九三〇），勸二十多戶農家舉家搬到他三十甲的濕地上種稻。這些流動工人同意為地主陳中和效力，與他簽了長期租約。但一九二五年五月，陳中和突然要他們歸還土地，以便他種甘蔗，供應他自家製糖廠所需原料。最初，較溫馴的佃農照辦，但其中有些人就廢除租佃契約的合法問題，請教了鳳山教師簡吉。簡吉很清楚一九二六年會有一次全島土地契約的總檢討，且知道他們既有的租佃契約有效期到一九二七年二月，屆時所有長短期租地契約會重新議定。於是，簡吉建議這些佃農勿照地主的要求行事。陳中和不敢改變租佃契約的條款，不得不等到一九二七年初。

農民組合的壯大

簡吉智退陳中和索地之事一傳揚開來，鳳山郡地區的農民／佃農把簡吉當成救世主般崇拜。從那之後，他成為艱苦度日的農村百姓的軍師。在這之前，農村百姓與地主起爭執時，總是受到不公平對待，長久以來都是如此，如今終於可以一吐怨氣。於是，一九二五年十一月十五日，簡吉，連同十二位當地要人，成立了鳳山農民組合，開始集體爭取租佃權利，同時吸收八十多名新會員。簡吉告訴他的追隨者，加入這個組合後，會員將有更好的方式抒發經濟委屈，能熬過漫長的糾紛，能阻止地主取得禁止佃農採收作物的法院禁制令，也能得到來自其他會員的精神支持。簡吉某次接受媒體採訪時，描述了他投身臺灣農民組合運動的動機：

> 因為我在村庄做教員的時候，生徒們概由學校歸家，都要再出田園勞動，因為過勞所致，以致這樣的兒童……教習效果便失其大半。臺灣總督府為設模範的農園，強制買收該地民有地……。製糖後壁寮工場，在該地極端榨取蔗農們的膏血，故此該地的住民，概是赤貧如洗。更困窮的莫如在會社自作畑的貸銀勞動者，一日勞動的報酬，不能維持家族的生計，其慘澹的生活，時常目擊。在這周圍過日的我，不覺感著無限的傷心，為此決心加入農組奮鬥。[7]

簡吉出身小農家庭，一九二三年三月從臺南師範學校（今臺南大學）畢業，在鳳山公學校執教四年。據《臺灣日日新報》的報導，簡吉也曾利用寒暑假到臺北本願寺向一群「不就學兒童」（即問題兒童）教日語。在他身上，我們看到一位小學教師和人道主義者轉型為平民主義領袖，在平靜的臺灣農村社會投入第一顆石頭，激起陣陣漣漪。臺灣農民組合鳳山支部規約（一九二六年二月八日），出自簡吉之手，成為邁向農民運動的第一步，最後且成為其他所有農民組合仿效的範本。事實上，組合所有成員一年召開大會一或兩次，以聽取有關組合活動和財務支出的報告，以決定日後的任務，以選出幹部，以及如果必要的話，修訂內部章程。以下的規約是典型的農民組合規約。[8]

臺灣農民組合鳳山支部規約

第一章 總則

第一條 本支部稱為臺灣農民組合鳳山支部，事務所置於鳳山。

第二條 本支部努力本組合的目的貫徹及本支部的決議貫徹為目的。

第二章 機關

第一 支部大會

第三條 本會為本支部最高的決議機關審議本支部的重要事項。

第四條 本會以本支部的本組合大會代議員本支部委員本支部的部落委員構成之。

第五條 本會每年本組合大會後由支部委員長召集於前年度議定之場所開催。但支部委員會認為有必要時得召集臨時大會。

第六條 大會議長於大會選舉議長時要選任大會書記及大會各種委員。

第七條 大會構成員非半數以上的出席不得議決。

第八條 大會構成員以外的組合員得有發言權但不得參加議決。

第九條 組合大會代議員由支部委員中依中央委員會決定之方法選出而代表。本支部臨席組合大會於支部大會要報告組合大會的狀況。

第二支部委員會

第十條　本會為本支部的執行機關執行支部大會之決議。
此外得審議決行要緊的事項但此決行要受次期支部大會的事後承認。

第十一條　本會議長於本會公選之。

第十二條　支部委員以各部落的部落委員互選之。
其數於支部大會據組合員數決定之。
支部委員有缺員時該部落再得選出補缺。

第十三條　支部委員長由支部委員中於支部大會公選之。
部落委員於各部落選出。

第十四條　本會以常任委員認為有必要時和支部委員四分之一以上的要求時
支部委員長須要召集之。
但非半數以上的出席不得議決。

第三支部常任委員會

第十五條　本會是本支部的常務執行機關置支部常任委員長、庶務、會計、調查、教育、爭議五部門。

第十六條　支部常任委員由支部委員中於支部委員會選出。

第十七條　支部常任委員長以支部委員長兼任之代表本支部總理本支部一切事務。

第十八條　專門部各置部長壹名部員若干名執行各部門的事業。

第十九條　支部經費預算於支部委員會作原案提出經支部大會之協贊。支部經費決算要受支部大會的承認。非受支部委員會的承認不得行預算外的支出。

第三章　附則

第二十條　本規約非大會半數以上的贊成不得修正變更　以上

第十任總督伊澤多喜男在任期間（一九二四年九月一日至一九二六年七月），將大片遭臺民「無斷開墾」（未經許可擅自開墾）的官有地，授予或以低於行情的價格賣予許多日籍退休官員，而臺灣人在那片地上耕種已有數年，甚至數代。臺籍耕作者覺得吃虧，就伊澤總督此計畫的動機和理由提出質疑，懷疑他偏袒他的同胞。日籍退休官員大部分領有政府退休金和特殊補助，有何資格獲授予土地？即使他們為官時卓有建樹，政府為何不賣他們未開墾的地？有人提出類似於此的疑問，向當局提交請願書，全島各地發生零星抗議。於是，各類日籍退休官員這時成為臺籍佃農的地主。這種不合法、強盜般的行徑，令廣大臺灣人民憤慨。每當有日本人前來索要他們的土地，就有自認遭殖民地統治者強取豪奪的當地農民挺身抵抗，發洩怒氣。

預定要授予或賣給日本人且所有權不明的臺灣人土地，包括臺中州大甲郡大肚庄的數百公頃未登記的稻田。兼做煤炭生意的該村居民趙港，不想放棄他的耕地，於是找同村之人抵抗。在這緊要關頭，他得知鳳山教師簡吉已開始糾集甘蔗佃農成立組合並提倡租賃權利之事，於是南下求助於簡吉。簡吉允其所請，且攬下撰寫請願書的大半工作。一九二六年四月二十六日，簡吉和趙港風塵僕僕來到臺北，將請願書交給臺灣總督府。他們要求殖民地政府收回其將「無斷開墾」的官有地出售的決定，但無效。趙港和他的同村居民於是決定成立類似鳳山農民組合的組織。一九二六年六月六日午後，六百多名大肚庄村民聚於一媽祖廟內，開始「大甲郡大肚農民組合」的成立儀式，同時有一些緊張的日本警察密切監控他們的動態。這場盛會既具歷史性且令人振奮——一個又一個發言者抒發心中的怨氣，表達爭取自己權利的決心。這個新成立的組織，以常見的農民組合論點，宣布決心促成：一、交易合理化；二、全臺灣農民組合之確立；三、臺灣自治制度之訓練；四、農民教育之發達；五、農村文化之開發。[9]

一九二六年六月十四日，即大甲郡大肚農民組成立才一個星期後，簡吉來到臺南州曾文郡下營庄，以建立另一個農民／佃農組合。張行（一八九九～？），曾文郡農民運動的領袖，以及二十多位貧農，照鳳山的模式成立這一組合，保證在保護他們的利益上和執行此一組合的綱領上相互支援。由於只讓兼差農業工人和小佃農入會，它的運作雖然有限但團結一致。但這一小組合成立的消息迅即傳播到有數百戶人家在甘蔗田工作為生的鄰近村落。應黃信國（一八八六～一九三五）等人的要求，下營人同意將組合總部搬到麻豆這個較大的鎮。[10]然後，一九二六年九月二日，簡吉前去更北邊的嘉義郡竹崎庄（同樣在臺南州內），協助林龍和其村民建立竹崎農民組合。

一九二五至一九二六年間臺灣境內農民運動的日益壯大，無疑大部分受自日本境內情勢的鼓舞。例如，一九二六年四月，平野力三成立日本農民同盟，以平和、理性的手段推動租佃權利。其他脫離自立的團體更進一步主張無產階級武裝革命。透過口耳相傳和報紙，日本活躍組合員的戰鬥口號和強勢形象迅即為臺灣人所知悉。臺灣人先是受鼓舞，繼而將他們的主張付諸行動。突然間，一連串反政府土地政策的抗議，在臺灣的農村爆發。在臺南州虎尾郡崙背庄，一塊約三百甲的地，自滿清統治時就被臺人開墾，但由於耕作者沒有契據證明土地為他們所有，這塊地成為紛爭、抗議的焦點。兩百四十六戶農家，總共一千四百七十六人，靠這塊地為生。一九二六年六月十四日近午時，八名日籍退休官員，在一名叫岩崎的日本人帶領和十二名警察護衛下，來到崙背庄，開始測量這塊「無斷開墾」地。這時，男女老少一群人衝出簡陋小屋，想阻止日本人測量土地。抗議期間，三名婦女遭警察打傷，迫使測量工作停擺。但兩星期後的六月二十七日，臺南州地方課長親自率領裝備齊全的執法人員百餘人，再度來到「無斷開墾」區，以完成測量。一百一十五名崙背「無斷開墾者」，意識到自己無力阻擋，明知成功機會不大仍於九月十九日向臺南州知事呈上請願書，結果還是枉然。

在新竹州大湖郡，有三千多甲田野山林，六百戶農家在其上種果樹為生，如此過活已百餘年。但日本人完成土地測量後，這些開墾無主地的農民迅即成為「無斷開墾者」，因為他們的地變成官有地。但殖民地政府允許這些果農在官有地上居住，直到一九二〇年官有地賣給財團為止，屆時他們會成為佃農／租戶。到了一九二五年，這些由自耕農轉為「無斷開墾者」再轉為租戶的農民，被要求簽下載有十四個條件的三十年租約。其中一個條件為：「所有者認為必要的時候，可以隨便解約。」另一個條件寫道：「中途解約的時候，對於造林及其他的設施事項、調查現況、照甲（所有者）的酌量辨償，對於這辨償額乙（佃農／租戶）不得異議。」[11]顯然的，在這類契約中，佃農的利益擺在地主的利益之後。

臺南州數個村遭遇類似的困境。其中一個村是東石郡義竹庄，該村有一塊二十甲的地，遭洪水沖毀，一九〇二年該村農民將其重新闢為沃田。但同樣的，這些耕作者未申請地契，於是這塊地被劃為「無斷開墾地」，一九二五年賣給一日籍退休者。另一個「無斷開墾地」糾紛發生於北港郡下林厝寮，該地八十多戶貧窮農家未經政府許可將兩百甲官有荒野開墾為良田。同樣的，這些「無斷開墾者」向州政府地方課請願，但始終未領到土地所有權狀。那塊有爭議的地後來賣給一製糖公司。但有樁廣為傳播的「無斷開墾地」糾紛，緣於嘉義郡番路庄的七百甲山坡地。那塊林地產竹，竹是全村居民生計所繫。日籍退休人員赤司初太郎（一八七四～一九四四）買下這塊地後，禁止村民採收熱帶水果龍眼，也不准村民在他的土地上種甘藷。

其他的有爭議土地，涉及法律訴訟，因為臺籍耕作者能提出土地所有權狀；但日本法院，經過反詰問和專家核實，通常宣布由許久以前的滿清當局所頒下的所有權狀為「假」或「偽造」文件。光是在彰化郡，就有六個村，總共一千名在一百三十甲這類有爭議土地上耕種的農民，輸掉官司。一九二〇年，臺中州地方課把一百三十甲地全賣給臺籍資本家柯秋潔（一八七二～一九四五）和林熊徵。

此外，臺中市役所衛生所的前日籍所長，獲授予彰化郡線西庄五甲無主地，但該地其實已經過臺灣人黃鉛開墾。一九二八年四月十一日，臺中地方法院執達吏來到這塊地執行對黃鉛的引上假處分（法院禁制令）。大甲農民組合一聽到這消息，即與彰化農民組合聯手，並召開臨時大會，最終通過下列決議：一、要求開墾地應該讓予開墾者；二、他們期待土地引上假處分之絕滅；三、取消彰化郡線西庄字寓埔黃鉛所開墾土地之引上假處分的決定；四、重視農民生活；五、敦促法院當局反省。休會之後，簡吉立即在九名當地農民組合領導人陪同下，前往臺中法院陳情。他們求見日籍監督書記，後者以堅定語氣表示，法院只是依法行事，要陳情者回去。日籍法院書記官對任何一種平民主義運動都極為反感，因而在地方層級就將農民訴訟案一律擋下。上述只是「無斷開墾」土地糾紛裡較著名的官司之一，類似的案例也可在苗栗、鳳山等數個郡裡找到。12

臺灣農民組合運動的發展始於高雄州，然後如前所述往北擴散到臺南州的麻豆、竹崎、虎尾，接著再往北擴散到大甲、新竹、中壢等。加入農組的臺灣佃農，從一九二六年的數千人暴增為一九二七年的約兩萬四千人，再到一九二八年的三萬多人；在這同時，臺灣農民組合支部從一九二六年的幾個增加為一九二九年的三十個。光是一九二七年，各地的農民組合就總共記錄了三百四十四件反日籍地主、公司的糾紛。但一九二七年初農組活動開始滲入臺北盆地並越過該地區往他處擴散時，臺灣總督府開始驚恐。在日本統治者眼中，不受管束的組織的存在，挑戰了帝國的殖民統治觀。它們不只威脅資產階級和資本家階級的社會、經濟地位——官員的權力來自這兩個階級——還威脅佃租制度裡的種種騙人設計。即使在母國日本，儘管農林省不盡然反對農民組合法，這類立法卻從未通過。最初，殖民地政府採取某些措施制止組合的成立。例如，一九二七年三月，臺灣總督府命令來自基隆、淡水兩郡的地方官員巡察所轄區域，調查佃農與地主所簽瞨耕契約的條文，糾止不公平的租賃作法。不管是不是因為總督府的這些作為，臺北盆地境內未有農民組合成立。至於臺灣東部，情況平靜許多，主要因為有許多土地開墾者是來自日本的移民，他們得到殖民地政府的優先照顧。只有少許原住民農民反抗其地主。一九二八年初夏期間，一些蘭陽行動家前去臺東，說服一百四十七名原住民部落民成立一農民／佃農組合。臺東廳當局立即逮捕一些「唆使者」，使東部這個唯一的農民組合實際上形同虛設。[13]

臺灣農民組合的創立

隨著農組活動在整個臺灣西部蓬勃發展，幾名農組領袖認為有必要將各地的組合統合，建立一全島性的組織。一九二六年六月二十八日，由簡吉領導的一個臨時委員會在鳳山開會討論此事，與會者包括來自大甲農民組合的趙港、趙欽福、陳啟通；來自曾文（麻豆）農民組合的楊順利、張行、楊和尚；來自竹崎農民組合的林巃；來自鳳山農民組合的簡吉、黃石順。此外，約六十名鳳山農組成員在場支持。臨時委員會決議草擬組合規約，總共七章三十條。規約的總則載明，歡迎全臺佃農、半自耕農、兼差的農業工人和獲該組合承認有資格的個人入會。規約的三十條裡，最重要的幾條都與總會、各支部間的關係有關。例如，第四章第十九條進一步申明，「新設支部時，須向本部提出組合員名簿及規約，本部須開中央常任委員會決定承認其支部……新支部選出委員之同時，須繳納該年度全額之本部費。」他們也議定本部總會暫時設於鳳山。行事高調的趙港獲選為該組合的中央委員長兼爭議部長，簡吉也被選為中央常任委員兼組織部長。[14]從那之後，簡吉和趙港這兩位臺灣農民運動的先驅，因為信念，也因為命運，結合在一塊。

臺灣農民組合創立之後，臺灣總督府採取雙重反制措施對付臺灣農組的活躍人士。第一重措施是調解地主、佃農衝突，藉此逐步改革佃租制。在這之前，此類衝突的解決，很少令爭執雙方都滿意。第二重措施是祭出恐嚇、壓迫、騷擾——在一九二八、一九二九、一九三一年逮捕激進組合員中達到頂點——以及一九三四年時消滅臺灣所有農民組合。為執行殖民地政府的反制措施，日本警察得幹出各種卑鄙事，而他們鎖定的第一批對象當然是簡吉和趙港。趙港是臺中州居民，因此臺中警察署屢次向他發出拘捕令。趙港幾次躲過日籍警察的追捕，但一九二七年初夏，還是躲不過日本人緊密的監視網。在臺南州曾文郡一場群眾大會演講完之後，即遭逮捕，押回臺中訊問。警察搜索他大肚的家，揚言以違反治安警察法的罪名將他入獄。[15]

簡吉的遭遇和趙港一樣，受到警察不斷監視和離譜騷擾。一九二六年九月二十一日夜，簡吉在鳳山某公園向三百五十名民眾演說，但晚上九點，有名很想做出業績的當地巡警突然吹哨制止簡吉講話，理由是他煽動群眾。但簡吉知道低階的巡警無權解散公共集會，於是不予理會。但隔天，鳳山郡警察課主管帶數名刑警和一名攝影師拍下該公園和附近地方。警方以這些照片為證據，向簡吉和他的八名同夥提出控告，理由是鳳山農民組合違反了所謂的「戶外集會規定」（根據該規定，只准室內公開集會，凡戶外公開集會都是不合法）。於是，他們九人遭拘捕，關在郡役所。在這同時，鳳山居民聯名陳情，請求釋放這些組合活躍人士。數個臺灣農民組合支部也發來電報，提出同樣的請求。簡吉和另外兩位組合幹部於九月二十九日獲釋，但其他的五名組合員被押上車，送到臺南刑務所，關到十一月十日開審之時。開庭時，日籍檢察官問簡吉是否是臺灣文化協會會員，但被問到他自己的理想和農民組合目標時，簡吉簡單回道：日本農民運動幹部麻生久前後四次入獄，他本人也有這些覺悟才是。那之後，簡吉和日籍檢察官還會交手數次。[16]

一九二七年夏，農民運動在新竹州中壢地區得到熱情支持，往北擴散到大部分農民為客家人的桃園郡大溪、湖口、竹東。在這個普遍多山的臺灣北部地區，農組支部一個接一個成立，而這得部分歸功於簡吉和其來自鳳山的夥伴的本事和勸說。這時，據估計已有兩千個正式入會的組合員聯手抗議地主、公司的封建、壓迫作為。他們把矛頭特別指向惡名昭彰的日本拓殖株式會社、米商、和黃純青（一八七五～一九五六）之類大地主，同時要求降低佃租三成。組合活躍人士挑收割季時與地主談判，從而令地主感受到壓力。這類作法的確頗有成效。事實上，新竹州大湖庄的佃農受此鼓舞，因而敢於破天荒的就他們收割的穀物遭扣押之事陳情抗議，敢於向地主要求更有利的佃租契約。[17] 在這同時，彰化郡新高製糖會社正身陷甘蔗收購價爭議中。同樣的，在臺灣農民組合提供建議和暗中支持下，蔗農代表敢於談判時堅守立場。最後，一九二七年七月二十七日，此製糖會社董監事野村接受蔗農的要求，同意發布一九二七年所有新甘蔗的固定收購價。此外，對甘蔗枝頭完全切除者所給予的獎勵，由每千斤二十錢增加為四十錢（一斤合〇．五公斤）。[18]

臺灣農民組合成立之後，由於得到該組織日籍智囊的精神、實質支持，臺灣佃農針對他們的資本家／資產階級地主發起的爭議和衝突有增無減。在收到一些振奮人心的消息之後，臺灣農民組合開始藉由插手地區性衝突和支持「無斷開墾者」來擴大其勢力範圍。於是，每有嚴重糾紛，簡吉等組合領袖都會介入其中。一九二六年十一月二十三日夜，臺灣農民組合在大甲召開執行委員會，每個支部也派兩名代表與會。他們討論了如何減輕「無斷開墾者」所受的壓力，希望撤銷與已被賣給日本退休官員的有爭議土地有關的某些決定，然後決定到臺北面見第十一任臺灣總督上山滿之進（一九二六年七月～一九二八年六月），但這位新派任的總督尚未到臺就職。農組代表在總督辦公桌上留下一份請願書，請願書上列出有爭議的（無斷開墾）地，包括：臺灣農民組合提出一件涉及彰化郡一百多甲地的案子；虎尾支部提出五件案子，平均每件案子涉及一百五十甲地；嘉義支部提出涉及阿里山山麓丘陵數塊林地共兩千甲的一件案子；大甲支部提出涉及較小幾塊旱田的兩件案子；鳳山支部提出兩件案子，一件涉及一百甲旱田，另一件涉及兩百甲林地。總督於一九二六年十二月上旬駁回這一請願，並舉出如下理由：官有地的處置屬地方政府的權力；這些地賣給日籍退休官員合法，為既成事實，因而無法收回或取消。19

殖民地政府駁回這一請願，表明其決定以強硬作風對付遍地開花且不受管束的農民組合。幾個星期後的一九二七年一月十五日早上，幾名土地測量員，在三十五名警察護送下，來到大甲郡大肚庄。測量員準備測量、確立地界時，三百村民一起出現，大呼冤枉，大喊官府人員光天化日搶他們的地。土地測量因此暫時中止，但到了那天下午，警力已增加到百名。在這緊要關頭，村民聚集於媽祖宮，在組合領導人激勵下，決議以下列辦法抗議、抵抗：一、學校兒童集體罷課；二、保甲長連名辭職；三、集體不繳租稅；四、持久的開講演宣傳會。隔天，大甲郡七十多名保甲長辭職，公學校學生無一上學。值得指出的，臺灣農村這種消極抵抗行動，就和聖雄甘地（一八六九～一九四八）在印度用同樣方法對付英國統治者，差不多同一時候。但臺灣大甲郡的規模當然小得多，而且沒有國際媒體報導這一抵制運動。他們齊心抵抗，卻未得到想要的結果。學童於二月二十九日時都已回學校上課，約兩百名欠稅的大肚村民遭臺中法院起訴，他們的作物遭沒收。[20]受到不公平對待的又是佃農。

不過，日籍退休官員接管大肚庄這些有爭議的土地後，由於大甲居民激烈抵制，難以雇到工人在他們的新土地上耕作。一九二八年十二月中旬，日籍新地主從遠處村莊雇了一百五十名苦力到他們的地耕作，苦力雖有五十名警察保護，還是被組合員在爭議土地外的抗議嚇跑。日籍業主提高工資加賞金以誘使苦力下田幹活，仍只有極少數苦力敢下田。在這情況下，日籍退休官員轉而求助於法院，以取回並重新申明他們的產權；法院介入後，一群堅守不退的組合活躍人士到爭議土地外抗議，結果遭以擾亂治安的罪名傳訊，在郡役所拘留了數天。古屋貞雄，當時臺灣農民組合的法律顧問，一如以往將他們保釋出來。在一九二六至一九二八年的臺灣農村，這樣的事一再發生。由於這一情況，農民組合運動已如同殖民地政府頸背上的痣，而且是特別顯眼且往往令政府困擾的痣。

二林蔗農事件

一九〇九年，臺灣總督府為增加蔗糖產量，創設了林本源製糖會社。板橋林家的族長林熊徵，當時臺灣首富，掛名社長，但實權掌握在該會社日籍高階職員上，而且他們大部分曾任職於總督府糖務局或臺灣銀行。簡而言之，林本源製糖會社是日本人的公司且是為日本人服務的公司，它的成立當然是為了利用彰化平原的沃土和廉價勞力。一九二三年晚期，兩名當地領袖帶領來自鄰近四村的兩千多名蔗農，向臺中州殖產局請願，要求林本源製糖會社降低肥料價，提高甘蔗收購價。這類要求合理且不算苛求，因此當地幾位有影響力的人士，包括醫生和郡守，出面支持。與臺灣銀行（這一會社的最大股東）的代表直接交涉後，林本源製糖會社出人意料接受蔗農的要求。[21]

從一九二一年成立起，臺灣文化協會每年舉辦約三百場公開演說，以向臺灣民眾灌輸民族主義，並積極為臺灣人爭取更廣泛的憲法權利和經濟利益。這個協會幾次派會員到彰化地區，向二林人介紹日本的農民組合運動，說明日本佃農如何利用集體談判爭取更有利的佃租契約。辜顯榮（一八六六～一九三七）是最惡名昭彰的漢奸，也是彰化最大的地主。當不滿於他的佃農於一九二五年農曆春節宴會上密謀搞臭他的名聲時，有人建議成立一日本式的農民組合。到了一九二五年六月二十八日，已有四百多名蔗農和他們的支持者落實這一主張，成立二林蔗農組合。他們選出十位受敬重且關懷鄉里權益的人士，包括年輕醫師李應章，組成執行委員會；選出五人為監事，五十人為代議員。他們也聘請一位臺籍律師和一位日籍記者為總顧問。

這個農民組合的軍師是二十八歲的李應章。他畢業自臺灣總督府醫學專門學校，父親是中醫師。年輕時讀到日本人殘酷鎮壓臺灣抗日分子之事，特別是一九一五年臺南西來庵起義一千四百一十三名臺灣人遭屠殺之事，使他極為厭惡日本統治者。他閒暇時喜歡讀日本書報雜誌，從中認識西方文明。李應章特別喜歡讀山川均、大杉榮之類日本左派作家的著作，可能因此成為虔誠的左派信徒。事實上，他就讀醫學專門學校時，曾發動同學反抗舍監，指責舍監傲慢、濫權。這一農民組合的另外幾名幹部，也是臺灣文化協會的會員。這一組合成立的十個星期前，該協會的總理和主要推動者林獻堂，就帶著一批人來到二林，在該地舉辦講習會。[22]

一九二五年九月二十七日，二林蔗農組合在媽祖廟召開第一次會員大會，出席者千餘人（《臺灣日日新報》，殖民地政府的喉舌，報導出席者只有六百人）。大會通過一項向林本源製糖會社提出五項要求的決議：一、甘蔗收刈前公布收購價格；二、肥料任由蔗農自由購買；三、會社與蔗農協定甘蔗收購價格；甘蔗斤量過磅時應會同蔗農代表；五、會社應公布肥料的分析表。一九二五年十月六日，十人代表團，包括李應章和日籍顧問，親赴會社拜訪總經理吉田，當場要求將一九二五年甘蔗收購價訂在每一千斤七圓。不為所動的吉田，以二林蔗農組合並非合法組織且李應章不是有證照的律師，未持有正式的委託書，為理由，拒絕討論此事。九天後的十月十五日，李應章帶著有千餘名蔗農聯署的「委託書」，再度到會社總部洽商。這一次，激動的吉田堅持只有庄長有資格代表村民講話，於是再度讓年輕醫師李應章吃了一鼻子灰。[23]吉田對待李醫師和組合代表的傲慢作風，突顯了日籍經理多不習慣於臺灣人的對抗與質問。

在僵持不下之際，製糖會社決定秋季採收時，先從非組合員的蔗農的甘蔗採收起。如此懲罰組合員，實是卑劣，因為甘蔗愈早採收，蔗莖所含水份愈多，過磅時會比較晚採收的甘蔗重。但這一作法不符慣例，因為蔗農向來以抽籤方式決定各自的採收日期。農民組合的執行委員會聽了村民訴苦後，指示其會員在會社公布甘蔗收購價格前不採收。他們也勸非組合員的蔗農跟進。

一九二五年十月二十一日，二林警方帶著幾名從外地找來的苦力前來刈取甘蔗，遭組合員阻撓、嚇走。隔天，二十四名會社員工加上十六名雇來的人手，來到謝財承租的甘蔗田，在謝財事先不知情下，開始刈取甘蔗。但雇來的苦力看到現場不友善的組合員和他們的憤怒，又打了退堂鼓。在這緊要關頭，會社一名高階職員從一名嚇得不敢動手的苦力手上奪走砍刀，開始砍甘蔗，同時有六名警察站在一旁保護他。但一群充滿敵意、大聲嚷嚷的組合員站在甘蔗田附近，不斷高喊，「沒發表價格，不能採收甘蔗！」緊張情勢升高，隨之爆發小衝突，幾個怒氣攻心的年輕佃農奪走兩名警察的佩刀，其他佃農則朝日本人丟擲石頭、蔗節、土塊。不久，更多日本警察趕到，但農民已離開現場。[24] 這就是二林蔗農事件。農組甘蔗工人與執法人員起衝突的消息迅即傳播到臺灣每個農村，不只引起殖民地政府的注意，也引起日本組合的行動家關注。

這一事件餘波蕩漾，因為製糖會社認為此事代表其行之有年的作法即將被推翻，殖民地政府則認為這一攻擊事件是左派組合活躍人士的陰謀，還有些人把這一事件解讀為受壓迫之臺灣農民的覺醒。若說這次的正面對抗是農民組合事先所計畫，肯定太荒謬。不管根據哪種說法，這都是混亂環境裡的一場自發性事件。無論如何，太想有番表現的殖民地官員迅即採取行動撲滅這個小火星，以免其擴大為燎原大火。一九二五年十月二十三日，臺中州的日本當局動員百餘名制服、便衣警察，在二林、沙山兩庄逮捕了九十三名組合員。據《臺灣民報》記者謝春木的報導，所有嫌犯先被帶到臺中地方法院毒打一番——日本人對刑事嫌疑犯的一貫作法——然後由名叫古河的檢察官訊問。一眾嫌犯中，有四十七人被認定犯行明確，再遭毆打，然後丟進拘留房候審。一九二六年四月三十日，當地法院起訴三十九名被捕的組合員，指控他們犯了多種罪，包括暴力毆打、妨礙司法公正、妨礙業務、擾亂治安。

《臺灣民報》向來對批評享有特權的日本人心存顧忌，深怕因此惹惱當局，報社遭查封，但此事發生時，這份由臺灣人經營的報紙甩開此顧忌，刊出一篇長文社論，批評臺中當局的高壓、過當手法。[25]另一方面，《臺灣日日新報》發出另一種聲音。殖民地政府的喉舌，在其一九二五年十月二十五日的社論中，把二林事件稱作匪亂。這份報紙不認為此事代表大多數村民的意志，反倒認為此事是一小股「惡棍」所操縱，而且他們也激起無辜村民的恐懼。這份多年來在臺灣擁有最大發行量的報紙，把陳琴說成奉公守法，耕種二十甲甘蔗田，每年都賺大錢的模範農民，藉此誤導大眾。根據《臺灣日日新報》的報導，此事發生的約十天前，李應章遇到陳琴，威脅他；但陳琴不予理會，還是於一九二五年十月二十二日割完他的甘蔗。這份報紙甚至宣稱李應章成立農民組合出於「個人私欲」，因為一九二四年他只擁有〇·三甲甘蔗田，但希望會社將三十甲地撥予他種甘蔗，遭會社拒絕，此後李即心懷欲求與敵意。為滿足個人野心，他利用組合的力量逼製糖會社。這樣的說法，可以說也是日本殖民地政府的說法。[26]

麻生久和布施辰治來臺

誠如第一章裡提過的，李應章被關了一百八十九天後，因日本勞農黨領袖麻生久施予援手才獲釋。日本勞農黨於一九二六年初創立時，有黨員二十萬。它的黨綱誓言要「解放日本殖民地」，「立即施行八工時制」，「實現完全就業」，「取得生產權」。最初，鼓吹臺灣人挺身對抗資本主義財閥者是日本社會主義者。他們勸臺灣人碰到困難不可猶豫、退縮。麻生在行動維權和成立組合上有長久歷練，一九二六年七月二十日，以日本勞農黨政治部部長的身分抵臺。他身負兩項任務：在臺北高等法院替二林蔗農案辯護，以及巡迴全島推動農民組合運動。麻生深信工業化農業制已令日本心臟地帶蒙受巨大損失；尤其值得一提的，麻生批評眼下的蔗糖生產模式，說那模式已把臺灣農村掏空。大型製糖會社利用其在臺灣總督府的友人，不讓臺灣蔗農享有公平交易。許多蔗農終日忙於按照契約替會社耕田種甘蔗，生活困苦。

在臺中逗留約兩日後，麻生久於一九二六年七月二十四日開始巡迴臺灣中南部農村，簡吉、趙港、蔡孝乾這三位年輕的臺灣組合領袖陪同。簡吉和趙港當然是臺灣農民組合的兩大支柱，蔡孝乾則是彰化人，後來成為臺灣共產黨創黨黨員。蔡孝乾曾為《臺灣民報》寫了篇文章（一九二七年二月六日）〈轉換期的文化運動〉，文中他指出，在《臺灣青年》這份刊物於一九二〇年七月創立之前，臺灣人的想法和觀念跟著日本人走。在那之後，臺灣人開始理解到臺灣屬於臺灣人……於是，不久後，臺灣知識分子有了覺醒。

麻生巡迴之旅的第一站是嘉義，在當地人所辦的歡迎會上受到熱烈歡迎。七月二十五日中午，他從嘉義市搭火車到竹崎庄，百餘名該庄農民，由林龍領軍，在火車站迎接。火車站的村民希望這位日本組合領袖能幫他們解決以竹林為核心的竹崎農業問題。

在熱帶臺灣，有面積約一萬五千六百甲的大片高地，從中臺灣的南投郡綿延到嘉義郡的竹崎。從經濟上看，這片高地生產最優質的竹和竹筍、龍眼、香蕉、薑之類銷路極佳的作物。一九〇八年，臺灣總督府將其中最有價值的四千一百三十八甲高地指定為「模範竹林」，然後三菱會社付給竹崎農民象徵性的三萬一百九十四圓「定金」——三菱欲搞定這筆土地交易的第一步。但其他一萬一千四百甲地的所有權仍然妾身未明，因為那些地由三菱財團和臺灣個別農民共同使用。兩年後的一九一〇年，三菱會社開始用樹木、竹子製紙時，雙方起了衝突。一九一一年三月二十三日，一群臺灣人伏擊、殺害三名日本警察，引發對臺灣老百姓的血腥屠殺。麻生久前來為竹崎農民提供意見時，正處於這樣的時空環境。

透過簡吉將日語翻成臺語，麻生提供了一些審慎的、兼顧細節的、經深思熟慮的建議，包括如何對抗大企業和腐敗官員，何時透過談判爭取較低佃租，如何讓個別農民發揮力量。有一晚，麻生在某廟向五百名歡呼喝采的村民發表了公開演說。麻生說農民對社會的貢獻最大，卻身處社會最底層。為糾正這一狀況並恢復農村社會的結構，農民得加入農民組合。只有透過組合的集體力量，廣大農民才能造出新農村經濟，改善農村生活水平。[27]

麻生的下一站是臺南州曾文郡的麻豆街。作物輪作是該區域居民關注的問題。栽種甘蔗一期需要兩年，製糖會社因此要求農民採行三年輪作制，而與臺南郡官員的意見相左；也就是說，兩年不供水種甘蔗，一年供水種稻。但從農民的觀點看，水田一年至少能有兩次稻米收成，旱田則很容易耗盡土壤的氮與氧。麻生似乎瞭解稻米生產更甚於甘蔗生產。無論如何，在某個極濕熱的夏日午後，麻生先在戲台對六百民眾演說，內容和前一場演說類似，然後，晚上，向超過千人的甘蔗佃農和他們家人演說。隔天，麻生前往簡吉家鄉鳳山，受到「無產階級英雄的歡迎」。他先見了臺灣農民組合鳳山支部的幹部和當地要人，然後於晚上向八百名男女演說。[28]

從鳳山，麻生調頭往北，在七月二十八日日落前抵達臺灣最古老的城市和文化中心臺南。在臺南，臺灣農民組合與臺灣文化協會共同接待麻生，因為麻生的演講主題不再侷限於農民問題，而是更廣大的社會問題。隔天，麻生繼續趕路，搭火車到臺中。然後，七月三十一日，抵達大肚火車站，發現有百餘名農民組合員冒著大風雨在車站等他。大肚是趙港的家鄉，臺人對抗大政府和大企業的起始地。麻生，一如以往，與聽講民眾分享了他在日本的經驗，以鼓舞大肚鄉民。不久，麻生的形象和專門知識就傳遍臺灣其他地方，愈來愈多農村想邀他到訪。例如，一九二六年八月二十一日，臺南州虎尾郡崙背庄的農民邀麻生前來他們村子。於是，同樣在簡吉、趙港陪同下，麻生參與了村民大會，助他們成立臺灣農民組合在該地的支部。[29] 其他產糖的農村，例如高雄州的屏東、內埔、東港，陸續成立農民組合。農民組合運動從東港郡迅即擴散到相鄰的潮州，再跨海傳到澎湖。[30]

除了巡迴演講和為全島各地農民組合的成立提供專門協助，麻生久的另一項任務是替二林蔗農事件的刑事嫌疑犯辯護。他想辦法加入了臺北弁護士會，獲准在臺北法庭上替被告辯護。於是，他九月大半時間花在為出庭做準備。以下是麻生辯護文的摘錄：

> 爭擾事件，其性質上，各被告行動有曖昧不明之點，如檢察官所云，則少數巡查之拔劍數，且不能判明。第一，檢察官之論告及預審判官調查書所稱輕佻浮薄豪奢思想，竟出於淳樸之農民耶，其理由難解！國家開土地、與產業非為林糖也。本件為出於從來固陋之思想，故對於各要求，視之宛然罪惡，特如檢察官云，無李應章，則本件不至勃發。此論縱在臺灣，亦未免過於時代錯誤，因舉安政大獄及明治維新之例，而大聲叱其誣事實之大甚也。本件業務妨害，可斷為法律的不成立。（我去）年以一弁護士，在東京法庭，聞勞動者之要求，為當然權利，惟不可過於程度。因而今日既以勞動運動為正當，則其團結之示威運動，亦當然之權利也。若如

此種事實，視為業務妨害起訴，則勞動者團結之牙城，朝失一城，夕陷一壘，弱者永遠涸渴。本件非業務妨害，亦非煽動誘惑蔗農要求過於當然。夫警官之拔劍，以擁護強慾非道之會社，其理由安在？使警官冷靜，則事件得以防止未然……[31]

一九二六年九月三十日，經過幾輪的指控、反駁、辯論和對證人反詰問之後，由中山法官當主審的臺北法院宣布八名被告無罪，予以釋放，但判決三十一人不等役期的勞役。部分判決文如下：

本件是多數農民利用集團抵抗會社毆打警官的，是本島統治上土匪事件以來最初發生的。由形式上看來雖小作人對資本家的爭議，但內容是文協一派的煽動的結果……。被告李及組合幹部一派，因前年治警事件文協皆觸刑法，各地的文協幹部皆恐犯法。

故不敢出頭表面運動，而轉方向向農民運動。而在蔗農組合幹部的通弊，是以抵抗警官為榮譽，試舉其不誠實的點：就是蔗農組合成立的目的是「要做緩衝機關」的美詞，而事實上卻作種種的歌惡宣傳。若組合是以運動起價為目的，怎得與會社共存共榮，他們的目的實在要得私利。[32]

這一判決顯然是不祥之兆，表明殖民地統治者不會再容忍來自佃農和臺灣文化協會的違抗和煽動。懲罰因此不得不重。

判決宣布時，殖民地官員把它當成有用的嚇阻工具廣為宣傳，欲使各地新成立的農民組合就此打消向製糖會社發動類似行動的念頭。但麻生和其臺籍同志困惑不解，抱怨殖民地當局未充分審核其所向大眾宣達的資訊。他們決定上訴。在這同時，簡吉、趙港和一些他們的幹部於一九二七年二月十七日前往日本，參加在大阪舉行的日本農民組合第六次全國代表大會。然後，簡吉一行人前往東京，結識了數位重量級的組合領袖和社會運動家。其中某些人已知道二林事件大陣仗審訊之事，因此簡吉輕鬆就向著名的日本左派人物說明了他的目標和奮鬥過程。其中一人是布施辰治，水平社的首席法律顧問和農業法、殖民地事物方面的專家。誠如第一章裡談過的，水平社創立於一九二二年春，提倡種族平等，主張公平對待日本的少數族群和殖民地人民。從那之後，每次水平社召開正式代表大會，住在日本或臺灣的臺灣人都會發去賀電。於是，得知臺灣蔗農的不幸處境後，先前在朝鮮半島為對抗日籍地主的農民／佃農辯護的布施辰治，開始思考別種可行辦法協助臺灣農民。此外，因為布施辰治推動社會主義運動且一直在思考如何幫朝鮮人、臺灣人擺脫日本資本主義、帝國主義的桎梏，因而迅即向簡吉承諾，只要能從極忙碌的律師業務抽出時間，他樂於訪臺。然後，他找到了空檔，即一九二七年三月最後兩個星期。三月二十四日二林案二審開庭時，布施想要對日本司法制度發出勇猛且公正的挑戰。

布施辰治於三月十四日展開其訪臺之行。在名古屋短暫停留之後，他於三月十七日在門司搭上駛往臺灣的船，三月二十日清早抵達基隆。布施於日記中寫道，他一再將簡吉先前寄給他的信拿出來看，信中寫道：

> 您同意為即將開庭的二林案上訴審擔任首席律師，我非常高興。您抵臺之後，懇請您不僅出庭為被告辯護，也請全島巡迴演講，以助益臺灣人的解放。為讓您的行程、活動順利，我已和臺灣文化協會和其他相關的友好團體連絡過。先前（在東京）拜訪您時曾提醒，過去許多日本異議人士在臺時遇害。為避免類似謀殺情事再發生，請務必時時小心提防。我們面談之時，您似乎未聽懂我真正的意思。現在我想說得更清楚些。幾乎所有日本社會運動家都具有戰鬥精神，初抵臺灣時已作好隨時和專制臺灣總督府對抗的準備。但不久後，他們的戰鬥精神就消失無蹤。總督府使他們相信政府所施行的每項政策都合理，政府的每項作為都始終建立在常理上。然後這些漫不經心的日本人受到美食美酒的款待。但日本人離臺之後，殖民地政府

變臉，亮出刀子，彈壓我們的言論自由，扼殺我們社會運動領袖的戰鬥精神。請留意此點，才能回應臺灣人民的期望。33

布施辰治一抵基隆，就直覺臺灣總督要「扼殺他的戰鬥精神」。他的船要停靠碼頭時，臺灣文化協會、臺灣農民組合、基隆平民俱樂部、臺灣機械公會四個組織的代表在岸上揮舞旗子，歡迎這位來自東京的貴客。當時，有個日本警察看到一面大旗子在歡呼人群上方飛舞，一把將它扯下，開始騷擾那位撐旗人。布施走下舷梯時，把這整個過程看在眼裡，於是向警官隊隊長抗議。有點難堪的警官隊隊長要下屬將旗子歸還，放走那位受驚嚇的臺灣人。這是布施對日本殖民地統治者雙重標準、虛偽作風的第一印象，且那印象將長留在布施腦海。34

布施一登岸，即被催著趕去基隆聖公廟進行他在臺的第一場公開演講，會場座無虛席，晚來者只能站著聽。接下來的九天，布施走訪二十一個市鎮，總共做了三十次演講，聽講的臺灣人達數十萬。每次演講前，主辦單位（通常是臺灣文化協會或臺灣農民組合）都會發傳單，傳單裡介紹他是「我們親愛的無產階級前衛」、「無畏的日本社會主義運動先鋒」、「勞動階級的捍衛者」之類。事實上，布施是那種能鼓動風潮，能振奮、激勵人們為政治、社會目標起而行動的人。以下是他的巡迴行程：

三月二十日：基隆市（聖公廟）；斗六街（新興宮）；斗南庄（順安宮）
三月二十一日：土庫庄（媽祖廟）；斗南庄（斗南書報社）；北斗街（奠安宮）；二林庄（仁和宮）
三月二十二日：彰化街（彰代座）；臺中市兩次（一在醉月樓，一在樂舞臺）
三月二十三日：新竹街（公會堂）
三月二十四日：臺北市，在不同地點舉行了四次
三月二十五日：臺北市（文協支部）；桃園街兩次（在公會堂）
三月二十六日：嘉義街（公會堂）
三月二十七日：麻豆街兩次（農組辦公室）和臺南市兩次（一在靜仙閣餐廳，一在公會堂）
三月二十八日：潮州庄（天主宮）；屏東街（武廟）；鳳山街（公園）；高雄市（高雄劇場）

四十八歲的布施辰治，行程緊湊，時間緊迫，但精力充沛，忙碌且有自信。每場演講通常以九十分鐘為限。他用日語講，由簡吉同時翻譯為臺語。他的聽眾主要是受壓迫

的勞動階級和不滿現狀的知識分子、學生。他痛批過去和現任的殖民地統治者，言語犀利，總是激起聽眾鼓掌叫好。他特別點名臺灣銀行，指控它是日本資本主義、帝國主義的最主要工具，也充當掠奪東南亞自然資源的先鋒。諷刺的是布施如此高調、尖銳的公開演說，從未激使日本警察中斷演講或修改演講內容，即使他要求展開無產階級鬥爭亦然。另一方面，臺籍醫師蔣渭水提倡臺灣自治和族群自決原則時，常遭日警修改演講內容和打斷演講。35

布施辰治奔波於各個演講會場之間時，也費心準備二林案二審的辯護事宜。除了布施，辯護團隊還有一名日籍律師和兩名臺籍律師。審理的第二天，布施出庭臺北高等法院，主審法官是鈴木，法庭內有約三百名喧鬧的民眾旁聽。一個又一個被告申辯自己清白，否認曾向會社職員施暴，否認一九二五年十月二十二日曾搶走警察的武器。訴訟程序相當緩慢，因為日籍檢察官和法官會用日語發問，但臺籍辯護人只會用臺灣話回覆，翻譯和語言障礙令相關各方都感到頭疼。另一方面，布施已從其在朝鮮的經驗懂得如何利用語言障礙營造有利於己方的形勢。事實上，他利用這一法律花招占了些許上風，使檢察官處於守勢。布施的主要論點集中在被控施暴者的動機上，尤其不斷強調三點：一、佃農受製糖會社壓迫已有很長時日，他們是受害者；二、在公布收購價之前強逼佃農砍甘蔗，乃是惡意、欺騙的行徑；三、在未有自耕農／佃農在場下秤量甘蔗是使詐，不光明磊落的行為。布施進一步論道，佃農提議改正這些不公作法時，製糖會社不只斷然拒絕，還欺負他們作為報復。他接著說道，由於這一情況，該為這場衝突負責任者，不是受雇者，而是雇主。

二審尚未定讞，布施辰治就於一九二七年四月二日返回東京。法官鈴木宣布二十五名被告受指控的罪名成立，但其中二十四名被裁定有罪者繼續上訴。二林案的審理遭冷落，一九二七年七月二十七日終於三審定讞，高院駁回上訴，維持下級法院的裁定。判決因輕罪和重罪而有異，從四個月勞役到十二個月勞役不等，「首惡」李應章判處臺中州監獄服刑八個月。惟恐李應章出獄那天變成英雄返家日，臺中典獄長下令將他提早一天釋放（一九二八年一月十三日），且在那天，政府派車將他直接送回二林的家。於是，一月十四日赴臺中接他的親戚、朋友、組合員同志、景仰者撲了個空。羈押期間，李應章喪父，老家付之一炬。[36]但李應章強硬不屈，不向日本殖民地統治者低頭。後來他逃到廈門，改名李偉光，和中國共產黨一起抗日。一九四九年，毛澤東宣告中華人民共和國成立時，李應章以臺灣代表身分列席天安門廣場觀禮台。李應章也是中華人民共和國政治協商會議的一員。

旋風式走訪臺灣各地後，布施深信法律受到政治力干預，深信只有天真之人才會以為政治和大企業絕未干預阻撓。他覺得必須讓自己國內的同胞瞭解一件事，即在臺灣，島民適用一套法律，殖民地統治者適用另一套。於是，一回到日本，布施辰治即整理他的筆記和演講文稿，然後在通俗刊物上發表他對臺灣的觀察心得。以下是他《面對臺灣》系列文章的節錄：

在《面對臺灣一：赴臺考察錄》中，布施說由於日本殖民地政策走偏，臺灣農民受壓迫、剝削，處境比日本農民還要悲慘。根據他二十天臺灣行的觀察和實地視察，他表明臺灣農民在自己的地上沒有耕種自由。在栽種作物、選擇肥料、用水灌溉上，他們只能聽命於資本家和日本政府官員。他們也無法自行出售自己的農產品，而得由大會社收購。農民工資微薄。低工資佃農很容易就陷入貧困，卻難以擺脫貧困。臺灣農民沒有自由意志；在自己的生產事業上沒有決定權，處境比農奴還要慘，活著只為像機器般工作。布施誓言支持他們，要和他們一起改善他們的生活。[37]

在《面對臺灣二：室外被界定為能看到天空的集會場地》中，布施寫道令他心痛之事，乃是臺灣總督府當局不讓臺灣人享有言論自由。布施在臺灣的演說，既未遭修改內容，也未遭打斷，但臺灣文化協會和臺灣農民組合幹部的公開演說，則頻遭禁止或打斷。臺灣總督府在這方面沒有明確的政策。例如，室內公開集會合法，但室外集會不合法，因為比起後者，前者讓警察較易控制群眾。有一次他在某工廠建築裡演說，由於有些屋瓦被暴風雨吹落，從室內可看到天空。警察於是說他們的集會是不合法的室外集會，如果他要繼續演說，就得移到室內。[38]

在《面對臺灣三：日本警察不懂日語》中，布施痛批殖民地政府騙人的政治手法和歧視政策，指該政府執迷於官僚作風、等級制度、地盤觀念。他重述其不在威脅下後退的決心，不接受官員邀請款待的決心，要繼續為言論自由奮鬥的決心。他發現日本警察往往殘暴且不聰明。他哀嘆日警素質的低落，因為連日語成語和文法都不懂。因此，他們常打斷簡吉的翻譯，說那「不妥當」。布施還說簡吉的翻譯其實精確且洗練。[39]

《面對臺灣四：不能碰的地方》批評日本執法機構領導人含糊推托，甚至公然說謊。布施指出，一開始警察會表現出常識和寬容作風，甚至尊敬。例如，大部分地方警察主管通常告訴他，「這裡沒問題」，後來卻警告演講者「別碰敏感問題」。所謂的敏感問題，包括砍掉數十萬棵香蕉樹卻予未以補償、把數百名無斷開墾者趕離他們的土地和家、日籍退休官員和會社奪取數萬公頃官有地之類。布施認為日本執法高層乖戾、謀私利，斥責他們為非作歹，是造成臺灣農民種種困擾的幫凶。[40]

在《面對臺灣五：歡迎抗議者》中，布施寫道他在臺灣每個地方的演說和他在各種場合強調的主張，都聚焦於臺灣人民的地位。他們熱烈歡迎他，令日籍統治者困惑不快。那是因為殖民地統治者與財閥關係深厚，財閥榮枯攸關他們的經濟利益。那一情況令布施想起十七世紀日本烈士佐倉宗吾（一六〇五～一六五三）。德川幕府初期佐倉為救助日本貧農而犧牲性命，而今，捐錢維護佐倉祠堂者大部分是無產階級、佃農和都市窮人；他們前來緬懷他的雲天高懿，也抒發他們對壓迫性政府官員和可惡資本家的怨恨。[41]

布施辰治是公民運動家和人道主義者，戰前日本獨一無二的律師。在所謂的三・一五整肅事件（一九二八年三月十五日）中，他在大阪地方裁判所為左傾團體辯護，但因為言行過激遭到檢束，因「蔑視法庭」遭傳訊。這時正值日本政府搜捕數百共產黨員和無產階級革命分子的時期。布施於一九三二年遭日本最高司法機關褫奪律師資格。所幸一九三三年十二月皇太子明仁（即一九八九年登基的平成天皇）出生時，布施獲特赦，恢復律師資格。在當今的朝鮮半島，布施受到猶如奧斯卡・辛德勒（Oskar Schindler，一九〇八～一九七四）的崇拜；死後成為第一位獲大韓民國政府頒予「建國勳章」的日本人（二〇〇四）。一九五三年九月十三日布施辰治死於自然原因，享年七十三。

注釋

1 《臺灣民報》，第一四三號（一九二七年二月六日）；第一五四號（一九二七年四月二十四日）；第一九九號（一九二八年三月五日）。

2 出處同前，第一三三號（一九二六年十一月二十八日）。

3 《臺灣日日新報》第八八九三號（一九二五年二月十二日）；也見《臺灣民報》第五號（一九二四年三月二十一日）。

4 出處同前，第八九〇九號（一九二五年三月一日）；第八九五〇號（一九二五年四月十一日）；第九二五〇號（一九二五年十二月二十二日）。

5 *Taiwan Tenant Union Headquarters Archives, A Group*, 88-90, 183-184.

6 陳翠蓮，《百年追求：臺灣民主運動的故事》（新北市：衛城出版，二〇一三年），頁八六—八七。

7 《臺灣民報》第二九一號（一九二五年十二月十五日）。

8 *Taiwan Tenant Union Headquarters Archives, A Group*, 1, dated, 02/28/1926.

9 山邊健太郎編，《現代史資料》第二十一卷，《臺灣》第一卷，（東京：みすず書房，一九七一），第七節，「農民運動」，頁三四二—三四三。

10 《臺灣日日新報》，第九三九四號（一九二六年六月二十九日）；第九四四六號（一九二六年八月二十日）。

11 《臺灣民報》第一一五號（一九二六年七月二十五日）。

12 出處同前，第一一三號（一九二六年七月十一日）；第一二七號（一九二六年十月十七日）。也見《臺灣日日新報》，第一〇〇四八號（一九二八年四月十三日）；第一〇〇五一號（一九二八年四月十六日）。

13 《臺灣日日新報》，第一〇二二一號（一九二八年十月四日）。

14 山邊健太郎編，《現代史資料》第二十一卷，第七節，「農民運動」，頁三四〇—三四二；也見《臺灣民報》第一二四號（一九二六年九月二十六日）。

15 《臺灣日日新報》第九七五八號（一九二七年六月二十八日）。

16 《臺灣民報》第一二四號（一九二六年十月十日）；第一三四號（一九二六年十二月五日）。

17 《臺灣日日新報》第九七八六號（一九二七年七月二十六日）；第九七九六號（一九二七年八月五日）。

18 出處同前，第九九一二號（一九二七年十一月二十九日）。

19 《臺灣民報》第一三六號（一九二六年十二月十九日）。

20 《臺灣日日新報》第九六一六號（一九二七年二月六日）；第九六九〇號（一九二七年四月二十一日）；第九七五五號（一九二七年六月二十五日）；第九七六五號（一九二七年七月五日）。

21 蔡培火等編，《臺灣近代民族運動史》（臺北：自立晚報，一九七一年），第九章，頁五〇五—五〇六。

22 出處同前，頁五〇七—五〇八。林獻堂的文化協會也激勵千餘名臺南蔗農向臺南州知事陳情，要求合理的甘蔗收購價。

23《臺灣日日新報》第九一二六號（一九二五年十月二十四日）。

24 蔡培火等編，《臺灣近代民族運動史》，頁五一〇；也見《臺灣民報》第七九號（一九二五年十一月十五日）和第一二二號（一九二六年九月十二日）。

25 見《臺灣民報》第九七號（一九二六年三月二十一日）。

26《臺灣日日新報》第九一四七號（一九二五年十月二十五日）。

27《臺灣民報》第一一九號（一九二六年八月二十二日）。

28 出處同前。

29 出處同前。

30 出處同前，第一二一號（一九二六年九月五日）。

31《臺灣日日新報》第九四五八號（一九二六年九月一日）。

32《臺灣民報》第一二二號（一九二六年九月十二日）。

33 布施柑治，《布施辰治外傳：幸德事件より松川事件まで》（東京：未來社刊，年份不詳），頁三六。

34 出處同前，頁四〇—四一。

35《臺灣民報》第一五七號（一九二七年五月十五日）。

36《臺灣日日新報》第九七七三號（一九二七年七月十三日）；《臺灣民報》第一九二號（一九二八年一月二十二日）；第二〇八號（一九二八年五月十三日）。

37 布施辰治，《面對臺灣一》，刊於《生活運動》，第六四卷（一九二七年四月一日）。

38 布施辰治，《面對臺灣二》，刊於《法律戰線》，第六卷，第七號（一九二七年七月三日）。

39 布施辰治，《面對臺灣三》，刊於《法律戰線》，第六卷，第八號（一九二七年八月一日）。

40 布施辰治，《面對臺灣四》，刊於《法律戰線》，第六卷，第九號（一九二七年九月七日）。

41 布施辰治，《面對臺灣五》，刊於《法律戰線》，第六卷，第十號（一九二七年十月一日）。

圖1 臺灣農民組合會旗

圖2　簡吉，臺灣農民組合創辦人。（財團法人大眾教育基金會惠予使用）

圖3 騎牛的年輕簡吉。（財團法人大眾教育基金會惠予使用）

圖4 日本勞動農民黨海報，1927年。（財團法人大眾教育基金會惠予使用）

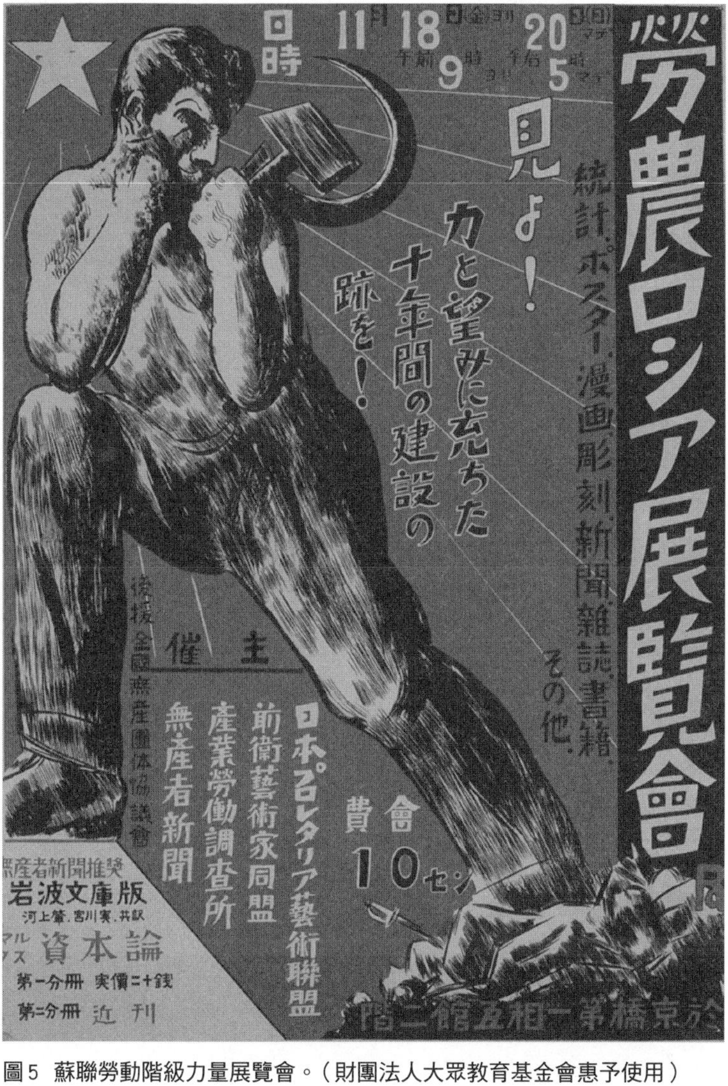

圖5　蘇聯勞動階級力量展覽會。（財團法人大眾教育基金會惠予使用）

圖6　日本社會主義導師與臺灣農民組合成員合影，1926年。（財團法人大眾教育基金會惠予使用）

圖7　日本律師布施辰治向臺灣農組成員演講，簡吉擔任翻譯，1927年春。（財團法人大眾教育基金會惠予使用）

圖8　遭起訴的農組成員與律師布施辰治合影於台北法院大樓前，1927年3月下旬。（財團法人大眾教育基金會惠予使用）

圖9 1927年4月20日，巡迴演講的簡吉（左）在彰化郡二林農村演講期間與李應章合影。（財團法人大眾教育基金會惠予使用）

圖10　農組成員倖存者1946年合影。（財團法人大眾教育基金會惠予使用）

圖11　由右至左，法官岩淵、審判長宮原、檢察官中村、法官志邨。1934年志邨將45名臺灣共產黨員入獄。（取自《臺灣日日新報》）

圖12　耕者有其田計畫施行一景，1953年。（取自農復會的《土地改革月刊》）

圖13　在稻田裡插秧的農民，1953年。（取自農復會的《土地改革月刊》）

圖14 收到政府債券作為補償的地主，1953年。（取自農復會的《土地改革月刊》）

圖15 臺灣農婦，1954年。（取自農復會的《土地改革月刊》）

第四章

全盛期的臺灣農民組合

臺灣農民組合vs.日本農民組合

從一九二五年臺灣農民組合創立起，隨著島民慢慢改變了這個組織膽怯、消極的形象，臺灣的農民運動快速壯大，但年輕的組合領袖仍有許多東西要學，特別是政治手腕。他們滿懷衝勁成立佃農團體，但仍需要手段、能力、資源使該團體運行。於是簡吉和趙港帶領一代表團參加了一九二七年二月二十至二十二日在大阪舉行的日本農民組合第六次代表大會。在日本農民組合中央委員長山上武雄指導下，簡吉與趙港用心學習了組合運作的細節，包括它的左傾綱領、它的民主規約、它的委員會組織、具階級意識的宣傳運動手法等等。大會第一天，由山上主持，九州組合領袖花田重郎提議邀請簡吉簡短報告臺灣的狀況。這一動議獲通過，簡吉以流利的日語說了以下的話：

> 我等臺灣人受到如何的壓迫與剝削，自是不用多言。甚至殖民地政府給予我們（成立組合）的登記權，都受到資本家侵害！在臺灣，情況最慘的是甘蔗。他們付給我們三千萬圓（工資），卻用四億八千萬圓的價錢（把糖）賣掉。糖市場由少數幾家公司控制。你們能看到最惡劣的壓榨與最極端的剝削。其他農產品，例如香蕉，也被課稅。此外，以獎賞退休官吏為藉口，他們搶走我們的地，未給予補償。

我們寧可死在自己的土地上（掌聲如雷）。[1]

花田是福岡人，只受過初等教育。一九二三年四月，他在看過九州農民學校發表的一篇新報告後，開始關注農民運動。他參與了熊本縣的一場佃農糾紛，然後成為福岡農民組合會員和日本社會黨黨員。他奔走於九州各地農村，成立農民組合。他在大阪遇見簡吉和臺灣代表時，已是日本農民組合的中央執行委員。因為生病，他不得不放棄他熱愛的組合運動，但仍與簡吉有聯繫。事實上，簡吉返臺後不久，就寫了這麼一封信給花田：

我們一如以往在惡戰苦鬥；在我們的組合，會員遭毆打、監禁、罰款。組合幹部常被無來由的拘留、逮捕，事務所遭搜索，文具、記錄遭（警察）洗劫、沒收。勞動者被趕去工廠工作——目前有約兩千名工人在罷工。學生被責罵少不更事，其中有些人遭退學，有些人被迫轉校。新聞報導很離譜，把這些現象歸咎於思想惡化。最重要的是臺灣太小，他們較容易專斷實行高壓、殘暴的迫害，以及其他貪婪、陰險的政策。臺灣四面環海，猶如監牢。遑論人的進出，就連郵件的進出都受到暗地監視、騷擾。[2]

臺灣代表團從大阪前往東京，實地觀察了日本社會各階層。他們拜訪了幾位有影響力的政治人物和社會運動家，凡是願傾聽他們心聲者，他們都懇請幫忙。帝國議會代表清瀨一郎（活躍的自由派律師）是同情臺灣處境的人士之一，三月十二日代表臺灣農民組合向帝國議會提交了一份長請願書。請願書第一段列出賣給日本退休官員和大企業的三十五塊臺灣人耕地（共數千公頃）。第二段較不具體，較著墨於這些無主地的歷史，其中有些地是一百年前在多石平原或崎嶇山丘上開墾出來，有些則是在臺灣割讓給日本之前從遭洪水淹沒或天災危害的土地重新開墾成。請願書接著指出，殖民地政府在分發這些遭沒收、徵用的土地時有不正當、欺騙的行為。最後一段指出，一萬多名臺灣自耕農，幾十年辛辛苦苦耕種土地，卻突然陷入貧困之境，而少數幾個日籍退休官員出身的地主，則靠租佃收入過活，同時領取政府的退休金和特殊福利。[3]

但這封請願書提上去後就沒了下文。這些年輕的臺灣農組活躍人士明知成功機會不大，仍想讓日本長官知道他們有多看重此事。一九二七年三月十三日，簡吉和趙港在某個年輕人的佛教協會公開演說，重述臺灣農村社會的悲慘處境和必須清除的巨大障礙。隔天，簡吉在神戶搭上駛往臺灣的船，趙港留下來，繼續其在東京的遊說、公關工作。

臺灣農組活躍人士出席日本農民組合的全國性代表大會，猶如穆斯林赴麥加朝覲；簡吉一行人覺得士氣大振，眼界大開，有了新活力和新勇氣。首先，日本人把農民運動的國際準則介紹給他們，藉此化解了他們的憂慮。再者，臺灣人來訪一事，展現了這些農組活躍人士的團結和他們追隨大阪一地導師腳步的決心。另一方面，大阪總部把臺灣農民組合當小老弟或後輩來對待，不時把最新的世界消息和情勢告訴他們的臺灣同志。例如，德國農民組合開始發行新月刊時，大阪總部迅即將此事告知臺灣農組活躍人士。從現存的臺灣農民組合檔案，我們找到以下的文件：[4]

《農場主與農民的國際通訊員》，編輯委員會秘書，一九二七年五月二十日

親愛的朋友：

《農場主與農民的國際通訊員》是份月刊，目前為止已發行五期。本刊物所發表的材料，欲供全世界的農場主、農民報刊採用。因此，本社發表一般經濟、政治題材的文章。此外，每一期有各國大事年表，詳細說明他們的夥伴和組織在世界各地的生活和奮鬥事蹟。

我們不清楚貴會能使用本社刊物到何種程度，特別是因為我們相當晚才收到貴會的刊物。如果貴會願意告知是否能使用我們的材料，以及如果能用，將使用哪一類文章，本社會非常高興。本社也想知道本社刊物是否及時送到貴會手上。

本社希望盡可能改善本社刊物，貴會對《農場主與農民的國際通訊員》的任務、

性質、方向有任何意見和建議，都會大有助於本社。貴會覺得哪一期本社做得不夠好？希望本社在未來的刊物發表哪種材料？是否值得發行其他語言版的本刊物，以及如果值得，用哪種語言？

希望此信有助於使貴我兩組織的關係更密切。請寄來貴會想在《通訊員》發表的農民運動方面的稿子和材料。

所有來信請寄：

Herrn GOETZ KILIAN
BERLIN-COEPENICK
Heidekrugstr.67.
Germany

臺灣農民組合的領袖從日本返臺後，立即費心思考推動他們運動的最有效辦法。他們成立了十個新支部，繼續尋找蔗農、製糖會社之間契約糾紛的解決辦法，減輕蕉農和竹農的焦慮，消除「無斷開墾者」所受的傷害。臺灣總督府這個外來政權，未經東京的帝國議會批准，未經臺灣人民同意，即片面修改法律。這樣的政權帶來一種更深重的危險，而眼前正展開的災難，把沒收的土地賣給日籍退休官員和財團的災難，則是這一危險的最明顯表徵。臺灣總督府可以為所欲為，繼續對臺灣農村的基本經濟結構，從而對農民生計，施予無可挽回的傷害。鑑於這一情勢，臺灣農民組合的中央委員會於一九二七年四月五、六日開會，決定每個月辦兩次研究會和講習會，並邀請專家前來訓練組合員，加強他們的鬥志。此外，中央委員會成立一緊急救助金，以濟助逃避追緝或入監服刑之會員的家眷，以在他們不在期間雇工耕種他們的土地。此外，臺灣農組在臺中州霧峰庄辦了一場盛大活動慶祝五一勞動。

然後，中央委員會也決定成立巡迴演講隊，定期派組合幹部赴每個支部。殖民地政府禁止室外集會，因此農組只能在室內，在宮廟、劇場、餐廳、工廠之類地方，集會。為執行這一新計畫，一九二七年四月十三日，簡吉、侯朝宗（一九〇五～一九六八）等人在彰化郡新港庄媽祖廟向五百民眾發表激烈演說；趙港、侯朝宗和另兩位組合員，隔天在中壢的觀音廟做了同樣的事；四月十五日，簡吉和蔣渭水醫師在中壢另一個地方吸引了千餘民眾前來聆聽。接下來幾天，巡迴演說成為農組吸引注意的利器，也就是我們今日所謂的草根運動。

不同的演講者選擇不同的演講主題。簡吉通常談組合運動的歷史和重要；侯朝宗描述南臺灣農村居民的生活狀況；蔣渭水強調團結合作的重要。但演講者一觸及「敏感問題」或激烈抨擊政府與資本家階級的狼狽為奸，演說往往立即遭警察打斷或集會遭中止，警察的理由是違反治安警察法。

面對臺灣農民組合所發起的全島性巡迴演講，日本官員，特別是警察，愈來愈緊張，心態愈來愈防衛。接下來幾個星期，他們掌握著名組合員的行蹤，針對公共集會的許可設下嚴格規定，每有農民組合舉行群眾大會即向該地增援保安人員。簡吉、趙港、侯朝宗是最炙手可熱的三位演講者，總能吸引來眾多民眾聆聽。《臺灣民報》記者謝春木，幾乎每場重要的群眾大會都未錯過，拜他之賜，今日史學家能透過他的文章探明臺灣組合運動的發展軌跡。例如，一九二七年四月十八日下午，四十多名警察包圍二林的集會，四名演講者陸續遭檢束。以風趣且足智多謀著稱的侯朝宗，迅即站上講台，談起臺灣一般農民／佃農的困境。他說禾苗嫩綠時，佃農施肥、除草，照顧它們；穀類植物結實時，美麗的金黃色穀物仍屬農民所有。但穀物一旦裝進袋子，一半以上的收成要歸地主。留給農民的穀物，用來繳稅還債之後，可供一家子食用的已不多。侯朝宗接著說，把收成的穀物繳給資本家統治階級是一回事，把心愛的女兒賣到妓女戶侍候變態的資本家是另一回事。就在這時，警察認定侯朝宗已違反規定，制止他講話。[5] 類似的事也發生在其他農組巡迴演講員身上；有些農組演講員遭拘留於派出所數日。由於這一困境，簡吉再度寫信求助於花田：

花田吾兄：

你好！我想你應該一如以往在為農民組合奮鬥吧！回臺之後，我們立即組成巡迴演講隊宣傳我們的綱領。我們去了北、中、南部許多村鎮，得到熱烈歡迎。那些（官府）惡棍完全沒有耍詭計的空間。但他們的壓迫可以說是赤裸裸，十足醜陋，毫不留情。目前，我們十三個支部共有一萬三千多會員。但我們最近的佃租爭議處理得不順，主要因為人力不足。我們沒有律師，很難對抗他們。在我們的中央委員會議上（一九二七年四月二十五日舉行），我們提議請日本農民組合派一位律師到臺灣。我想會有一人來幫我們。此外，請寄來貴組合的聲明書和其他可能提升我們解放運動的參考資料。[6]

日本農民組合答應簡吉的要求，派資深組合律師古屋貞雄來臺，一九二七年五月四日抵臺，二十四日離臺。誠如前幾章裡所述，古屋參與過朝鮮的農民運動，因此在殖民地事務、農業事務有非常寶貴的經驗。由於他的專門知識和法律背景，他後來往返於臺灣、朝鮮之間，擔任這兩個殖民地之農民運動的軍師。古屋作風不卑不亢，散發內斂但明確的助人精神。在臺二十一天期間，古屋看過二十五個支部和佃農組織，並演說，提供意見。五月十日，在簡吉陪同下，古屋出席了新竹的歡迎會，然後在新竹的媽祖廟演講三個小時，日本警察在旁聆聽，未干預。五月十一日下午，古屋在中壢向熱情的三千多民眾發表了另一場「無產階級」演說（簡吉仍是他的翻譯）。他後來的幾場公開演說也大受歡迎。不久後，農組桃園支部成立。[7]

古屋第一次訪臺期間，要求日本當局改變高壓政策，一九二七年五月二十一日向臺灣總督府提交了請願書。請願書部分內容如下：

> 政府的土地政策漠視耕作者和開墾無主地的農民，同時允許土地掮客和買辦在農村社會挑起紛爭。在生產政策方面，政府擅權干預生產物管理，導致遭中間人和商人剝削之事，大大威脅農民生計。由於這一情況，政府必須廢除這些不當干預，尊重古老的土地權和生產物管理，以讓耕作者和開墾無主地的農民能在無所憂慮下提升農業，增加產量，同時保障農民的生計……[8]

日本警察未打斷或中止古屋的公開演說，但派出便衣刑警到處跟著他。古屋很清楚自己遭監視，因此在吉野丸上，返日的途中，他立即表達他的憤怒，如此當面質問一便衣：[9]

刑警：你在臺二十天，有何感想？

古屋：你還是別問比較好，因為我的感想讓我想抨擊你們這些人，罵你們無能。

刑警：不要緊，請說，我想聽。

古屋：首先，我在基隆的感想是我被封在一個方盒子裡，感覺四面八方壓迫我；我想做的事，樣樣都需要得到許可。這一現象只在臺灣有！第二，臺灣境內的官員和警察不懂法律，也不守法，濫用職權。在日本，官員和警察對許多農村紛爭非常擔心，因此通過各種法律阻止地主閒置土地。但臺灣總督府搶走耕作者的土地，植下日後土地爭議的禍根。第三，在臺灣，樣樣都由政府專賣。何不把我們無產階級的生計也專賣？

古屋的挖苦反映了組合活躍人士的意識形態和信念——不管是日本、朝鮮或臺灣的組合活躍人士皆然——換句話說，世界資本主義在衰落，日本資本主義亦不例外。教育是國家和資本家階級的工具，因此組合應重新教育自己的無產階級成員，以讓他們能加速勞動階級的解放。根據大阪總部的現存檔案，古屋臺灣行的主要目的，乃是透過協商促成臺灣農民組合和日本、朝鮮兩地農民組合的合併。但事實表明，三農民組合的情況

各異，他因此打消此計畫。以下文件清楚說明這一意向：[10]

> 在臺灣和朝鮮，農民用血拚鬥，目標是打倒（日本資本主義）。統治階級告訴我們，米價低是臺灣米、朝鮮米輸入所致，其實不然。那種謊言使我們怨恨臺灣、朝鮮農民、人民。但事實上，這兩個地方的農民受到（日本）資本家和各自本地資本家、不關心他們死活的有錢地主三重剝削。他們是受害者，得勒緊褲帶。我們應和他們合作，才能打倒（日本）資本主義，解放農民。因此，第一步是召開多民族代表大會，為鬥爭做好準備。中央委員會被賦予執行此計畫的權力。

一九二七年六月三十日，古屋貞雄第二次來臺。這一次他加入臺北弁護士會，拿到在臺當律師的執照。除了向接受他指導的臺灣人灌輸社會主義思想，古屋偶爾還拯救被日警逮捕或拘留的臺灣農民組合領導人。他也理解到吸收婦女加入農民運動的重要。在政治運動和社會運動上，女人通常較少歷練。但世界農民運動的領導統御，以女人能帶來另一種生活經驗、另一種效應，以及能更精確體現農村社會的民意為前提。當然女人也有可能是右派。但由於過半農民是貧窮佃農，大部分農村婦女在貧窮、受壓迫的環境裡長大，從而較傾向於接受社會主義思想。古屋把新思想，關於女人在臺灣佃農運動裡

所能扮演和真的扮演的角色的思想，一起帶到臺灣。從莫斯科寄到大阪的這封信，說明了這一宣言：[11]

INTERNATIONALES AGRAR-INSTITUR
INSTITUT AGRAIRE INSTERNATIONALINTERNATIONAL AGRARIAN INSTITUTE
VOSDVIGENKA, 14, Moscou
[Nippon Nomin Kumiai Headquarters] received on 1927. 7. 25

親愛的朋友：

國際農民協會已成立一特殊部門，以研究女性農民運動和各國國內女農民的狀況。這一部門不久後會發行一主要探討農民問題的機關刊物。這些問題如今受到每個人普遍且高度的重視，但尚未得到應有的研究。因此，國際農民協會的這個部門建議收集所有探討下列主題的刊物和文件：一、務農婦女（包括女農民和打零工的女性）的經濟、社會、法律狀況；二、婦女組織和較著墨於女農民的組織（它們的政治、社會、經濟性格和革命、宗教性格）；三、女農民在本國之社會、政治生活裡扮演的角色；四、探討女農民團體和她們生活的報紙、刊物、文獻目錄和其他材料（大報和它們的政治性格，如果可以的話）；五、不同組織的工作計畫（可以的話，它們的政治生活）；六、女農民在合作性事業裡所扮演的角色，以及與上述問題直接或間接相關的其他資訊。我們知道這些農民問題極受重視且愈來愈重要，因此衷心期盼貴會協助我們的工作，把貴會手中的文獻（已發表的或尚未發表的）寄給我們。此外還希望貴會寄來歷次代表大會的簡短報告、這些大會的照片、不同機構與它們領導人的照片等等。……

我們非常清楚收集、寄送這些材料（特別是文章）所費不貲。一俟收到帳單，會立即彌補貴會這些開銷。

請告知貴會要在何種條件下才能將材料寄來。

本部門書記

簽名（Fatima Reza-Zade）謹啟

臺灣農民組合中央委員會聽進國際農民協會的意見，一九二七年十一月十四日修改其規約，在其領導階層增設婦女部，讓該部與庶務、財務、政治、組織、教育、爭議、調查、青年諸部並肩合作。中央委員會也吸收一些口才流利的女演講者加入巡迴演講隊（後面會探討）。

在傳統日本，佃農付不出佃租或不願遵守長期租約或短期租約時，地主往往請求法院對他的佃農下達禁制令。由於法律站在地主那一邊，地主能逕自進入田裡，沒收禾苗或穀物，禁止佃農耕種他的田地，乃至沒收佃農的地，轉租給第三者。這類作法深植於日本農村傳統已數百年，倒楣的佃農除了退讓，服從貪婪地主的要求，通常別無選擇。但當大公司或日籍退休官員出身的地主想用這種狡猾、無情的手段對付他們的新臺籍佃農，即爆發許多爭議和抗議。事實上，那是臺灣農民組合的領導階層所遭遇的最嚴峻挑戰。在嘉義郡，發生了一件重大事故，該地名叫鄭茂未的佃農和其妻子、長子，不只遭逐離日籍地主赤司初太郎名下的土地，還被以妨礙業務、妨礙司法公正的罪名下獄（一九二七年七月十九日）。鄭茂未在臺南監獄服刑時生病，獲釋後不久死亡；他的死使佃農更加堅定團結和強硬抵抗的決心。八月十五日，赤司想在他新開墾的種植園種鳳梨時，當地約十八名農民出來阻止他雇請的工人這麼做。十八人迅即遭逮捕，押到嘉義郡役所訊問。同年九月，小梅庄七名農民被懷疑砍倒三菱會社種植園的龍眼樹，遭嘉義郡警察拘留。在這兩件案子中，遭拘留者都說那些種植園原為他們家族數代所有，他們認為赤司的農莊無憑無據或不合法，因而挺身抗議。[12]這些事件清楚說明為何日本人漠視並駁斥臺灣人傳統的土地所有制一事，逼使如此多農民不惜鋌而走險抗議。

其他農村也碰上類似的困擾。臺灣農民組合大甲支部於一九二七年十月十三日開會，討論如何防止地主沒收他們穀物時，警察不願發予公開集會的許可。農民無懼於警察騷擾，發動抗議，向郡守、州知事陳情，誓言阻止地主沒收作物或絕不願乖乖讓地主廢除他們的租約。在這同時，高雄支部於一九二七年十月二十三日開會，處理類似問題。這場會議由簡吉主持，六百人出席，會中幾位具有法律意識的會員輪流上台講話，然後通過向殖民地政府司法機關和報紙發出陳情書的決議。[13]約略同時，南臺灣七個支部求助於日本農民組合。這時，向日本機關團體求助解決本島問題，已成為臺灣農組活躍人士的一貫作法，而這表示透過本地管道解決問題已是徒勞。[14]

但就在數千農村居民訴苦叫屈，覺得受辱、受壓迫時，辜顯榮，臺灣最有錢的人士之一和臺灣最出名的政治人物，突然從他位於彰化郡鹿港的豪宅出擊。一九二七年八月二日，辜發表一篇文章，文中極力捍衛資產階級並反擊臺灣左派人士和農組活躍人士。辜說臺灣沒有「資本階級者」，沒有「特權階級者」的臺灣人。他說自一九二〇年起，他的收入始終連繳稅都不夠，說他有債在身。他信誓旦旦說許多地主經濟狀況不佳，手頭拮据，不得不賣地，而他底下有些佃農，存下的錢足以添購土地。辜呼籲臺灣各行各業的人團結，同時把農組斥為不合法，把農組行動家斥為謀取私利的機會主義者。辜的文章讀來像是在抨擊臺灣農民組合運動，難怪親政府的《臺灣日日新報》（第九七九三號）

樂於在顯著位置刊出此文。但在農組活躍人士眼中，辜顯榮的說法公然說謊，因為他擁有鹽的專賣憑證（令人豔羨的經濟特權），一次大戰時靠將糖（臺灣、東南亞生產的糖）賣給歐洲人和俄羅斯人發了大財。一九一八年一次大戰結束後，日本經濟，還有臺灣經濟，的確都減緩到幾乎停滯的程度，但他無疑仍是一九二〇年代臺灣最有錢的人士之一。此外，一九三四年時，他是第一個也是唯一一個被選入（日本）貴族院的臺灣人（政治特權），而且事實漸漸表明他作為臺灣人民「發言人」的公信力逐漸下滑。

心懷不滿的臺灣佃農喜歡把抗議矛頭指向「臺灣走狗」。辜顯榮是日本殖民地政府的「最大走狗」，在二林擁有約七百甲地，因此成為動輒遭諷刺的「禿鷹資本家」。辜顯榮顯然激起無產階級的嫉妒，或許還有仇恨。左派人士和農組活躍人士想「打倒」他的「權力基礎」，要他為出賣臺灣人尊嚴一事付出代價。但辜是典型的在外地主：大部分時候與他的妾住在臺北或東京。他的陳姓經理收租，照料他在彰化郡的地。不知為何，陳姓經理與辜的佃農起了爭執。佃農指控陳貪婪，不夠體恤佃農，因為把佃租提高到比附近任何種植園的佃租都要高。更糟的是一九二七年春季的稻米收成極差，有些佃農破產，付不起契約所訂的佃租。但令佃農憤慨不已的，乃是傳言辜顯榮要把他七百甲地全租給林本源製糖株式會社。

二林人已受夠這家製糖會社的氣，不想為這個財團工作。於是，一九二七年十一月四日午夜，辜家的兩百名佃農，在農組成員陪同下，成群走向辜顯榮在鹿港的大宅，高喊「沾血的錢！」、「沾血的權！」，要求辜顯榮本人出面談判。當時辜不在鹿港，且彰化郡警察已趕到現場，抗議者於是決定解散回家。後來，辜顯榮主動提出以下條件以安撫他焦慮不安的二林佃農：一、在他的地種稻的佃租從一九二八年起減一成；二、佃農一九二七年春收的拖欠佃租不必再繳；三、佃農一九二六年所欠的債一筆勾銷；四、耕種每甲甘蔗田的獲利保證最少兩百八十圓；五、稻與甘蔗輪作，以讓佃農有供自家食用的主食。15

臺灣農民組合第一次全島大會

一九二七年秋起，臺灣農民組合的中央委員會即開始籌備第一次全國代表大會。諸位領導人自然參考了他們的日籍指導者收集的規章、組織訓練方式、鬥爭報告、指示、情報。他們也訂了一面金色牌以掛在他們的臺中總部，上面刻了他們組織的名字。簡吉寫了以下這封信給日本農民組合會長山上武雄：

總本部　鈞鑒：

為打贏佃租爭議，我們希望貴勞動組合同盟和農民組合各派一代表前來協助我們解決這些問題。我想勞動組合同盟已經知會總部。衷心請求總部做出決定，並將決定告知勞動組合同盟和我們。[16]

山上不只決定來臺灣一趟，還把他寫給「反對帝國主義、贊成民族獨立聯盟」巴黎代表大會的信件副本給了簡吉。[17]

一九二七年十一月六日

親愛的同志：

貴會的慷慨邀請（一九二七年十月四日收到）——要我們派一名代表參加巴黎代表大會，或指派人在歐洲的一名日本同志擔任敝組織代表——我們不勝感激。很遺憾的，此事難以辦到，因為我們財務困難，我們沒有合適的同志可派，特別是因為我們目前正忙於和我們的敵人鬥爭，因為我們在政治運動、經濟運動上都碰到（困難）。至於指派人在歐洲的一名同志一事，短期內也難以找到這樣的人。

我們正不懈且堅定的戰鬥（且隨著偉大俄羅斯革命十週年的日子逼近，更加激烈的戰鬥），反對帝國主義日本入侵中國，反對日本占領滿洲和蒙古，反對挑動我們的無知大眾加入反蘇運動。

因此，我們很高興的說我們也認同「反對帝國主義、贊成民族獨立聯盟」的目標和宗旨，我們代表「日本農民組合」向貴會保證，會向我們的帝國主義日本發起鬥爭。帝國主義日本是太平洋地區所有壓迫性帝國主義國家的基石，在即將到來的世界戰爭中握有決定性的一票。

衷心希望（貴我）建立更密切關係，希望與世界受壓迫種族和大眾建立更密切的情誼，希望貴會接受我們以上所說的。

日本農民組合
山上武雄　謹啟

一九二七年十一月八日，也就是這場歷史性代表大會召開前約一個月時，臺灣農民組合宣布史上首場臺灣農民組合會議的開會日期、地點、理由、前景。臨時委員會迅即從位在臺中市的總部將通知書和邀請函郵寄給各支部、公民組織、利益團體、支持農組的個人。該委員會也在支持農組的報紙上刊出通知書：[18]

我臺灣農民組合成立至今時間還很短，沒有經驗，甚至可說只是因為非得成立不可而成立了。火災以非常大的火勢燒到我家了，所以我們不得不站起來了。但是還並不能很明瞭地了解該怎麼辦，因此我臺灣農民組合創立以來，所做的事情有很嚴重的錯誤。我們承認，並在這次第一回全島大會中毫不隱瞞把我們的錯誤明白地指出來，同時現在要確認將來要怎麼走。

所以我們要嚴密地以科學的眼，追根究底，來看清楚我陣營與敵陣營是處於怎樣的關係，歷經了什麼樣的過程。到今天為止我們臺灣一直被世界隱藏起來，現在依然如此。但就算是太平洋上的一個小小的孤島，世界的潮流也是不得不以破曉的紅光將之染紅。一直以來我們的眼耳口等全部都被蒙蔽，然後破曉勇壯的空氣通過我們的思慮，將我們引導到那樣的氛圍。

所以，這樣就算沒有往正確的方向走，我們終於能夠窺探世界的大勢了。現在我們這樣了解了。俄羅斯的我們的弟兄們正在快速發展中，中國的革命也以非常的速度進展中，日本內地的我們弟兄在勞動農民黨、在勞動組合評議會、在日本農民組合等非常地活躍。

我們也要盡最大的努力召開全島大會，決心要將之前做的工作檢討整理，計畫未來一年要走的方針。

諸君不可能遠離世界的潮流而存在！

在此我們殷切期盼諸君出席全島大會

一九二七・十一・八　臺灣農民組合本部（臺中市楠町六之九）

邀請函則說明臺灣農民組合之意向與綱領的梗概。顯而易見的，這場大會旨在推動無產階級的生命權，統合所有反日勢力挑戰資本主義，打造出統一戰線以把臺灣人從日本殖民統治的桎梏中解脫出來。來自多個地方、出身背景各異的一千多個支部代表和旁聽者，出席這場歷史性大會，其中包括自封為「無產農民」者。這些「無產農民」於一九二七年十二月三日夜來到臺中，睡在旗海飛揚的初音町樂舞臺的地板上或其更衣室的地板上。大會排定於十二月四日召開，當天早上兩百五十名代表（警務局稱有一百五十名代表、六百名旁聽者、五十名來賓），在臺中公園列隊進場。為炒熱氣氛，激起旁聽者興致，每個支部的代表跟在高舉赤旗的支部長後面，在爆竹聲和群眾歡呼聲中成列緩緩走向樂舞臺，數百名緊張的警察和便衣刑警在旁監視。

這場歷史性大會由司儀侯朝宗宣布開始。侯在開幕辭中說，兩年前臺灣農民組合於鳳山成立時，只有十三名會員，如今已壯大為有兩萬三千四百餘會員的全島性組織，還說此次會議的目的乃是要解決基本的生計問題。然後大會按照議程走，選出正副議長，接著介紹數十名貴賓。介紹山上武雄和古屋貞雄時，全場響起如雷掌聲，久久不歇。古屋先上臺，簡短發言。他呼籲所有代表竭盡所能實現農組的使命，與日本、朝鮮的無產階級密切合作，以掃除農民生計的障礙。山上上臺講話時，懇請組合員就官員的公正與可靠與否不斷提出質問，絕勿在警察壓迫下退縮。

介紹完來自日本的貴賓／指導者，換臺籍貴賓登臺講話，他們分別代表臺灣文化協會、民眾黨、東京臺灣青年會等。但每當講話者或電報裡提及「資本主義」、「解放」、「帝國主義」、「專制統治」等敏感字眼或極端言語時，警察即吹哨制止。第一天下午兩點二十分時，一名警長上臺命令解散。經過一番騷動和一連串抗議後，侯朝宗向與會代表宣布，他們以為他們已踐踏了我們的利益，但我們承受痛苦的能耐比他們以為的還要高，然後宣布休會。[19]

晚間會議於七點開始，山上和古屋都發表了長篇演說，主要向臺灣同志介紹他們的農民運動經驗。九點半左右，會議順利結束。但由於當天下午的狀況，古屋和山上決定親自找臺中州警務局長申訴合法公民組織所辦大型會議遭打斷、中止之事。他們警告道，如果日本殖民地統治者繼續如此不當對待島民，島民會對日本人所做的任何事或所說的任何話都不再相信。警務局長給了客氣但含糊的答覆，這兩位著名的日本公民行動家則展現他們的毅力和決心，定要確保臺灣農民組合如計畫開完這場史無前例的大會。

第二天的活動，也以二十四面赤旗（代表二十四個支部）從臺中公園遊行到附近樂舞臺的儀式為開始。與會代表大半時間聆聽報告；討論、檢討、修正文件、規約條文等，以及通過年度預算和選出各委員會委員。最重要的選舉是選出十八位中央委員，他們通常是支部的領導人，例如鳳山的簡吉、臺南的黃信國、臺中的趙港、新竹的彭宇棟。但有位小說家，臺南州的楊逵（一九〇五～一九八五），也獲選為中央委員。一九一五年，楊逵還小時，目睹日本軍人經過他家，欲前往臺南西來庵逮捕一千四百一十三名抗日臺灣人（後來其中八百六十六人遭判處死刑）。這場又稱噍吧哖事件的屠殺，在楊逵腦海留下無法磨滅的印象。後來，楊逵讀到《臺灣匪誌》這本日文書，理解到日本人已扭曲了這些臺灣抗日英雄的形象，把他們醜化為無法無天的土匪。自那之後他即懷有抗日思想。楊逵在東京的日本大學攻讀過文學和藝術，由於嗜愛讀書，從世界各國的著作吸取了廣博知識。一九二七年返臺，迅即加入簡吉的農民運動。

這次大會的另一個重要活動，乃是辯論、通過十六項動議：一、組織特別活動隊；二、支持（日本）勞動農民黨；三、推動成立消費者聯合會；四、制定日雇農最低工資法；五、通過一圓五十錢為最低工資；六、通過八小時勞動制；七、確立耕作權；八、推動耕作者集體協商權；九、矢志維護同盟運動；十、立法禁止地主任意廢除耕作者租佃契約；十一、禁止地主沒收耕作者財物；十二、向政府遞交抗議書和取消將沒收土地賣給退休官員之事；十三、反對既有的土地政策；十四、確立對耕作者之生產物的管理權；十五、廢除惡法；十六、反對濫權。

十二月五日晚，諸代表最後一次齊聚一堂，唱驪歌，高呼以下口號：「打倒帝國主義」、「工人、農民團結起來」、「反對虐殺的土地政策」、「反對臺灣總督獨裁政治」。[20]這一經歷令許多代表和數千旁聽者深受啟發。日籍貴賓未能阻止大會遭日警打斷、中止，但他們的存在令臺籍與會者放心許多。整體來看，儘管一再遭警察威脅，儘管地主微表不滿，這場大會成功、順利，使農組代表鬥志更昂揚，使他們做好萬全準備面對未來的挑戰。

佃農糾紛與抗議的升高

諸代表懷著高昂的民族主義熱情和重新勃發的意識形態信念，回到各自的所在地，準備在全島各地的緊張情勢迅速升高之際有所行動。在代表大會上把司儀當得很稱職的侯朝宗，回到家鄉臺南州的東石郡，為蔗農成立了一個農組支部。一九二八年二月一日，在附近大甘蔗園工作的約六百人出席成立大會，簽名加入該支部。大會期間，有個東石郡的便衣試圖打斷侯講話，但喧鬧的民眾發出噓聲，把他趕了出去。從此侯朝宗被日警列入黑名單，成為日警誓言報復的對象。侯朝宗和當地某青年讀書會計畫於一九二八年五月一日，在媽祖廟辦「五一勞動節」慶祝活動，警察得知後，警告廟祝勿讓「有危險思想的青年」使用該廟。於是，五月一日清早，侯朝宗等一夥人來到媽祖廟時，發現廟門鎖著，裡面的公會堂沒有燈光。但騷動的群眾（估計約兩千人）敲打廟門，強行入廟。據東石郡警方的說法，頭目侯朝宗犯了一樁輕罪，當局於是對他發了逮捕令。侯朝宗逃過警方追緝一星期，五月八日在麻豆被捕。五月十九日，他連同三名農組成員遭嘉義法院的中山檢察官起訴，後來判處兩個月勞役和三十圓罰金。侯朝宗在新成立的農民組合東石支部的兩個副手，也因為煽動暴亂和沿街散發「有害宣傳單」，各被判處三個月勞役和二十圓罰款。[21]

嘉義阿里山山坡上的三千公頃竹林，已成為臺灣果農和新日籍地主間抗議、爭議的焦點。在農民組合全島大會之前和之後，抗議、衝突在嘉義郡上演了一段時日，導致傷亡，而傷亡者大部分是臺灣人。但嘉義人素以頑強和造反傳統而著稱，且自清朝時就有此形象。嘉義一名是清軍殘酷敉平歷時甚久、傷亡慘重的林爽文民亂之後，嘉慶皇帝（一七九六～一八二〇）所「賜」。（譯按：嘉義原名諸羅，林爽文事件時諸羅軍民力抗林爽文軍，嘉慶帝於是將諸羅改為嘉義，以「嘉」許諸羅義民的「義」舉。）日本據臺後，嘉義人繼續遵行其面對官府壓力頑抗不屈的悠久傳統，使臺灣總督府日益憂心他們會再次謀反。總督府決意以不流血方式解決土地糾紛，需要能避開紛擾且不失顏面的辦法。

一九二八年三月二十六日，總督府發布新指令以修改（但非放棄）竹林計畫：一、由於爭議連連，凡是未持有經公證的文件而耕種土地者，皆不得授予土地所有權憑證；二、因此，在爭議解決之前，這些土地（竹林地）得由官府代管；三、政府不能以六成五的便宜價錢將這些地直接賣給一直在這些土地上耕作的人。

臺南州官員想貫徹這些新指令，於是在嘉義郡守陪同下，拜訪了阿里山山麓丘陵四個村的耆老和保甲役員，向他們簡單說明這一新計畫。為執行該計畫，嘉義郡守提出一可行的替代辦法：由郡政府以市價三成買下這些地，保有五年後，以六成五的折扣價賣給先前在該地耕作的農民。這一修正後的計畫，的確暫時平息了農村居民的不滿。後來嘉義郡政府總共花了三萬五千八百圓買下有爭議的土地作為郡財產，然後根據該計畫，將於五年後以四萬五千圓的價格賣掉。儘管郡政府能有九千圓的資本收益，大部分原先在該地耕作的農民不想等五年，還有些這類農民則根本不信任殖民地政府。其中幾個不滿的農民打算於一九二八年五、六月間日本親王巡視南臺灣時請願。但他們還沒有機會向親王訴苦，警方就上門逮人。他們被處以役期不等的勞役和二十至百圓不等的罰款。[22]

在嘉義以南，有一大片甘蔗田屬鹽水港的明治製糖株式會社所有，該甘蔗田的蔗農對惡劣的工作條件愈來愈不滿。該地農組支部的領導人，即剛在臺中的全島大會上獲選為中央委員會十八委員之一的張行，要求在農曆春節後立即召開大會。大會通過一項與製糖會社重訂租佃契約的決議。於是，一九二八年三月十五日，十三名組合代表，帶著十二項改善蔗農工作條件的要求，前往製糖會社，但遭會社峻拒。改善無望的消息傳到周遭幾個村後，數千名蔗農，包括許多來自鄰近村子的蔗農，揚言罷工。四月十一日，臺灣農民組合派來十五名代表，以展現休戚與共的精神，兩千多名蔗農則候命準備行動。製糖會社驚恐於憤怒的「暴民」，要求州政府保護：當局從鄰近四個郡調來兩百多名警察，阻止蔗農越過距糖廠主要事務所僅一百碼的兩座橋。但有些抗議民眾走下一條小溪，沿著該溪走可抵糖廠的煙囪，武裝警察與憤怒抗議者隨之爆發衝突。數名農民受傷，其中一人不得不送醫，警察則逮捕了十餘名抗議者。四月十三日早上，來自臺灣農民組合的三名中央委員，包括張行，趕去見臺南州警務部長石井。他們解釋道，這麼多蔗農出來表達支持之意，乃是因為他們生計出了問題。農組代表陳情道，警察始終保護有權有勢者的利益，完全不管蔗農的死活。警務部長石井對蔗農處境表示同情。離開警局之前，張行問石井，讓郡警察如此赤裸裸大規模展現武力，難道不覺愧疚。[23]

東石、鹽水港兩地蔗農的遭遇，在一九二〇年代晚期的臺灣農村社會到處可見，因為不公和壓迫在其他許多農村也稀鬆平常。以南部高雄州潮州郡為例，一九二八年七月上旬，五十名佃農和組合員到該區域數個村散播向屏東製糖株式會社要求更佳工作條件的主張，結果被以擾亂公共治安的罪名拘留，關在潮州郡役所。簡吉等農組成員趕到潮州，提出強烈抗議，警察才放人。一九二八年四月農組高雄支部成立後，該支部幹部也走訪周遭區域許多農村，舉行群眾大會，辦演講。同樣傳出數起組合員和警員對抗的情事。農組代表蘇聰敏在個人名片上印上「自由平等」幾個字，因而遭官府以違反出版規則的罪名檢束治罪。蘇於一九二八年六月出獄後，被同儕和同胞稱作「自由平等先生」。[24]

一九二七年成立的二十七個支部中，大屯支部會員數最多，主要因為這個位在中臺灣的山村是臺灣香蕉生產中心。成立那一天（四月十日），估計有一千五百名蕉農出席，其中三分之一當場繳付會費。會費包含支部費和總部費，原訂為一・二圓，後來漲為二圓。這個支部引發最熱切討論的問題，當然是香蕉的生產、運送和不利於蕉農的香蕉行銷政策。會中成立了一些委員會，包括爭議、財務、教育、宣傳諸委員會，也選出委員，李橋松獲選為委員長兼爭議委員會主委。這個新成立的支部在臺中市某媽祖廟辦了歡樂的五一勞動節慶祝活動。

為反制大屯支部的競爭，臺中州政府先是派警察前往大屯支部事務所搜查「非法」印刷品，然後要官方扶持的臺中芭蕉同業組合於一九二七年六月二十四日召開代議員會。該會六十四名合格議員，四十八名出席，會議於州會議室舉行。會議開始之前，旁聽席就已全遭大屯支部組合員占光；來自周遭農村的其他蕉農站在外面走廊聆聽觀看。會議主席是日籍州政府官員，該同業組合大部分委員也是日本人。會中，有個引發爭議的議題與一千三百圓退職金有關——該不該給予前豐田副組長那樣的退職金。給予此退職金的動議交付討論時，有位臺籍議員問道：「本島人代議員擬辭職者不給此一酬勞，僅內地人代議員擬辭職時才給予此一退職金，在內地人、本島人（有別）的理由下予以差別待遇是不合理的！」議場氣氛瞬間變得緊繃，日籍議員震驚、尷尬。眼見給予資深官員特別待遇的日本習俗遭到質疑，會議主席努力解釋，以證明這一「差別待遇」有其道理，但他愈解釋，愈讓人無法信服。最後，大屯支部委員長李橋松低聲說道：「議長及參贊之說明等同娼婦之言！」李橋松毫不掩飾其對臺中芭蕉同業組合的不屑，引來臺籍旁聽者喝采，但日本人把這番話視為挑釁，以他污染了該組合的神聖為由要他離開會場。25

這一言語衝突過了約一個月後，大屯支部開始籌款，作為設立組合合作社的資金，並以一萬圓為籌款目標。設立合作社的目的，乃是為了讓組合員此後得以在合作社買賣豆粕、肥料、穀物、雜貨等。這筆資金也可用於應急時，用於協助貧困會員和促進組合的其他計畫。這次會議後不久，組合幹部即開始走訪周遭農村，宣傳成立組合的意義，爭取支持，募款。然後他們進入大寶農林部的林場，調查蕉農的生活、工作情況。

大寶農林部的林場位在大肚郡轄區內，包括由八千甲林地構成的大片種植園，林地本身則歸總督府的山林課管。數百名農人和雇來的苦力在那個種植園謀生。其中有個果農名叫張質，向大寶農林部承租了約十甲的山林，自一九二四年起一直在那裡種香蕉。一九二七年一月時，大寶農林部的巡察員要張質將他種的香蕉全部砍掉，因為山林課要在那片種植園種樟樹。張質的香蕉那時還未成熟，不可採收，因此不願遵照政府的要求。但一九二七年八月十四日起，大寶農林部自行雇請了二十幾名苦力，將張質所種香蕉約一萬五千棵全部連根砍除。同時也通知其他六十五位蕉農，要他們將香蕉連根拔除，夷平香蕉園。這道命令要求將約一百五十甲香蕉園夷平，將十五萬棵香蕉樹砍掉，以便政府栽種樟樹苗。面臨這困境的蕉農，派五名代表到臺中芭蕉同業組合拜訪其副組長，向臺中州知事佐藤陳情。他們請求推遲一年執行，以便等到香蕉成熟，他們可以採收，不致血本無歸。州政府官員承諾與臺灣總督府協商此事。這一口頭承諾讓五位代表誤以為當局已同意延期一年。[26]

一年尚未期滿，大寶農林部當局突然要佃農簽署保證書，保證一年期滿時絕不會反對砍掉他們全部香蕉樹。但這些蕉農向農組大屯支部幹部徵詢過意見後，一半以上拒絕簽署。他們根本不想做這樣的保證。這一拒絕招來山林課官員的嘲笑，該課官員決定硬幹，雇來一百名苦力，一九二七年十月十五日，開始砍除萬斗六區域的香蕉樹。香蕉被砍，嚇壞大屯佃農的妻子、小孩。他們成群湧出，抓住苦力手上的砍刀吼叫，乞求不要毀了他們的生計。極力阻止自家香蕉樹被砍之後，一百五十名蕉農於該日下午更晚時聚集於臺中州廳前，要求面見知事。知事不在，由他的副手松岡先生代為接見。雙方交涉兩或三小時後，松岡立場毫無退讓，蕉農心情徹底無助。[27]

僵局最嚴重時，大寶農林部當局揚言一年期滿後就會有「結果」，農組大屯支部則力挺蕉農。接下來幾個月期間，數輪談判都未能談出結果。然後，一九二八年六月二十四日，臺灣農民組合的重量級領袖來到大屯，包括簡吉、趙港、張行、楊逵。經過與當地組合員漫長商議之後，他們通過以下十一項決議：一、以民主、公開方式選出蕉農同業組合的幹部（包括正副組合長、評議員、代議員），藉此解決蕉農問題，並反對重新啟用仲賣（中盤）制度；二、透過商定甘蔗價格、檢查和複核採收下來之甘蔗的重量、廢除租田品質分級、未還的本金不課利息、肥料照時價計價，解決甘蔗問題；三、確立耕作者的權利；四、反對地主扣押佃農的穀物作為擔保品；五、施行八小時勞動制；六、立法規定農民最低工資；七、反對拷問；八、反對侵犯言論、集會、出版自由；九、廢除所有惡法；十、反對臺灣總督府專制統治；十一、反對出兵中國。在香蕉問題上，簡吉和趙港還進一步提出長遠的對策，提出組合當下可用來保護、提升蕉農利益的作法。由於這場諮詢性的會議，大肚支部成立負責就香蕉生產方面久拖未決的爭議與山林課談判的專門小組。[28]

對大屯蕉農來說，一九二八年七月二十三日是個特別歡欣鼓舞的日子，當天組合員聚集於媽祖廟慶祝香蕉收成。組合幹部也利用這一場合向組合員講話，抨擊殖民地政府的「吃人政策」。數人上臺講話，其中值得注意的是大屯支部的中央委員長李橋松。李再度激怒在場監控慶祝活動的日本警察。他的演講幾度遭打斷，然後遭中止，然後，連同另外兩位組合幹部，被控侮辱警官和妨礙司法公正。一九二八年十月二十五日，在接下來臺中法院審理期間，法官先是斥責李橋松，然後問他是否侮辱了警官和犯了其他罪。李一概否認。在這場審訊中，日本人古屋貞雄和臺灣人鄭松筠擔任李的辯護律師。但兩天後，法官判定李橋松等三人罪名成立，各判處四個月勞役。

李橋松務實、敢言的平民主義領袖形象，常升高大屯支部與當局間的緊張。一九二八年十二月七日大屯支部在霧峰開年度大會期間，有個在場監視的便衣刑警要求看大會的書面待議事項，李橋松當場一臉鄙視。若非簡吉在場約束他，大概免不了狀況發生。此外，一九二八年四月至一九二九年四月這一年間，李橋松和另兩位組合活躍人士在萬斗六庄開設了一個香蕉檢查站，供蕉農採收後可立即讓其新鮮香蕉接受檢查和蓋印。但當局指控他侵吞該站公款一千七百七十圓。因為這一沒有根據的指控，李橋松於一九二九年六月十九、二十日遭大屯郡警訊問、拘留。[29]

在大屯郡以北，有名叫竹東的另一個多山郡，歸新竹州管轄。在竹東山區的谷地裡，有個極貧窮、偏遠的地方，約三十名客家移民住在那裡。一九〇八年，這些客家人在未獲政府發予必要文件的情況下，冒著生命危險開發了一百六十甲可耕地。一九二〇年代，這些耕作者申請土地所有權狀遭拒，因為殖民地政府已將這塊地賣給退休日籍官員香木長太郎。於是，這些實質開墾者，從法律上來講，突然間成了「無斷開墾者」。香木也是個典型的在外地主，長年住在臺中市。一開始他種了一些相思子，只用到他所新取得之土地的一小部分，因此臺籍「無斷開墾者」能繼續在香木的土地上種甘薯、大麻、茶葉。相思子在亞洲向來被用來製作念珠，不久後日本人就把它們賣到世界各地供製作首飾。於是，一九二八年，香木雇了一名臺籍工頭，開始擴大植樹規模，從而必須將「無斷開墾者」逐出他的土地。六月二十五日，香木雇來的工人和「無斷開墾者」起衝突打起架，有人鼻子被打斷，有人眼睛瘀青，傷勢不一。香木一方報警。六月三十日夜，一隊新竹州警察包圍「無斷開墾者」的住所。隔天天剛亮，警察總共逮捕了二十二名疑犯，其中十九人遭拘留於竹東郡役所。他們遭拘禁以便訊問時，不得與外界接觸，晚上睡在泥土地板上，白天則像狗一樣被拴在桌下。[30]殖民地政府盛行的密友資本主義使日本人愈來愈富，使臺灣佃農只會愈來愈窮。

但當局愈是想壓制組合活動，組合愈是壯大。事實上，農組支部已從一九二五年的一個增加為一九二八年底的三十個。三十個支部裡，除開鳳山（一九二五年十一月十五日）、大甲（一九二六年六月六日）、曾文（一九二六年六月十四日）、虎尾（一九二六年八月一日）、竹崎（一九二六年九月二日），另外二十一個成立於一九二七年，還有四個成立於一九二八年。換句話說，一九二七年是臺灣組合運動的最盛期。一九二八年創立的支部和創立日期，分別是東石支部二月一日，高雄支部七月十四日，員林支部八月二十六日，下營支部十月二十八日。此外，由於地區性活動愈來愈多且為了進一步協調地區內的組合事務，中央委員會決定成立四個地區性聯合會：從南到北分別是高雄州支部聯合會、臺南州支部聯合會、臺中州支部聯合會、新竹州支部聯合會。高雄州聯合會由六個支部組成，主要為改善蔗農工作條件而奮鬥。臺南州聯合會由十個支部組成，其使命包括改善竹林附近居民的工作條件和爭取公正的甘蔗收購價。臺中州聯合會有七個支部，主要宗旨包括反對政府將沒收的土地賣給日籍退休官員和為香蕉生產權奮鬥。新竹州聯合會由六個支部組成，特別關注數千甲有爭議的土地、日本拓殖株式會社與其在中壢的佃農之間土地糾紛的裁決。

四個地區性聯合會中，臺中州聯合會於一九二八年二月二日成立於彰化，猶如臺灣農民組合的迷你代表大會，以舉旗遊行、名人演說、宣讀賀電、聆聽報告和情報、選出委員、討論並通過動議和預算、高呼口號等活動為特色。成立大會召開期間，出現一位風頭甚健、極吸引人的人物，即名叫葉陶（一九〇五～一九七〇）的女士。葉陶是高雄人，在高雄第三公學校任教，月薪三十七圓。一如簡吉等組合員同志，她非常同情貧窮受壓迫者，於是在一九二七年十一月辭職投入臺灣農民組合運動。臺中州支部聯合會的成立大會上，葉陶以「婦人和無產階級運動」為題發表了演說，贏得久久未歇的熱烈掌聲。不久後她愛上多產作家同時是中央委員的楊逵，一九二九年兩人私奔，未舉行傳統臺式婚禮。

女鬥士投身組合運動

召開第一次全島代表大會後，臺灣農民組合即開始吸收、訓練女演講者加入其巡迴演講隊，葉陶女士則成為爭相邀請的演講者。一九二八年二月二十九日，葉陶再度以「婦人和無產階級運動」為題，在大肚庄媽祖廟裡向四百人演說。那一天，大甲支部舉行大會，成立新「婦女部」時，與會民眾中有許多是婦女。她們大部分是支部幹部的親人，包括趙港妻子陳美和蔡瑞旺的日籍妻子蔡愛子。蔡瑞旺當時是大肚支部的委員長。陳美於她的首次公開演說中說：

> 我們婦女處於現代之時勢須要出來活動，不可像舊式時代的婦女不出門戶，宛若木偶而以無事作為貴，這樣的思想實是時代錯誤，所以希望各自醒悟進出社會上活動，以求幸福為是。」[31]

一九二八年三月八日，為慶祝國際婦女節，當時才約二十歲的蔡愛子用日語談「無產婦人的使命」，由葉陶同步翻譯為臺語。她的年輕和熱情令聽眾大為鼓舞。另一位女士，鄭顏，談「無產婦人的悲哀」。蔡愛子和鄭顏都把農民的貧窮與苦難歸咎於資本家、統治階級的剝削。就在這時，無所不在的便衣出手中止此慶祝活動。[32]

參與組合運動的臺灣婦女中，最引人注目且最富爭議者莫過於簡娥（一九〇九～二〇〇五）。她是高雄人，與簡吉同姓，但與這位農組創建者沒有親緣關係。但由於他們兩人合作長久且密切，不遺餘力醜化簡吉的《臺灣日日新報》公開宣稱簡吉誘使未成年的簡娥退學，奪去她的貞操，使她逃家投入他的地下組合運動。抹黑伎倆提供了流言蜚語的材料，但這些新聞報導很可能是虛構，真實性可疑。事實上他們兩人因對日本統治者的共同看法而走在一塊。簡娥父親簡忠烈是臺南州新化的漢文老師。簡娥才三歲大時，她父親於噍吧哖事件中遭日本軍人殺害；因此，自孩提起，她就懷有向日本人報仇之意。後來，她母親搬到高雄，在高雄火車站附近經營一家旅館，簡吉偶爾在那裡膳宿。一九二八年五月下旬，簡娥仍就讀高雄女高時，決定加入簡吉的組合運動。這時，臺灣農民組合的總部已搬到臺中。簡娥母親和姊姊來臺中把簡娥揪回家，簡吉則被帶到臺中警局訊問。在牢裡待了四天後，簡吉於六月三日走出臺中拘留所，但說他幹了無恥下流事的謠言已四處傳開。就連他在大阪的導師都關心這起醜聞，派人前來弄清楚此事。為澄清這起惡毒的謠言，簡吉寫了下面這封信到大阪：33

祝賀貴組合的勇健鬥士：

你們想必看了那份愛中傷人的報紙的標題：「簡吉誘拐婦女」。我想你們都知道那是「那幫傢伙的抹黑和齷齪陰謀」。不過，你們肯定也替我擔心。但誠如你們所有人都知道的，簡娥女士是屏東郡張玉蘭女士（一九〇九～一九六七）的好友，她們兩人勇敢且志願的加入農民組合的婦女部。我因為吸收她們加入被拘留了四天，成為那些傢伙大肆散播的一樁所謂的社會醜聞的主角。我相信你們許多人處於類似處境，應該知道那是怎麼一回事。有人問簡娥女士是否遭誘拐，她很乾脆的答道：「看我今後的行動就可以知道了！」她沒什麼好隱瞞，似乎沒事。我今早出拘留所，一如以往到前線服務。請相信我，別為我擔心。

簡吉筆於臺灣農民組合總部，一九二八年六月三日

高雄女高的日籍校長聽到這樁醜聞後，將簡娥退學，說她「品行不良」。沒學校可讀，簡娥迅即再度投入臺中的組合運動。一九二八年八月二十六日，農組員林支部成

立，簡娥獲選為第一任書記長。成立大會上，她呼籲將女人享有公平、權力、人權一事列為該支部發展目標之一，然後她也提議追求男女工酬平等（她很可能是從共產國際的人員訓練書籍得到這些女性主義觀念）。但警察繼續找這位十九歲姑娘的麻煩。一九二八年十月十一日，臺中警務局長帶十名警察搜索簡吉家，拿走一捆文件和一些書。他們還要簡吉、簡娥和他們的廚子到警局接受訊問。但隔天，三人獲釋，沒收的東西歸還。後來，巡迴演講時，簡娥常把這段和當局打交道的經歷說成典型的警察騷擾案例。

由於回憶錄或史料不足，很難斷定簡吉、簡娥兩人的關係。但有位叫楊克煌（一九〇八～一九七八）的臺灣共產黨員憶道，每個星期一早上簡吉都會叫他到他書房，交給他一份手寫的「農組情報」，要他將報告送去給躲在臺中某商業學校附近農家裡的簡娥。簡娥將該報告油印數千份，發送給全島各地的組合員。油印「農組情報」當然違反了治安警察法和出版規則，為何那是危險的地下工作原因在此。[34] 一八九〇年代期間，勞動者一連串罷工令日本政府驚恐，導致帝國議會於一九〇〇年頒行治安警察法。該法第十七條不只明令禁止於罷工時使用暴力、恐嚇、公開中傷，還禁止「誘惑或煽動」他人罷工、加入組合或從事集體談判。這一條款成為日本執法機關騷擾新興農民運動的利器。[35] 事實上，簡吉就被以違反該法第十七條的罪名入獄一年。一九二九年十二月二十三日至一九三〇年十二月二十三日坐監期間，簡吉收到的第一封信來自簡娥。簡吉迅即回覆如下（譯

按：原文為日文，以下中譯引自中央研究院臺灣史研究所二〇〇五年出版《簡吉獄中日記》頁八十一至八十二）：[36]

娥君：

您二十五日寄來的信，與古屋先生「不上訴為宜，亦向其他人作同樣建議中」的明信片一起於昨天晚飯時收到，是我入獄以來收到第一封信，也可能是今年的最後一次通信。對你的筆跡倍感親切懷念！錢是在渭然兄需要療養費等的窮困之際特意寄來，令人感激落淚。道福君也寄來兩元。通信費用已經足夠。……情況愈發複雜化，恐怕會遇到更多困難，而我卻無能為力，每思及此就深感於心不安！但請你要更堅強地好好幹下去。我會冷靜、嚴肅和認真地，把我滿腔的熱忱深入到字句當中，從此鐵窗下寄給你們！……你母親好像仍然採取以往的手段而消耗錢財……對於他們思想的程度，也就是說他們為什麼必須做那種事，應給予理解，與此同時，要十分注意絕對不要被他們牽連。經過考慮的事情，也絕對不要做出屈從或者犧牲自己之事。不要被環境拖著走，或者缺乏嚴格、冷靜或認真的態度，要克服自己的一切軟弱情緒，這當然很困難，可是我認為你應做出最大努力！感謝你經常到我家去安慰我的祖母。因他們毫無了解，一提起監獄就只是擔心，請好好作些解釋……

> 我由於睡眠時間長，故夢境很多，有時重現過去生活，或描繪未來空想，總之，在夢的世界裡經常和你們在一塊。

簡娥從臺中搬到南臺灣，與朋友張玉蘭等人會合。但一九二九年，她到北部桃園郡支持一場反日本拓殖株式會社的群眾大會。由於在此事件上屬次要角色，她被拘留了二十天。簡娥不服，提出上訴，一九二九年七月十三日審理時，日籍律師古屋貞雄在法庭上替她辯護，使她獲判無罪。簡娥的思想愈來愈傾向共產主義，結交了農組裡較激進的一派。一九三〇年十一月，她已加入臺灣共產黨，且愛上潘欽信。潘欽信是臺北人，剛從中國返臺的共產國際派遣員。一九三一年，簡娥和潘欽信躲藏於基隆港，以伺機逃到中國大陸，但不到一個月兩人被捕（見下一章）。潘欽信判十五年徒刑，簡娥五年。獄中，簡娥的長子出生（父親為潘欽信）。據說該嬰兒不久後就被帶離簡娥身邊，交給在高雄的簡娥母親。二次大戰後，潘欽信逃到中國大陸，加入中國共產黨，簡娥則嫁給農組同志陳啟瑞。一九七〇年，簡娥移民美國，二〇〇五年三月去世，享壽九十六歲。[37]

高雄女高還出了一位同樣意志堅強、個性急躁的年輕臺灣女子，名叫張玉蘭。張玉蘭和簡娥兩人在高雄求學時結為好友。張玉蘭由身為保正的中產階級父親帶大，哥哥張添丁就讀臺南師範學校時，簡吉正好是他同學。透過哥哥的關係，張玉蘭結識數位屏東農組領袖，例如蘇清江和日後會成為她丈夫的陳崑崙；她偶爾前往屏東農組事務所，參加該組織的群眾大會和活動。她自告奮勇在電線桿上張貼農組海報和宣傳單，首度展露她的天真和熱心。一九二八年一月，她被以違反出版規則的罪名逮捕，從而使她遭高雄女高退學。後來，在臺南法院受審時，法官判她入監五個月，她上訴後，二審法官宣判她無罪。但檢察官不服判決而上訴，案子上到最高法院。一九二八年十一月十二日，臺北最高法院判她有罪，但刑期從五個月減為三個月，另加二十圓罰款。

一九二八年十一月五日晚，屏東郡人民，特別是農組成員，為張玉蘭辦了盛大的歡送會。在歡送者的熱情相挺和鼓勵下，張玉蘭搭上往臺南的火車，向南臺灣最大的監獄報到。但登記入監之前，她發了封電報預祝預定於一九二八年十二月三十日在臺中召開的臺灣農民組合第二次全島大會的開幕。[38]獲釋時，才十八歲的張玉蘭已成為知名人物，每個農組支部都想邀她過來向組合成員和本地村民講講話。例如，在一九二九年高雄農組支部和臺灣文化協會於高雄主辦的五一勞動節遊行期間，張玉蘭是主要演講者之一。但張玉蘭二十五歲時被以伴同臺灣共產黨作案的罪名逮捕。這一次她在獄中待了四年。一九三一年十一月，張玉蘭參加農組曾文支部所主辦反對曾文水庫當局提高嘉南大圳水租的抗議活動，再度被捕。一九四七年二二八事件和一九五〇年代白色恐怖時期，她和丈夫陳崑崙入獄兩次。從此，兩夫婦擔心再有牢獄之災，決定遠離政治。

教師葉陶也過得不如意，生活艱苦。簡娥和張玉蘭兩人決意為窮人、受壓迫者奮鬥，有一部分得歸因於葉陶的啟發。但葉陶和丈夫楊逵遭整肅而被踢出組合運動（見下一章）之後，兩人賣衣為生。一九三〇年四月十一日早上，有孕在身的葉陶和她的女助手，在鳳山市場邊緣擺攤賣衣時，日籍的市場監督員田中前來巡查。田中斥責葉陶，告訴她不准擺攤，說她的擺攤地點不在市場內。葉陶不肯照辦，堅稱那裡始終有人擺攤。激烈的口角最後演變為打架。葉陶被叫去警局，罰了款。二二八事件期間，葉陶丈夫楊逵因為寫了一篇文章批評來自中國大陸的外來政權差點送命。不肯乖乖閉嘴的這些農民組合行動家，的確遇上從遭社會排斥到丟掉飯碗的種種不可思議的事。

注釋：

1《土地と自由》第六二號（一九二七年三月二十五日）。

2 *Archives of the Taiwan Tenant Union Headquarters* [hereafter *Archives*], *B group*, "International Documents," 110.

3《臺灣民報》第一四九號（一九二七年三月二十七日）。

4 *Archives*, *B group*, "International Documents," 16.

5《臺灣民報》第一五四號（一九二七年四月二十四日）；第一五五號（一九二七年五月一日）；第一五七號（一九二七年五月八日）。

6 *Archives*, *B group*, "International Documents," 111.

7《臺灣民報》第二一六號（一九二七年七月八日）；《臺灣日日新報》第九七五三號（一九二七年六月二

十三日）。

8 *Archives*, *B group*, "International Documents," 17.

9 Ibid., 20；也見《臺灣民報》第一六一號（一九二七年六月二十日）。

10 青木惠一郎編，《日本農民運動史料集成》（東京：三一書房，一九七六年），頁二九五。

11 *Archives*, *B group*, "International Documents," 30.

12 Ibid., *A group*, 72；也見《臺灣日日新報》第九八二一號（一九二七年八月三十日）與第九八四五號（一九二七年九月二十三日）。

13 《臺灣民報》第一八〇號（一九二七年十月三十日）。

14 *Archives*, *A group*, 44-46.

15 Ibid., 32, 92-93；也見《臺灣民報》第一八二號（一九二七年十一月三十日）。

16 Ibid., *B group*, "International Documents," 91.

17 Ibid., 54, 56-57.

18 Ibid., *A group*, 38-40.

19 《臺灣民報》第一八六號（一九二七年十二月十一日）。

20 Ibid.；也見《臺灣日日新報》第一〇〇七五號（一九二八年五月十日）

21 *Archives*, *A group*, 140-141；也見《臺灣民報》第二〇八號（一九二八年五月十三日）和第二一〇號（一九二八年五月二十七日）。

22 《臺灣民報》第二〇二號（一九二八年四月一日）和第二二二號（一九二八年八月二十日）。

23 《臺灣日日新報》第一〇〇七五號（一九二八年五月十日）與第一〇一一七號（一九二八年六月二十一日）。也見《臺灣民報》第二〇一號（一九二八年三月二十五日）和第二〇五號（一九二八年四月二十二日）。

24 《臺灣民報》第二一八號（一九二八年七月二十二日）和第二一九號（一九二八年十一月四日）。

25 《臺灣日日新報》第九七五五號（一九二七年六月二十五日）。*Archives*, *A group*, 183-184。

26 Ibid., 15-16, 26-27.

27 《臺灣日日新報》第九六八六號（一九二七年四月十七日）；第九六九七號（一九二七年四月二十八

日）；第九七九五號（一九二七年八月四日）；第九八二〇號（一九二七年八月二十九日）；第九八三三號（一九二七年九月十一日）；第九八七一號（一九二七年十月十九日）。

28《臺灣民報》第二一五號（一九二八年七月二十一日）；也見*Archives, A group*, 26-27。

29《臺灣日日新報》第九八一八號（一九二七年八月二十七日）；第九九七九號（一九二八年二月四日）；第一〇四八〇號（一九二九年六月二十二日）。也見《臺灣民報》第二三九號（一九二八年十二月十六日）。

30 *Archives, A group*, 11；也見《臺灣民報》第二一六號（一九二八年七月八日）。

31《臺灣民報》第一一九號（一九二八年三月十一日）。

32 出處同前，第二〇〇號（一九二八年三月十八日）。

33 *Archives, A group*, 129.

34《臺灣民報》第二二四號（一九二八年九月二日）；第二三一號（一九二八年十月二十一日）。還有林炳炎，《林木順與臺灣共產黨的創立》（臺北：作者自行出版，二〇一三年），頁二〇九。也見楊克煌，《我的回憶》（作者女兒出版，二〇〇五年），頁四七。

35 勞働省，《勞働行政史》兩卷（東京：勞動法令協會，一九六一年—一九六九年），第一卷，頁九七—一〇二。

36 簡吉此信日期註明為一九三〇年一月十日。見簡吉，《簡吉獄中日記》，簡敬等譯（臺北：中研院臺灣史研究所，二〇〇五年），頁八一—八二。

37《臺灣民報》第二七一號（一九二九年七月二十八日）；《臺灣日日新報》，特別號，一九三三年七月二十四日；還有林炳炎，《林木順與臺灣共產黨的創立》，頁二二八—二二九。

38《臺灣民報》第二三五號（一九二八年十一月十八日）。

第五章

臺灣農民組合的衰落與沉寂

中壢事件

鈴木集團（財閥）是神戶的貿易公司。一九一九年該公司最風光時，銷售額超越三井、三菱之類對手財閥。一九一九年底，鈴木財團在新竹州中壢郡設立一家關係企業以再製樟腦，以小野禎一郎為其常務董事。在樟樹這種常綠樹的種植上，臺灣於世界上占有獨特地位。樟腦這種化學商品藉由用水蒸餾樟木提煉而成，而在臺灣內陸高山上可找到樟木。十八世紀初起，蒼白的樟腦晶體就已是值錢的稀有藥品，因其具有藥性和芳香性。它被用於製作賽璐珞，用於驅蟲以及焚香、墓葬用途。到了十九世紀中葉，西方研究人員已發現樟腦也可用於製作爆裂物、人造象牙，以及膠卷、藥物、香水。該公司雇用技師研究將樟腦油化學合成為芳香族化合物，推動日本、西方大學間的技術交流。該公司利用樟腦油製作桉油、香草醛、萜品醇、胡椒醛、黃樟素和其他芳香族化合物，然後出口給日本、美國和其他國家的香精香料公司、藥品公司、顏料公司。

由於樟腦事業成功，由於頻遭控股公司接收，常務董事小野進一步推動成長和多角化經營，並在一九二〇年代初將這家鈴木集團關係企業重整為日本拓殖株式會社。這家新公司擁有數組土地，總面積超過兩千八百甲，涵蓋中壢郡十餘個村鎮，包括今日的桃園國際機場。一九二五年起，日本拓殖株式會社與五百多名當地農家簽訂了為期五年的贌耕契約，且與農業工人七百人簽訂了轉包贌耕契約。平均來講，該公司年租收入為六萬石米。但在一九二七年昭和金融危機期間，鈴木財團（日本拓殖株式會社的控股公司）受害於嚴重經濟衰退。事實上，一九二七年（裕仁天皇在位第一年）四月，日本拓殖株式會社和其最大債權人臺灣銀行同時宣告破產。就在這樣的背景下，日本拓殖株式會社在租約到期前就提議調漲其所有佃農的穀租。中壢佃農清楚公司財務有困難，同意升租。但幾個月後，公司又要求升租。

金融恐慌的災難擴及到經濟領域之外；不只使資本市場遇上麻煩，使資本家—財閥規避銀行法規，還使臺灣佃農日子更苦，助長社會動蕩，從而激使農組成員採取行動反抗該公司。有些佃農投注血汗改良了土地，已成為日本拓殖株式會社勞動力的一部分，也在中壢扎根，難以說離開就離開，因而不得不咬牙接受第二次升租。但另有些佃農認為鈴木控股公司主宰主要的營運決策，在公司治理上扮演關鍵角色，於是主張違反租佃契約之事應怪在鈴木財閥頭上，鈴木財閥應為自己犯的錯付出代價。此外，肥料價格漲不停，稻米價格則持續下跌，從一九二五年的每石十三圓降為一九二七年初的每石只有七圓。由於佃農沉重的經濟負擔和對佃租的強烈反彈，臺灣農民組合比以往更容易吸收艱苦度日的佃農入會。於是，簡吉派他的得力助手黃石順和其他幹部前去協助中壢佃農成立農民組合，維護無產階級的權益。一九二七年三月十六日，農組中壢支部在觀音庄舉行成立大會，立即要求日本拓殖株式會社根據原始契約減租四成。

一九二七年七月三日，中壢農民組合副支部長黃清江（年二十八）和會計黃蘭盛（年四十八）來到日本拓殖株式會社的事務所，要求減租。該公司董事小松不只駁回這項要求，轉過頭去還以未納租的罪名把七名佃農告上法庭。得悉日本拓殖株式會社已取得扣押權，可以名正言順扣押他們的穀物抵償拖欠的佃租，這七個佃農把穀物藏了起來。為表明其執行這項禁制令的決心，該公司以欺詐和妨礙司法公正的罪名向拖欠的佃農提起另一個訴訟，導致六人被捕。到一九二七年七月二十七日，六名嫌犯已被關在中壢、桃園的郡役所。

三天後的一九二七年七月三十日下午，眾多觀音庄佃農和二十幾名中壢支部的農組成員悄悄會合，決定衝進郡役所要求放人，但未能如願。在這緊要關頭，郡警察課長說農組可派代表來解決糾紛。中壢農組代表，在其支部長黃又安（年三十一）帶領下，坐下來與郡守談，黃又安立即表明三點：一、兩名遭拘留的農組幹部應予釋放；二、這次逮人是選擇性執法，意在力挺日本拓殖株式會社的主張；三、司法制度與資本家階級密不可分，因此由法院和警察來執法不可信任。郡守回應道，黃又安的指控沒有根據，沒有前例為證，然後威脅道，不管是哪種身分地位，只要違反或傷害法律的神聖性者，都要受罰。最後黃又安一行人毫無所獲離開郡役所。

數百佃農瞭解當局的不妥協和偽善，決定自行處理此事。七月三十一日早上十點，來自桃園、中壢區域的三百多佃農，帶著炊具、木炭、米、鹽、料理用油、蓆子，來到郡役所附近的空地埋鍋造飯，準備長期抗爭。他們打算在那裡紮營以示抗議。接下來幾天，直到八月十一日為止，愈來愈多看清事實的臺灣人，包括無所事事的青年，湧到這個臨時村落。在這同時，抗議者輪流在郡役所前敲鑼打鼓，高喊口號。最後，日籍律師古屋貞雄說服日本當局讓被拘留者保釋。他認為眼前的情況正是殖民地治理失靈的絕佳例子。於是，拘留者獲保釋，但對他們的扣押權仍未撤銷。[1]

一九二七年時，問題癥結乃是絕大多數臺灣人的日常飲食情況並不理想，從而催生出沒必要的社會動蕩。在地方的警察課長眼中，中壢事件似乎產生漣漪效應，因為中壢火車站的一百二十名鐵路機工，有八十名於六月十七日罷工，其他地方也傳來類似的示威和更頻繁的抗議。基於這些因素，總督上山滿之進於九月一、二兩日在臺北總督府召開全島警察會議。會中，上山訓斥下屬維護社會秩序不力，也告誡其執法機關官員勿好鬥生事，而應懂得以孟子所教誨的「王道」（而非霸道）治理臺灣。然後臺北州警務部長花了兩個小時報告臺灣的總體情況，也指出潛在生亂地點的分布情形。至於其他的待議事項，高階警官討論了中壢騷動是否是財團管理不當所導致的孤立事件，還是東京金融危機和連帶造成的臺灣銀行破產所導致的更嚴重、更大規模全島性動亂的前兆。接著他們著重於探討日益嚴重的佃農、勞動者糾紛問題的處理之道。一貫的原則似乎是日本警察應避免濫權不法，無論在任何情況下所作所為都不該帶有惡意。[2]

戰前日本對於公民不服從或反政府抗議幾乎絲毫不能容忍，尤以在朝鮮、臺灣這兩個殖民地為然。儘管在全島警察會議上總督做了上述指示且高階警官交流了治理之道，中壢、桃園兩地的執法機關不久後還是遭遇一群好鬥、頑固、不斷挑戰占領者威權的農組活躍人士。一九二七年十月——秋收之時——這兩個客家聚落都很不平靜，因為許多佃農若非付不起日本拓殖株式會社所強加的高佃租，就是不願付這樣的佃租。於是該公司地主提起訴訟，再度取得對收成穀物的扣押權，把穀物當成拖欠佃租的擔保品扣押在手。對佃租聲請扣押，意在彌補日本拓殖株式會社的損失，卻引發大騷亂。十一月九日，法院所指派的二十三名執達吏赴中壢各地執行扣押權，以「占有令」封住拖欠佃租之佃農的穀倉，這時約兩百名憤怒的農民尾隨他們，出言咒罵，法院令狀一貼上就被他們撕掉。但這些不法行為為該地區執法機關追捕農組行動家和散工（指控他們遊蕩和妨礙司法公正），逮捕累犯或棄保潛逃者，提供了藉口。於是，在十一月十日至十一日這短短二十四小時裡，來自臺北的兩名檢察官，帶領超過兩百五十名新竹州警察和保安人員到中壢，逮捕了總共八十三名擾亂滋事者，準備把他們送上法庭。在臺灣的社會運動史上，這一事件被稱作第一次中壢事件。[3]

一九二七年十一月二十四日，八十三名嫌犯，四十一人遭起訴，到了一九二八年三月三十日，已完成調查和取證。一九二八年六月十四日，在臺北地方法院第一訟庭，此案公開審理。臺灣農民組合請了以佐佐木為首的三名日籍律師，和古屋貞雄一起為被告做無償性辯護。日本律師團隊於預定的開庭日十天前來臺，六月十一日抵達中壢火車站，一千多民眾列隊歡迎。甚至為這三名律師辦了遊行和歡迎會。審理時，古屋指出這次事件的真正元凶是財閥，財閥不受約束操縱商業和壟斷資本市場，以及麻木不仁，完全不顧廣大人民的生計，才是這些社會騷亂的根本原因。他舉出具體例子，以說明日本拓殖株式會社一年不到即兩次升租一事，如何使危機的管理變成管理的危機。這位社會主義律師還進一步推斷，日本拓殖株式會社的錢，有許多錢投入能讓私人獲利卻對社會無益的投機活動。接著古屋懇請法庭在做出判決時運用進步、文明的法律。[4] 然後佐佐木暗示執法不當，太袒護財閥，暗示總督府未經應有程序隨意檢束、拘留臺灣人，藉此痛批殖民地政府立場偏頗。佐佐木完成辯方陳述後，令辯方律師團大為懊惱的，法官不只立即向旁聽者和被告家屬關起門，還立即禁止一名《臺灣民報》記者報導此次審理。另一方面，《臺灣日日新報》的記者、攝影師卻獲准留下，在場觀看整個審理過程。這正是佐佐木先生所抱怨的殖民地司法制度的雙重標準！最後，法官宣布三十五名被告有罪！[5]

殖民地政府的集體審判政策激起騷亂，但這一判決未止息農民對未來的疑慮，例如未來日本拓殖株式會社會不會再調漲佃租乃至撤底廢除贌耕契約的疑慮。古屋的法律操作空間極小，儘管他的確將此案上訴到更上一級法院。第二次中壢事件發生於一九二八年九月頭兩個星期裡。在這段期間，控方和辯方審查了新證據，重新檢視了證詞，反駁了對方的說法。法官宣判時，三十五名原來的被告，三十四名被判徒刑，只有一人倖免。其中，農組領袖黃石順和黃又安要被關到一九三〇年五月十五日。6

第一次中壢事件後，許多臺灣農組領導人準備挺身採取行動，但古屋憂心的是，殖民地司法按照法律條文規定維護社會治安與秩序，卻可能忽視了基本人權的重要層面。古屋一再批評日本司法制度，但中壢事件後，他的批評變得特別有針對性且直截了當。他想約束執法人員的權力，於是勸他的日本律師同業關注英美人士所謂的「正當程序保護」。因此，一九二八年五月二十四日，臺北弁護士會通過以下決議以確保司法誠信：一、關於刑事案，如果證據不足，不該讓檢察官先拘留嫌犯再蒐證；二、嚴格監督執法人員，務使其於拘留嫌犯時不濫權；三、應對警察的拘留期設限，當辯方律師要求開庭審理時，所有相關記錄立即交予法院。7

在這同時，日本拓殖株式會社和殖民地政府著手安撫客家農民的情緒，同時試圖分化加入組合和未加入組合的農民。例如，一九二八年二、三月，該公司從其兩千八百甲地裡挑出一千甲，提出下列獎勵方案：一、凡是找到新農民贌耕上述土地中的一甲地者可領到五圓佣金；二、凡是想更換地點，移到上述土地的贌耕農，可領到三十圓獎金；三、每甲一年的佃租訂在二十七石米；四、凡是栽種蓬萊米（營養成分高、可口、富黏性、產量高的新混種）的佃農，都會給予每甲八塊豆粕、四袋肥料的補助。[8]花生、大豆榨了油之後，豆渣會壓碎製成豆粕，供施肥和牲畜食用。臺灣的豆粕普遍用於餵養養殖魚和豬，以及替移植到稻田前的稻苗施肥。日本拓殖株式會社的獎勵措施很誘人。臺灣總督府的官員則輪流拜訪中壢、桃園兩地區的農村，表示願透過官方所批准成立的業佃會調解與農業有關的糾紛。事實上，一九二八年七月九日，就有幾個農組成員，在日本官員慫恿下，宣布解散農民組合桃園支部。不到一個月，總督府即試圖以同樣辦法解散中壢支部，隨之引發另一場騷亂。

一九二八年七月十七日，中壢騷亂事件期間，臺灣農民組合五名高層領導人（簡吉、趙港、彭宇棟、張行、陳崑崙）至總督府，欲面見第十二任臺灣總督川村竹治（一八七一～一九五五，一九二八年六月至一九二九年七月在任），希望向其簡短說明中壢、桃園兩地農民的工作、生活情況，也想請他約束警察。這位原是貴族院議員的總督以公務繁忙為藉口，指派他的秘書官平島代為接見。平島問簡吉臺灣農組的目標為何，簡吉答道：「目前只要求確立佃農的基本權利，以保障他們的生計，使他們家能有食物上桌。」簡吉還說農民組合不是危險或煽動性組織，其目標是讓農民享有尊嚴，但政府不重視農組的原則和綱領，也未真正理解臺灣既有佃租制度的情況，於是地方當局極力排斥農組成員。平島專注聆聽，說有兩件事政府無法容忍，一是階級鬥爭，一是民族主義運動。平島不認同階級鬥爭和民族主義主張，但還是答應只要是合理的要求，都會受到用心的考慮和適當的處理。離開總督辦公室之前，簡吉向平島遞交了一份請願書，其中列出六項具體要求，大部分與執法人員的執法過當有關。值得一提的，簡吉與平島的對話幾乎一字未改刊登在隔天的《臺灣日日新報》上（一九二八年七月十八日，第一〇一四四號）。[9]

但十四天後，受惑於日本拓殖株式會社所提出的誘人、不實獎勵措施，五十五名有了貳心的農組中壢支部成員（該支部共有成員八百人），在中壢支部事務所召開臨時會議，片面通過解散該支部的決議。趙港一得知此事，大為光火，因為當初是他和許多同志挨家挨戶拜訪，遊說數百佃農加入這組合，才有這個維護佃農權益的組織。如今一小撮有不同看法的叛徒，上了日本拓殖株式會社的當，背棄了組合運動的誠信原則。趙港立即請古屋貞雄和侯朝宗向臺灣總督府強烈抗議。古屋見了總督府總務長官河原田，請他懲戒不斷破壞農民運動的中壢官員。結果同樣是狗吠火車。

一九二八年八月九日早，簡吉與他的數名下屬聚集於中壢支部事務所，試圖將支部牌匾放回事務所正門，還是遭警察拆下。在這緊要關頭，中壢郡當局另派十六名警察前去保護附近的新坡派出所。農組領導階層招集兩百多位組合員，衝進該派出所的內庭，叫囂、咒罵、丟石頭，爆發混戰。[10]但由於現場沒有新聞記者且當局不准報紙報導此事，直到一九二九年五月十五日，政府在臺北某審判庭上撤銷對此次逮人事件之詳情的禁止報導令，真相才在九個月後為外界所知。一貫詆毀農組領導階層的《臺灣日日新報》報導此事時，刻意淡化法院一再犯錯之事，只刊出官方對此事件的說法。[11]這就是後來人稱的第二次中壢事件。三十五名嫌犯遭拘留禁見了很長時間，出庭受審前受到肉體、心理上極端的折磨。

第二次中壢事件的公開審理始於一九二九年七月十三日。檢察官松村指控被告暴力傷害、妨礙司法公正。他把這事件歸咎於農組對現狀的仇視和該組織的無產階級鬥爭綱領，以及該組織不斷提倡其他的社會主義濫調。古屋貞雄則在其兩個小時的時間裡力陳，警方強逼少數農組叛徒違反農組規約解散支部，才是這起事件的真正肇因。在口頭辯論中，暴力傷害的指控是重要的爭執點之一。審判長堀田小野審查過雙方所提的訴訟要點並聽取證人證詞之後，裁定此事算不上是暴力傷害（重罪），而應認定為妨礙司法公正（輕罪）。但檢察官迅即指陳有些被告是累犯，應以重罪論處。最後，法官下令釋放十四名遭拘留者。至於另外二十一名當初混戰時人在新坡派出所者，他則裁定還押候審。法官似乎要藉此表示他依法公正裁定此案。最後，法官堀田宣布七名被告無罪，其他十四名判處三至六個月不等的刑期。檢察官和以古屋為首的辯護團隊都決定不上訴。[12]

第二次中壢事件後，官方成立的業佃會積極調解農村的租佃糾紛和契約糾紛。然後，一九二八年作物豐收，年產量比多事之秋的一九二七年增加了一成多。據政府發布的統計數據，在下一年（一九二九），業佃會受理的爭議案只有一百二十四件，其中一百一十六件透過調停解決，只有八件未解決。[13] 情況顯示農民組合為提高補償和改善工作條件而向大企業、地主抗爭，已促使政府著手解決這些紛爭。

臺灣農民組合第二次全島代表大會

第二次中壢事件案還在審理期間，其他熱心的農組成員已在為一場更值得喝采的全島代表大會做準備。早在一九二八年九月，臺灣農民組合就寄了一份修正過的規約到大阪尋求意見和認可，特別是擬議中與改組過的情報部和新設的青年部、婦女部、救濟部有關的條文。信中還說一半的中央委員遭監禁，前後已有兩百名組合員入獄，因此需要補充農組的人力和資金。[14] 然後，一九二八年十二月三日，臺灣農民組合又向日本農民組合發去一封信，告知即將召開的第二次全島大會的日期和展望，請大阪總部發來電報或派來代表參加這一年度盛會。一天後，又向大原社會問題研究所（日本農民組合的研究機構，也位在大阪）發出類似的邀請函，敦請該機構派人來臺，由此可見臺灣農民組合有多倚賴日本人的支持。[15]出於某種原因，日本農民組合和大原社會問題研究所都未派代表出席臺灣農組大會，但古屋貞雄繼續擔任該組織的首席顧問。

一九二八年十二月三十日早，簡吉站在旗海飄揚的樂舞臺的戲臺上，向一百六十二名歡欣鼓舞的代表（隔天增加為一百七十四名）、二十餘位貴賓、約四百名旁聽者，鄭重宣布臺灣農民組合第二次全島代表大會開幕。與會人數不如第一次大會，但與會女性變多，支部旗子變多。此外，在會議第一天，宣讀了四十多通表達祝賀、支持之意的電文（布施辰治的電報和來自日本的另外四份電文於第二天送達）。一百六十二位代表推舉才二十五歲的簡吉為大會書記長，楊春松（臺共黨員）為議長，蔡瑞陽為副議長。此次大會一樣以傳統儀式和演說開場，但方向和措詞不同於第一次。大會的總主題是確保佃農享有足以生存的工資和打擊資本家階級的貪婪、剝削，但較激進的代表談到要用暴力手段帶領勞動階級踏上平等之境，同時要把蘇聯當成祖國來擁抱。然後諸位代表聆聽各委員會的年度報告。針對農組的組織，張行報告道，有二十七個支部，會員兩萬四千人，其中只有一萬兩千五百四十三人繳了會費。按照規約，每六十四個繳了會費的會員可選出一代表出席代表大會。一九二七年間，中央委員會召開了五次委員會會議、與四個地區聯合會共同召開了一場以佃農糾紛為題的會議、與四個地區性聯合會共同召開了兩場中央委員會會議。下一場報告，由侯朝宗提出，令人心情為之低落，因為他說：一、擬議與日本、朝鮮的農民組合組成統一戰線一事未能實現；二、欲與臺灣其他組織組成統一戰線的計畫也未如願；三、總部為各支部擬的「情報報告」，在過去一年裡遭沒收了三十三次；四、未加入組合的蔗農與加入組合的蔗農步調未能一致；五、桃園、中壢兩地的支部遭統治階層解散。[16]

這時，已有幾個著名的農組成員兼有臺灣共產黨員的身分；此外，共產國際代表渡邊政之輔最近在基隆遇害一事（一九二八年十月上旬遭一刑警殺害），揭露了臺灣農民運動與國際無產階級陰謀有關連。有鑑於此，極憂心社會抗議浪潮席捲臺灣的殖民地當局，決定強化此次大會的警力部署。事實上，第一天的集會被迫於午後七點前解散，第二天的集會始於十二月三十一日早上，任何進出會場者都得出示有效證件，有些代表，包括女性，甚至遭搜身。與會者和農組成員裡似乎出現裂痕，而原因主要出自意識形態歧異。激進派和溫和派爭奪領導權的跡象非常清楚。但大會還是選出十六位中央委員和十位候補委員（大部分身陷囹圄）。然後從十六位中央委員中選出五位常任委員，構成權力中樞。大會也重整農組組織，增設四個部（產業部、婦女部、救濟部、青年部），加上本來的各部共十一個部。事實上，分裂對立非常明顯，因為新設的四個部全由臺共黨員主掌。在左派陣營裡，二十七歲的謝雪紅，接受人在莫斯科的片山潛指令，擬了新的農組口號，例如「臺灣被壓迫的民眾團結起來」、「擁護工農祖國蘇維埃」、「全世界無產階級解放團結」。在右派陣營裡，侯朝宗繼續其隨興作風，從商人李天生（一九〇六～一九八四）之類小資產階級那裡求取金援。農組創辦人簡吉仍掌控全局，督導農組運動，但面臨更嚴峻的挑戰。原因之一是有些最初支持農民運動者，尤其是臺灣文化協會的成員，被共產主義意識形態嚇到。這些人曾用目光鎮住本地日本警察，贏得臺灣人民的尊敬。其中有些人，例如慈善家林獻堂、蔣渭水醫生、《臺灣青年》主筆蔡培火和替二林事件被告辯護的律師，對任何與布爾什維克有關的事物都極反感，厭惡社會混亂和武裝衝突。此外，沒有證據顯示對日本殖民統治的日益失望已轉化為對無產階級革命的熱情和群眾支持。事實上，一九二九年時農組會費收入已開始減少，使該組織很難發動全島性運動。

共產黨員滲入臺灣農民組合

誠如在第二章裡討論過的，一九二〇年代，許多在日臺灣學生為了讓自己故鄉有更美好未來，開始研究馬列主義。日本經濟學教授，例如京都大學的河上肇（一八七九～一九四六）和早稻田大學的佐野學，不只把馬克思主義思想介紹給他們的日籍學生，還積極吸收臺籍學生加入他們的左派運動。佐野擔任日本共產黨政治局書記時，吸收了臺灣人蘇新（東京外語學校）、陳來旺（成城學院）、林添進（日本大學）、何火炎（早稻田大學）、林兌（日本大學）加入日本共產黨，在創立臺灣民族支部上有其貢獻。臺灣民族支部為日本共產黨的地下支部，以陳來旺為支部領導人。一九二八年十一月二十九日，林兌返回臺中大甲家時，帶著日共的「農業解決辦法指示」，將它交給臺灣農民組合的中央委員會。這項「指示」旨在將臺灣農民組合與共產組織整合為一，以及成立國際合作、婦女、救濟、青年這四個新部和發行農組機關報。但一九二八至一九三一年間，日本政府祭出治安維持法，執行全國性的安保監視，導致數百共產黨員和激進社會主義者遭集體逮捕、定罪。有些旅居日本的臺灣共產黨人毫無防備，被抓入獄。但他們還是想辦法和臺灣農民組合的成員保持聯繫。根據陳來旺從東京囚房寫的一封信，我們瞭解到海外臺灣共產黨員和島上同志之間的關係。（這封信未指名收信者）：

> 貴信和金圓確已入手了，貴芳志實要感謝的，但受於艱難飢餓和惡戰苦鬥的諸君的差入錢，是倒覺心苦的，以後若要給我的金項，望將這做鬥爭基金，我們對諸君所求的不是金錢，是諸君所激起的鬥爭一件一件及組合員一人一人的增加；那麼這才是給我們最上的贈物呢！受著不斷的襲擊致同志很少，而工作不得如意……。日本的監獄雖然是像西伯利亞的寒冷，但是諸君始終被投的臺灣監獄是像焦熱地獄同樣的暑熱，結局是同樣的。這些的苦痛若耐不得是退卻去較好。總是希望你們安

心！我是甚健在地待出獄後，即時和諸君共同工作！

一九二九年四月四日，東京市監獄，陳來旺筆[17]

在臺灣的農民運動史上，一九二五至一九二八年這段期間較為平順，儘管有些次要的小衝突、抗議、失策。另一方面，一九二九至一九三四年這段期間，臺灣的農民運動遭遇各種橫阻，因為殖民地當局嚴加管制社會運動，而且共產國際代理人強行擠入農組領導階層，把農組這艘船帶上觸礁之路。他們不斷指示修正航向，實際上卻未改變農組的方向。結果，原本的支持者擔心共產黨人對階級鬥爭和無產階級革命的熱衷，會把社會帶到深邃、危險的水域，其中許多人是小資產階級和溫和的農組成員。在這樣的情況下，農組不只陷入內鬥的泥淖，還面對一個決意將任何被裁定違反治安警察法（一九〇〇）、治安維持法（一九二五）與／或臺灣出版規則的人提起公訴的政府。臺灣的社會運動因此受到重創。

一九二九年二月十二日，臺灣農民組合十名重要成員被以違反臺灣出版規則的罪名起訴，其中三人來自臺南。此外，另有十餘名臺南的農組幹部也被當成候審的「嫌犯」，拘留在警局。侯朝宗於一九二八年二月一日創立東石支部時，入會者超過六百人，但到了一九二九年春，會員已減到只有三百五十人。曾任全島大會議長和中央委員長的黃信國，宣布退出農組，重創南部的組合運動。在中臺灣，隨著原有的熱情轉為冷漠，也出現類似情況。新竹州的湖口庄農組支部（成立於一九二七年六月二十一日），瞭解到全島的組合運動已被共產黨大舉滲透，於是在一九二九年七月三十日宣布解散，燒掉與組合運動有關的文件。有兩百五十名會員的農組員林支部（成立於一九二八年八月二十六日），受到來自數個方面愈來愈重的壓力，一九三〇年九月二十五日舉行其年度大會時，只有五十人出席。根據《臺灣民報》的一篇報導，出席的五十人中，二十人是組合員，剩下的三十人全是警局便衣刑警或與政府有關的人。雖然不到法定人數，大會還是繼續開，並以該支部無力還債為由，宣布解散該支部。該報進一步揭露道，後來，資產階級和一些有錢有勢的日本人捐款，協助員林支部還清了債務。[18]

由於會員減少，會費收入變少，臺灣農民組合在召開第二次全島大會之前就已破產。總部辦公室的房租無法準時繳付，簡吉和他在臺中總部的工作班子不得不只靠基幹人員維持總部運作。一九二九年二月十八日，有個地主甚至為了向農組催繳房租告上法院。一九二九年六月起，總部被迫一再搬遷。一九二八至一九二九年間，臺中總部的人員被趕出房子數次，為了執行業務和維持對外通信一再更改地址。[19]根據現存的資料，臺灣農民組合的預算如下：

表 5 1927 年臺灣農民組合的收入

項目	金額		摘要
	（圓）	（錢）	
會費	1,232	10	01/01/1927-10/31/1927
雜收	321	55	支持者的捐款
合計	1,553	65	

1927 年臺灣農民組合的支出

項目	金額		摘要
	（圓）	（錢）	
事務所費	702	65	租屋、電力、報紙雜誌訂閱、消費品等
通信費	138	59	各種聯繫，包括通信
備品費	99	30	多種
旅費	1,292	03	公務出差開銷
合計	2,232	57	赤字（-678.92）

資料來源：*Archives of Taiwan Tenant Union Headquarters, B group*, “International Department,” 84-85.

表 6 1928 年臺灣農民組合的收入

項目	金額		摘要
	（圓）	（錢）	
會費	6,000	00	會員三萬，繳會費者兩萬；每人30錢
雜收	300	00	印刷品販售所得等
合計	6,300	00	

1928 年臺灣農民組合的支出

項目	預算額		細項	預算額		摘要
	（圓）	（錢）		（圓）	（錢）	
事務所費	4,060	00	人事	960	00	共10人，每人每月8圓
			房租	400	00	房租、污水處理費等
			備品	200	00	
			出差	800	00	
			事務所修繕	400	00	
			印刷	400	00	
			通信	400	00	
			炊事	400	00	
			雜支	100	00	
會議費	550	00	大會	250	00	
			中央委員會	200	00	
			其他委員會	100	00	
特別活動費	600	00				
臨時費	863	92				還債
預備費	226	08				
合計	6,300	00				

資料來源：*Archives of Taiwan Tenant Union Headquarters, A group*, 159.

值得一提的，臺灣農民組合六千三百圓的年度預算，大概相當於辜顯榮「公益會」一星期的收入。公益會是地方鄉紳和有錢人組成的會社，不時在臺灣大城市辦「慈善」募款會募款。營運經費的不足，迫使簡吉一再向支部和支部會員求救。其中一封求救信，日期註明為一九二九年十一月五日，懇求全島各地組合員送來金錢或米食，以維持農組運作。幾天後，總部再發出一封「財政危機」求救信：[20]

組合員諸君！在這資本主義／帝國主義殖民政策（搶）奪深踏下，尤其是帝國主義戰爭切迫的現（況）下，我們的路只有二條——死或是鬥爭而已！我們斷不可自（卑）自侮，我們是天利，只有鬥爭。是的！大眾的鬥爭一路可跑吧了！但是戰爭是不可缺乏軍糧，沒有軍（糧）是不戰要自敗的。鬥爭是（與）戰爭同樣的，沒有軍資我們的鬥爭是不能徹底的！然後鬥爭不能徹底，不能展開，我們的勝利從何得達到呢?鬥爭是我們勝利的約束著確信者呀！組合員諸君！明白了嗎?最後的勝利是我們的，要早些達到我們勝利須要猛勇展開我們的鬥爭。要展開我們的鬥爭，須要確立我們的財政充實我們的軍資！財政確立萬歲！！！

這封信的標題是「組合員諸君！組合費納了否！？」農組聲稱有三萬會員，但那一數字掩蓋了真實情況。由於沒有其他關於總會員數的資料，很難得知會員的人口組成。但可以合理的推斷其中五至六成是十八至三十歲的年輕男性，而這個年齡層的人往往是有多少花多少且／或手頭拮据。我們也不清楚管理農組資金的幹部的性格和本事，不清楚來自俄羅斯和日本的外來補助是否繼續找到秘密管道送到臺灣。無論如何，這封求救信應可視為苦日子即將到來的先兆。

到了一九二〇年代晚期，共產主義已是造成日本境內動蕩的重要因子。一九二八年三月十五日，日本政府祭出一九二五年治安維持法等法令，在全國各地和朝鮮、臺灣這兩個殖民地，逮捕了一千五百多名涉嫌加入日本共黨者和支持他們者。治安警察法第十七條規定，「凡是以強制、暴力、威脅、中傷或煽動為手段，勸說勞動階級或與勞動階級商議，使他們參與群眾運動者，都會受罰。」治安維持法第一條則規定，「凡是以徹底改變國體或否定私有財產制為目的結社者，或凡是加入此類會社並完全知情其目的者，都會被判十年以下的勞役刑或禁錮刑。凡是欲犯下前項之罪行而未遂者，也會受罰。」但日本的刑法裡還是有操作的空間。例如一九〇〇年治安警察法未禁止罷工，或未禁止勞動者成立組合。這些規定措詞含糊，因此法律給了警察很大的自行裁量權。此外，一九二五年治安維持法未賦予檢察官索取任何政治組織或社會組織之會員名冊的權力。古屋貞雄以其國籍和職業為保護傘，強調臺灣農民組合不是政治組織，而是「公共事務組織」——因而執法機關無權掌握該組織人員名冊——想藉此規避各種與治安有關的法律。如果執法機關過度施展其權力，強行扣押臺灣農民組合的會員名冊，將違反刑法第一九三條，也就是「濫權」。由於這一法律解釋和其潛在的效應，在臺的日本執法機關選擇以「妨礙司法公正」和「違反出版規則」對付臺灣的農民運動。

一九二九年一月三日，臺灣農民組合召開秘密中央委員會會議，議決印發馬克思的《共產黨宣言》，隨後將這部共產主義聖經和「臺灣農民組合宣言」一起分發到各個支部事務所。臺灣總督府警務局得知此事，即在一九二九年二月十二日以迅雷不及掩耳之勢突襲二十八個支部事務所和五百個臺灣農民組合重要組合員和支持者的家宅，沒收了三千多份文件，然後逮捕了五十九人，包括擔任該組織中央委員長的簡吉。這些人以涉嫌違反臺灣出版規則遭拘留。此外，約兩百名共產黨人和激進左派分子，涉嫌違反治安維持法第一條，也遭拘捕。一組來自臺北的日籍高階檢察官迅即前赴臺中，仔細檢查用麻柳編成的五十個小提箱，警察從全島各地查扣得的文書資料全在其中。

與美國的起訴程序不同的，這裡沒有大陪審團；事實上，這些檢察官審閱相關文件和資訊，以決定證據是否足以將某個嫌犯送上法庭，然後提出證詞形態的證據。在戰前日本的刑事案裡，檢察官常傳喚可能成為證人者作證；通常這些可能成為證人者在強迫和威脅下提出證詞，沒有律師在場。五位著名的日籍檢察官，花了六個星期檢視與這場所謂的「二一二事件」有關的文件，然後以違反臺灣出版規則的罪名起訴簡吉等十二名嫌疑犯。殖民地當局欲鎮壓可能動搖帝制日本之權力的任何組織，而將組織鬆散的農民組合裡的簡吉等人起訴，乃是這一鎮壓行動的一部分。接著，第一次審訊排定於一九二九年七月三十日於臺中法院第一訟庭，第二次審訊則排定於同年八月四日。兩次開庭，法庭裡的旁聽席票券全賣光，因為有數百名組合員和關心此事的臺灣人想在場旁聽。日本農民組合派了兩名律師（安保、島本）前來協助古屋貞雄，替簡吉等人辯護。

檢察官指控簡吉和他的組織散播馬克思主義，煽動島民顛覆既有社會，助長階級鬥爭觀念；要求庭上對每名被告課以至少一年的刑期。至於辯方，兢兢業業、口才便給、善於辯護的安保律師指出，馬克思主義出版品和臺灣農民組合宣言書，在日本都是合法的印刷品。因此，在日本合法的這些材料，在臺灣怎會犯法？此外，這一出版法在帝國議會裡尚未經過完整的司法審查。再者，並沒有截止期。因此，指控違反了這一尚待商榷的法律一事，不該成立也無法成立。古屋在解釋何謂「激進」時措詞較深奧，但同樣具說服力。他主張馬克思主義不是社會問題的根源，並舉這個殖民地社會的弊病來證明臺灣農民組合的綱領正當有理，證明簡吉理該無罪釋放。審判長新村似乎被辯方律師的論點說服，宣判時只判簡吉四個月徒刑；侯朝宗等人兩個月徒刑。簡吉等被告已被拘留超過一百二十天，因此他們獲緩刑釋放。但檢方不服判決，立即上訴。[21]

臺北高等法院排定一九二九年十二月二十日公開審理「二一二事件」被告。在這將近五個月的空檔裡，雙方準備訴訟要點，提交法官堀田小野。辯方團隊向庭上問了以下問題：「怎可能有人在未說服佃農同業加入的情況下組成農民組合——因為前者，成立組合的權利，屬合法，但後者，吸收新血加入組合的權利，不合法？」他們進一步指出，在日本，警察很少用治安警察法第十七條對付組合運動。檢方則揭露新證據，證明臺灣農民組合充當已遭禁的日本共產黨的掩護組織，以遂行其改變日本在此島殖民統治的陰謀。審理期間，侯朝宗向法官陳情道，用來起訴他的證據，沒一樣站得腳。侯朝宗甚至表示，除了法庭的判決，還會有法庭外人民的判決。其他被告全都否認看過「臺灣農民組合宣言」，因而對其內容一無所悉。簡吉則決定一肩攬下所有罪責。他告訴法官，那份文件他純粹為了「存檔備查」而擬，沒有散發之意，因此他並未違反出版規則。然後法官問簡吉為何投身組合運動，簡吉答道，因為他看到為壓迫、強勢的蔗糖財團賣命的佃農的困境，於心不忍，且由於他所教學生生活的困苦，於是決定為窮人的正義與尊嚴而奮鬥，決定糾正不公平的現狀。簡吉接著說，「然而當局不能了解農民的苦哀，反加種種彈壓……。」這時，法官堀田小野認為簡吉在自吹自擂，把自己當演講者般高談闊論，於是要他閉嘴，然後就何為正義與正道教訓了他一番。堀田這位很受敬重的日本法學家說，在他的書裡，「懲罰、嚇阻、改造」是刑罰的重要理由。

審理進行了整個白天直到晚上，最後審判長宣布裁定和判決。首惡簡吉判一年徒刑，自宣判這一天開始服刑。蘇清江（二十三歲）、江賜金（二十四歲）、張行（三十一歲）、楊春松（三十一歲）各判刑十個月。後來，新婚的楊春松棄保潛逃到中國大陸。其他的被告（包括侯朝宗），全都緩刑五年。緩刑的判決大概是事先談定的認罪協商結果，意味著檢察官同意此判決。古屋貞雄清楚日本境內共產黨員遭大規模入獄之事，清楚日本政府的決心，於是決定不上訴。[22]

在監一年期間，簡吉勤寫日記，從中可看到囚犯的日常作息。簡吉被移監到臺中監獄後抱怨獄中伙食和囚牢環境，說他身心都已到崩潰邊緣。為不讓精神垮掉且為打發時間，簡吉請友人寄來書籍，從世界史與世界地理，到日本法律法規辭典，到基督教的起源，地球的起源等等，種類繁多。將農組的核心領袖，特別是農組創辦人簡吉入獄，很顯然使農組的日常運作大受影響。有些重要人物苦惱於政府的肅清行動和農組領導人的入獄，但有許多見過大風大浪的組合員困擾於農民運動的方向遭許多共產黨員把持，結果就是老一輩且較看重傳統的組合員，包括蔣渭水醫師、蔡培火、鄭松筠和其他許多有名望的臺灣人，退出農民運動，不再參與臺灣文化協會的活動。於是，臺灣文化協會漸漸由常規組織轉變為遭邊緣化的組織——新臺灣文化協會。在這同時，殖民地政府著手反制，在全島各地推動並補助業佃會的成立。於是直到一九二九年底，臺灣農民組合都未召開第三次全島大會；會員數銳減的農組未吹喇叭、放鞭炮慶祝一九三〇年新年；也沒有多彩多姿的遊行。誰都看得出，農組沒了簡吉掌舵。

但古屋貞雄堅定一如以往，大部分農組支部仍完好。一九三〇年四月十日，在農組總部，有人發了一封電報祝賀日本農民組合的年度大會，保證繼續為弱勢佃農合作、抗爭，同時向他們的日籍指導者，特別是山上武雄先生，問好致意。一九三〇年下半年期間，數個地方支部向一貫的抗爭對象發動了零星的抗議：七月三十日，曾文支部動員三百會員要求製糖會社改善工作條件，提高甘蔗價格；八月一日，一百六十人出席了屏東支部所辦的反戰大會；九月二十二日，臺南州聯合會召集一千多農民抗議曾文水庫當局調漲灌溉用水費；十月，數個支部舉行緬懷日籍共產國際代理人渡邊政之輔的儀式；十月二十五日，張玉蘭女士走出臺南監獄，一千多名組合員在場迎接，而與警衛起了小衝突；十一月七日，三百名臺南州聯合會的會員，加上六百名高雄州聯合會的會員，聚集慶祝俄羅斯一九一七年布爾什維克勝利紀念日；十一月間，巡迴演講隊在數個郡重新展開其活動；最後，一九三〇年十二月二十四日，簡吉走出臺中監獄，由於營養不良，看來有點弱不禁風。[23]

左右派內鬥

臺灣農民組合的激進化，不可避免導致臺灣文化協會的分裂，而由於許多臺灣文協會員兼具臺灣農民組合成員的身分，臺灣文協內部的嚴重分裂最終削弱了臺灣的農民運動。誠如前幾章裡討論過的，日本共產黨的創黨人山川均深信，臺灣需先經歷工農的資產階級—民主主義革命，才能走上社會主義革命。這也是一九二八年共產國際提綱的主張。但到了一九三一年，受共產黨員支配的臺灣農民組合已完全棄絕山川的路線，宣布臺灣資產階級未能免於向帝國主義、民族改良主義讓步妥協，因而不是革命勢力，而是革命障礙。新領導階層堅稱只有無產階級能領導工農完成革命任務。問題是許多最熱情支持農民運動者來自資產階級。甚至可以說臺灣的組合運動最初是由受資產階級控制的臺灣文化協會構想出來，建立起來。兼具農組成員、文協會員身分的連溫卿，自稱山川主義的發言人，高調宣傳山川所主張在臺推動漸進社會革命的路線，因此和另外一些臺灣文協的會員被冠上改良主義者、托洛茨基主義者之名，遭逐出農組主流。[24]

激進派與改良派之間的裂痕，首次出現於一九二八年夏連溫卿公開揭露某些臺灣文協會員的共產黨員身分之時。到了一九二九年夏，隨著較年輕、較激進的會員控制了臺灣文協的領導階層，裂痕變成決裂。裂痕的最早跡象，出現於臺灣農民組合的中央常任委員表決通過開除連溫卿（代表臺北）、謝進來（員林）、楊逵（斗六）、楊逵妻葉陶（彰化）之類著名會員之時。後來，激進派在《臺灣民報》發表文章，指控「改良主義者」和「托洛茨基主義者」犯了政治罪。謝進來、楊逵、葉陶不服，發出抗議，在數份刊物裡刊出長文反駁。以下為節錄：[25]

同志諸君：我們已向奉派的職務報到，準備執行我們的任務，也就是為實現無產階級解放的目標奮鬥。但怪的是我們也得知我們已於（一九二九年）六月二十四日遭逐出農組。不過，那些與驅逐我們有關的指控、聲明、信件、電話、謠言會使許多同志不由得嘆息，不解總部是怎麼回事。以下提出幾點，供諸君自行判斷。

為何我們奉派就任的支部事務所未獲通知將我們開除之事？為何直到目前為止中央委員會仍不願公布做出這一不合理決定的那場會議的議事錄？

為何討論如此重要的事情時候補中央委員未獲准與會？「破產的孟什維克理論」、「托洛茨基主義」、「反動分子」這些字眼所指為何？

所謂的「陰謀」、「出賣敵人」之類說法都是謊言！

「楊貴（楊逵本名）沒從事體力勞動，因而是反動分子」的指控太荒謬！（楊是個多產職業作家）。

根據趙港的報告，東石支部發出抗議書，反對楊貴的反動著作，但中央委員會不願透露是誰提交抗議書！

我們得澄清謠言和中傷，捍衛自己的清白，竭盡所能維護團結。在暴力壓迫日趨嚴重之際，最重要的事乃是統一戰線。凡是想擾亂統一戰線者，都是有害我們階級的。農民組合是人民的組織，也是教授馬克思主義的學校。這個組織應容納所有反剝削者。我們在此學到馬克思主義思想，沒有人該被排除在外。以下是我們的任務：一、反對驅逐意見不同者；二、化解因鬥爭產生的分裂；三、給予批評的自由和公開的理論辯論；四、尊重民主，反對官僚式任命委員；五、反對閉關政策。

楊逵和連溫卿試圖挽救他們在組織裡的地位，導致激烈的言語交鋒和混亂。農組領袖遭集體逮捕，加上連溫卿、楊逵等「改良主義者」遭開除，震撼全島，使組合員人數降低，從一九二八年高峰時的三萬人減為一九三一年時的幾千人。在這同時，資產階級分子成立「臺灣地方自治聯盟」，以壓制危害臺灣未來的激進化行徑。臺灣地方自治聯盟於一九三〇年八月二十一日在臺中正式成立，由戰前臺灣社會的上層人士組成，例如有錢地主楊肇嘉（一八九二～一九七六）、名律師蔡式穀和鄭松筠、林獻堂助手葉榮鐘（一九〇〇～一九七八）和其他三百七十名成員。這個聯盟提倡普選和民選地方議會，但聲明無意於階級鬥爭或從事違法之事。這個聯盟的最終目標無疑是臺灣地方自治。不到一年，這個新組織的會員數就增加為三千三百人（部分為日本人），支部從十個增加為十四個。到了一九三五年，臺北、新竹、臺中、臺南、高雄五個州也都成立地方議會（臺灣殖民歷史上頭一次），充當地方政府的諮詢機關。但據楊肇嘉所述，一九三五年選舉時，只有兩萬八千九百五十二名臺灣人有資格投票，日籍合格選民則為三萬九百六十九人。於是，一百七十二個地方議員裡，有半數議員是官派（日人六十、臺人二十六），一半是民選（日人四十九、臺人三十七）。只有年繳稅五圓或五圓以上者才有投票資格，因此獲選入議會者，日人比例高於臺人。[26]

由於臺灣農民組合和臺灣地方自治聯盟交惡，後者的壯大已對前者和其附屬組織新臺灣文化協會的運作、發展構成新威脅。於是，臺灣地方自治聯盟每次辦公開集會（這些集會每次皆以日語進行），左派團體都前來搗亂、騷擾。諷刺的是每次發生衝突、騷亂，都由日本警察出來維持秩序，充當雙方陣營的和事佬。除了彼此惡言相向、爭吵，雙方還利用新聞媒體和其他刊物打筆仗。例如，臺灣農民組合發文痛斥臺灣地方自治聯盟，稱後者為「日本人走狗」、「資本主義的奴隸」、「反動團體」，只懂得用「妥協、哀願、建議、叩頭」這些沒骨氣的作法與壓迫人民的帝國主義統治者打交道。然後這份痛批臺灣地方自治聯盟的聲明書，懇請工農、無產青年、弱勢民眾起來抵抗，把他們打得粉碎。[27]

臺灣總督府最後讓步，接受該聯盟讓島上居民（包括日本人和臺灣人）在州級治理上有發言權的要求，且該聯盟有充沛的物質資源，辦了有充足財力為後盾的活動，但臺灣地方自治聯盟還是未能贏得民心。一如臺灣農民組合的下場，這個在組織上不如其對手臺灣農民組合健全的聯盟，在中日戰爭爆發後不久的一九三七年七月被迫解散。臺籍作家和自治運動行動家王育德，把一九二〇、三〇年代臺灣人的社會、政治運動稱作狂飆運動（sturm and drang），因為那些運動的領導人不是身陷囹圄，就是被迫流亡。總之，臺灣人的政治運動未有當下具體可見的結果，因為日本殖民統治整整五十年，只有四個臺灣人獲選入貴族院，一九三四年的辜顯榮和二次大戰快結束時的另外三人。[28]

臺灣農民組合運動的創立者簡吉，一九三〇年聖誕夜獲釋之後回家休養，但知道未來有個艱鉅任務待他完成，那就是把臺灣的農民運動帶離合法、平和的模式。他深切認識到，只有透過亞歐境內衝突升高為另一場世界大戰，臺灣才較有可能實現正面改變。這時他的思想已更往左偏，大概認定共產黨站在歷史對的那一邊。換句話說，要推進臺灣的農民運動，除了武裝流血革命並把島上的農民運動與世界布爾什維克革命掛鉤，別無他途。一九三一年新年後，簡吉立即在嘉義郡竹崎庄找到一個召開擴大中央委員會的好地方。經過三天的商討，臺灣農民組合議決支持臺灣共產黨，從而願意成為共產國際的第五縱隊。該年二月上旬，他已返回臺北，開始與同志接觸，以展開對臺籍當權派和日本占領當局的長期地下鬥爭。

這時，日、臺兩地共產黨員的聯繫實質上已中斷；共產國際得透過其在上海的遠東局下達指示給臺灣共產黨。於是，一九三一年三月十日，共產國際遠東局發了新指示給臺灣的農組成員（見第二章）。新指示，可能還有共產國際的金援，由名叫詹以昌的彰化人送來。但兩個星期後的三月二十四日，臺北的日本刑警逮捕簡吉的二把手趙港，此後趙港未再重獲自由，最後因結核病死於獄中。就在這時，臺灣共產黨在五月某日秘密召開第二次大會，情勢開始升溫。五月二十日，在詹以昌和時為臺共中央委員的王萬得推薦下，簡吉填妥必要的文件，宣誓加入臺共。[29]於是，二十八歲的簡吉投入共產主義陣營，無疑相信自己站在歷史對的那一邊，但當然，後來的發展證明他選錯了邊！

一九三一年八月九日，臺灣農民組合和新臺灣文化協會的一些重要成員開會同意重整這兩個組織，將兩者合併為名叫臺灣赤色救援會的新組織；他們也把農組、新文協的會員統併入該救援會。[30]臺灣赤色救援會的使命，乃是協助人在獄中或剛獲釋但生活艱困的同志的家人。趙港家就是絕佳例子。他家陷入困境，亟需他農組同志的物質、精神支持。除了救援，臺灣赤色救援會還致力於實現以下目標：一、協助同志獲釋；二、遊說當局放寬對送食物、書等必需品給囚犯的限制；三、代囚犯向當局申訴、請願；四、要求公開審判；五抗議非法拘留；六、使原本不受共黨控制、一段時間後才受共黨控制的共黨掩護組織開始運作。然後與會者選出以簡吉為首的七人為救援會組織準備委員會委員。[31]

農組的功能不彰和文化協會的日漸式微令人震驚，但創立共產黨救援委員會算不上新鮮事。第一個赤色救援會一九二二年由共產國際第四次代表大會設立，以濟助殉難共產黨人、政治受難者和他們家人為宗旨。除了充當共產黨在數個非社會主義國家裡的掩護組織，它還漸漸演變為人道救援組織。一九二八年，臺灣共產黨成立於上海時，黨綱的確包含設立這類救援組織的計畫和指導方針。臺灣赤色救援會按照布爾什維克的地下基層組織制度建立，以十人為一班，以五班為一隊；就像從地面往上蓋金字塔，它被設計為要漸漸擴大為全島性組織的草根組織。會員身分有兩種，一為「普通會員」，一為「特別會員」，前者由滲入工廠、市井的活躍會員組成，後者不活動，但支持共產黨目標。會費為普通會員每月〇・五圓，特別會員〇・二圓。這顯然是共產黨策略執行上的轉變，因為他們繼續以農組和新文協為掩護。但實權掌握在新成立的臺灣赤色救援會上。該救援會的首要任務乃是盡可能吸收貧農、小農，特別是他們的子女，加入臺共。

根據臺灣赤色救援會組織準備會一九三一年九月四日通過的決議，該救援會要成為重整後之臺灣共產黨的核心。獲任命的領導人和地方班、隊的成立計畫如下：一、陳結受命在竹崎地方吸收八十人，組成十一個班；二、救援會打算在小梅地方吸收四十至五十人，組成七個班；三、陳崑崙和林兌分別負責在曾文地方、北門地方吸收二十四人，成立四個班；四、北門郡學甲庄要成立一班八人；五、嘉義地區要成立兩班十七人；六、吳丁炎主動請纓要在北港地方吸收三十五人，組成五個班；七、張玉蘭和她的夥伴受命在高雄州成立十二個班；八、臺中州要成立八個班，竹山五個班，編成一隊；九、豐原要有四個班二十多名會員；十、在臺灣農民組合總部要由七名職員組成一個班；十一、霧峰要一個班；十二、江賜金、李振芳受命分別在臺北、羅東成立掩護組織。除了救援會的這些基層組織，在偏遠地區則成立共產青年同盟，其會員散布全臺。此外，還成立有四班二十七名青年的「赤衛隊」，隨時準備行動。[32]

一九三一年的更早時，簡吉來到竹崎支部事務所，指導年輕人陳結如何重整、擴大嘉義山區的農民運動。陳結在日月潭附近的偏遠農村出生長大，畢業於嘉義農林學校（今嘉義大學）。根據《臺灣總督府警察沿革誌》記載，陳結是臺共機關報《真理報》（蘇聯宣傳報紙《真理報》的小型翻版）的發行人。八月底時，簡吉已派陳神助前來協助陳結。靠著最初的二十圓預算，陳結、陳神助買了必需的紙、墨、油印工具、煤油燈與煤油，找到一處破敗的樟腦寮（在海拔三千公尺處）放置油印設備。一個月後，印出一百五十份第一號臺共《真理報》，接著印出第二號兩百五十份和第三號一百五十份，流通於左派圈子。第三號為一九一七年俄國布爾什維克革命的紀念號。

此外，陳結印了四百份宣傳小冊教育不識字的農民。這份宣傳小冊分三個部分，即單字集、雙字集、三字集。單字集包含中國、羅馬、阿拉伯數字，以及竹、樹、米、帽、逃、佃、油之類中文單字。雙字集包含由兩個單字組成的詞語，例如「飢餓」、「農民」、「奴才」、「使命」、「敵人」、「官憲」、「大眾」、「自盡」，總共一百三十個。三字集則包含由三個中文字組成的詞語，例如「無產者」、「負債重」、「失業者」、「納稅金」、「牠餓死」、「資本賊」、「日本兵」、「解放母」、「我罷工」、「握專政」、「白色罪」、「共產軍」之類。三字集有三百四十八個押韻的詞語。利用這類押韻的短語和特殊詞語教育不識字的農民，要他們以詩歌形式一再念誦，臺灣赤色救援會的幹部希望將頭腦單純的新入會者洗腦，把他們培訓成死忠黨員。「三字集」成為擴增共黨黨員和提升無產階級、民族主義意識的利器，且是極富新意的利器。在這同時，分發這類含有「危險思想」的油印品很危險。例如，一九三一年十一月，臺灣赤色救援會的一名新會員，在臺中發這類資料時被逮。那之後，日本警察得以循線沒收許多這類顛覆性共產資料，最後追查到油印設備和發行人的所在位置。一個月後的十二月，日本憲兵抓到陳結和其同黨，毀掉樟腦寮，從而結束臺灣《真理報》的短暫一生。受訊問時，陳結不願透露他的基層組織或臺灣赤色救援會領導人的身分，遭拷問至死。[33]

臺灣的蘇維埃和臺灣共產黨員的遭遇

一九三一年春節期間，臺灣農民組合在竹崎召開擴大中央委員會，會中，來自苗栗山區的年輕人劉雙鼎（一九〇六～一九三四）決定支持臺灣共產黨的黨綱。回到家鄉大湖後，劉立即開始宣傳馬克思主義思想，吸收新人加入農民運動。該年二月，劉參加共產黨人在臺北郊區辦的講習會，聽了臺共重要人士的演講，並學習贏得窮人信任、成立黨的基層組織、設立基地、宣傳等方面的基本技巧。幾個月後，劉聲稱已吸收到一百一十名成員。一九三一年四月間，簡吉前來偏遠貧困的苗栗山區視察，瞭解村民的需求和苦情、希望和憂心的事物。他向劉雙鼎提供了意見，就如何在山區成立蘇維埃基地親自指導他。簡吉來訪後不久，陳結和郭常（活躍的左派人士）也前來此地，進一步指導劉如何在土地問題和租佃契約糾紛上與地主周旋，更重要的，把地下工作經驗傳授給劉和他的山區同志。五月上旬，劉雙鼎潛入永和山活動，與當地三十多名農民一起成立了游擊基地。在這同時，增援的共黨人手來到周遭地區（例如南湖庄和竹南街），以為農民運動和共黨大業吸收更多支持者。

臺灣共產黨人和組合員在各自所在地建立地下據點時，發生了一件震撼世界的大事。一九三一年九月十八日，日本關東軍大舉入侵滿洲；這一重大事件不只破壞了中日關係，還使東亞情勢動蕩。一九三二年四月，到處傳言一百萬日軍在上海慘敗，日本軍國主義已快被俄羅斯紅軍和中共八路軍的聯軍摧毀。此外，上海共產國際的情報部門推測，中共部隊正準備登陸新竹附近港口，而永和山，即劉雙鼎建立臺灣第一個蘇維埃紅區之地，西距新竹只約七十公里。在這情況下，蘇維埃的成員研判，此刻若不行動，將錯失良機。於是大湖、竹南兩郡的地下基層組織的領袖糾集人馬，與來自苗栗郡的同志一起著手謀畫武裝反日起義。他們打算兵分兩路，大湖一路要先攻擊大湖郡役所，殺光警察和武裝人員，沒收他們的武器彈藥，存放在安全的煤礦坑、石油坑裡，然後要切斷電話線。竹南一路則要先殺光竹南警察，然後攻擊附近的瓦斯井，摧毀所有主要設施和設備。他們選擇於一九三二年三月六日夜起事，那一夜正是大湖數千居民慶祝媽祖誕辰之時。

共產黨人和農組成員做好武裝準備起義時，有位密謀起事者的女性親戚無意間向一臺籍巡警的妻子透露此事。起義之事因此敗露。這位巡警將此傳言報告上司，不久，新竹州警方即採取所有必要措施，以挫敗共黨民兵的攻擊圖謀。才幾天，就有一車隊憲兵前來平亂。大湖當局證實軍方說法無誤，並說增援部隊抵達該地方後，攻擊者已撤離。接下來幾天，政府部隊深入山區搜捕密謀起事者。到了一九三二年五月，已有五十名大湖嫌犯在所謂的「大湖事件」中被捕。主謀劉雙鼎逃到他的永和山蘇維埃基地，但還是在六月二十二日被抓。還有四個郡裡許多農組成員和共黨支持者遭牽連，同樣被捕。

前述所有活動進行之時，日本當局一如以往封鎖消息，禁止報導。直到一九三四年七月十六日，臺灣總督府警務局長石桓才公布「大湖事件」始末。隔天《臺灣日日新報》（第一二三二六號）所下的標題，再度讓人感到某種詭異的熟悉。但警務局長石桓刻意不提年僅二十八歲的劉雙鼎的死因。這家官方喉舌也未報導四十六歲的郭常在一九三三年八月十六日受訊問時死亡的原委。換句話說，關於大湖、竹南起義事件，仍有許多未解的謎團。當局審閱過證據並訪談過證人之後，以違反一九二五年治安維持法的罪名起訴三十三名嫌犯（包括三名女性）。案子於一九三三年十一月十一日開庭審理，一九三四年十二月五日結束，一九三四年十二月二十日，審判長宮原增次宣判，刑期從二至八年不等。[34]

臺灣《真理報》的停刊和南臺灣竹崎基地的失陷，重創共黨／農組運動，但中臺灣大湖蘇維埃遭關閉和三十三名同志遭關押，則重重打擊無產階級鬥爭大業。這兩場失敗無疑令左派地下組織基層成員膽寒。但從更廣大的共產黨運動視角來看，竹崎、大湖、竹南地下黨員，相較於後來被捕的四十五名高層領導人，只是小角色。這四十五名被捕者，首先落網者是簡吉的兩名得力助手，趙港（一九三二年三月二十四）和陳德興（同年四月）。六月，傳奇人物謝雪紅和她的兩名同志楊克培、楊克煌，在謝雪紅用作掩護機關的臺北某書店，在毫無防備下被捕。這些人的落網使臺灣總督府相信徹底肅清島內共黨基層組織的時機已經到來。於是，從一九三一至一九三四這三年間，反共運動成為殖民地政府的首要任務。這場運動從容不迫且目標明確，非倉促下手、事出突然。凡是與臺灣赤色救援會或臺灣農民組合、新臺灣文化協會有關連者，都成為疑犯。一個月後，另一位女鬥士簡娥和她的愛人潘欽信在基隆被捕，王萬得和蕭來福這兩位臺共高層亦然。到了八月，已有一百零七名共產黨人和他們的支持者遭關押。

這些集體逮捕事件後不久，臺共中央委員會急於掌握情況和尋找安全藏身處，不得不停止所有活動。一九三一年九月十四日黎明，詹以昌（共產國際上海遠東局派來的特別代表）在臺中某旅館被抓。他與東京外國語學校畢業的蘇新一同被手鐐腳銬，在重重戒備下押往臺北警察署拘留所。至一九三一年十二月，第二波掃蕩共黨行動已抓了三百一十名嫌犯，其中一百五十人遭起訴，四十五人獲釋。創辦臺灣農民組合和臺灣赤色救援會的簡吉，也在這波被捕之列。最後，翁澤生，擔任共產國際與臺共之間連絡人的臺共高層，一九三三年三月在上海被捕，與其同志一同引渡臺灣受審。殖民地政府投入大量時間、精力，顯然成果不凡。

根據詹以昌兒子的說法，一開始，嫌犯分開監禁，每個人一間牢房。但一段時日之後，兩或三人關在一間牢房。例如，詹以昌曾與簡吉、楊克煌關在同間牢房。詹以昌稱主檢察官中村八十一陰險、冷酷、狡猾。[35]中村是和歌山人，一九一九年從關西大學畢業後開業當律師，也在北海道的函館擔任政府檢察官，一九三〇年五月調至臺北。中村知道東京政府要立即消除共產黨在臺擴張勢力的威脅。中村奉命對這群屬於菁英階層的左派臺灣人提起公訴時才三十四歲，想必知道責任重大。被判七年徒刑的詹以昌憶道，即使身陷囹圄，這些囚徒仍繼續抗爭，互通聲息。他們用日語字在牢房牆壁打暗號（類似摩斯密碼），以在監獄裡傳遞信息。有些人則以咳嗽或手勢作信號。當時謠傳日本共產國際領袖片山潛已在莫斯科去世。獄中的臺共黨員高唱左派招牌歌曲「國際歌」追悼他。「這是最後的鬥爭，團結起來到明天，英特納雄耐爾（internationale），就一定要實現！」還有一次，得悉陳結（臺灣《真理報》主筆）遭拷打至死，他們即集體抗議，要求集體受審，而非個別受審。[36]

在漫長的預審期間，簡吉和詹以昌出庭應訊或作證三或四次，大部分時候他們都回以「記不得」、「沒有印象」、「不知道」、「沒有向任何人提出要加入臺共」、「也沒有任何人告訴已加入臺共」。他們似乎根據共黨指導手冊回答這些問話。一九三三年七月，《臺灣日日新報》針對這些逃亡者的落網和「臺共案」的審理刊出一連串報導文章，首度揭露四十九人遭起訴，其中兩人死於訊問之時。一九三三年底，每個被告都收到一本「預審終結書」，裡面列出每個人所犯罪行和所違反的一九二五年治安維持法的條款。

「臺共案」的正式審理時期為一九三四年三至四月，在那段期間，所有被告在重重戒備下押上法庭，審判長為宮原增次，陪席法官志郵守義、岩淵止坐於他兩側。審理的第一天，法官照慣例核對被告身分，然後宣布他們在「預審終結書」裡所被控的罪行。真正的審理始於一九三四年四月二十四日下午，審判長宮原、首席檢察官中村和被告主要辯護律師古屋貞雄都在場。趙港第一個應訊。據《臺灣日日新報》的報導（一九三四年四月二十五日第一二二三三號），趙港告訴法官，農民組合運動和臺灣共產黨兩者的目標一致，因此他加入臺共，但他也說他覺得上了馬克思主義宣傳的當，決心退出共黨。但宮原法官仍判他十二年徒刑。誠如先前提過的，趙港於一九三五年因肺結核病死於獄中，得年三十五。

一週後，換屏東的顏石吉應訊。顏石吉對馬克思主義似乎只懂一點皮毛，且似乎無知於真實世界；獲判十年徒刑。接著是最受矚目的被告簡吉登場。簡吉受到三位法官訊問，由古屋貞雄和他的助手楊基先替他辯護，中村也出庭。據《臺灣日日新報》報導，簡吉再度否認他的運動是共產主義運動，且否認他是共產黨員。他一再表示他只想維護貧窮、受壓迫佃農的權益。[37]

整個六月，案子繼續審理，經過四年的羈押、萬份預審調查書、五十場公開審訊、三千多份公審調查報告，總結的日子終於到來。一九三四年六月三十日，審判長宮原宣判。四十五名被告（包括三名日本人）被判有罪，判處十五年徒刑到緩刑兩年不等。潘欽信判十五年，他的愛人簡娥五年。謝雪紅判十三年，簡吉判十年。[38]兩名被告死於審理期間，三名囚犯因病假釋，但獲釋後不久即死亡。謝雪紅因患結核病，一九四〇年獲釋。王敏川，改良主義者與托洛茨基主義者的死敵，極力否認他是正式共產黨員，還是關了六年。他一九三八年出獄後，生活困苦，身體不好，一九四二年九月二日抑鬱以終。

宣判之後，審判長宮原發表公開聲明，表示他裁罰是以寬大、嚇阻、改造犯人為基準，而非以懲罰為基準，因此他才判了數個緩刑，也提供提早假釋的機會。[39]基於改造犯人的需要，日籍典獄長雇用他們所謂的「教誨師」不時拜訪這些政治犯，勸他們棄絕共產主義，歸順日本當局。這一作法頗有成效，因為大部分受刑人（包括簡吉和謝雪紅）同意寫所謂的轉向書，承認年輕時的錯誤和過失。那也意味著臺籍受刑人，一如他們的許多日籍共產主義指導者，同意揚棄共產主義，擁抱日本天皇政體，同意表示悔恨以開始贖罪，從而徹底翻轉自己的意識形態。至於首席檢察官中村八十一，則會因協助剷除島上共黨基層組織和肅清臺灣各種左派分子有功而得到重賞。一九三六年他升任法務課長，一九四〇年升任法務局長，一九四二年十月成為臺灣總督府高等法院檢察官長。[40]

漫長牢獄生涯期間，受刑人得剃光頭，穿上深紅色囚服；大部分時候關在獨囚室裡，沒多少機會看到陽光。初期，每個受刑人得擦亮竹盤、洗抹布；後來改做別的活，例如剝小果實的皮，以便製成果乾。還有些受刑人得到木工工場做工，到裁縫場縫紉，到洗衣工場洗衣，清掃獄中一間小佛寺等。日籍典獄長常鼓勵受刑人研讀佛教的業力說和果報理論，希望他們對佛教重新燃起興趣。受刑人宣稱自己信佛時，有些人大概真的有所了悟。模範受刑人成為木材場記帳員，有些人更幸運，得到假釋。大部分受刑人後來移監臺中監獄或臺南監獄。簡吉關在臺南時，被派去獄中圖書館工作；他在獄中也寫了日記。[41]簡吉要到一九四一年底才重獲自由，那時，他所熟知的世界已大大改觀。他沒去想二次大戰的結果會是如何或他所熱愛的臺灣未來會如何。他只能竭力抓住他對死氣沉沉之農民運動的痛苦回憶。

注釋：

1 《臺灣日日新報》第九八〇九號（一九二七年八月十八日）。

2 《臺灣日日新報》第九八二五號（一九二七年九月三日）。

3 *Archives of Taiwan Tenant Union Headquarters, A group*, 139.

4 古屋貞雄辯護文全文，見《臺灣民報》第二二九號（一九二八年十月七日）；第二三〇號（一九二八年十月十四日）；第二三三號（一九二八年十一月四日）。

5 *Archives, A group*, 144-146, "Intelligence Report," 09/23/1928.

6 出處同前；也見《臺灣民報》第三一四號（一九三〇年五月二十四日）

7 《臺灣民報》第二一四號（一九二八年六月二十四日）。

8 出處同前，第一九八號（一九二八年三月四日）。

9 *Archives, A group*, 25.

10 Ibid., 139, "Intelligence Report," 09/14/1928

11 《臺灣日日新報》第一〇三四三號（一九二九年五月十六日）。

12 出處同前，第一〇五〇二號（一九二九年七月十四日）；《臺灣民報》第二七〇號（一九二九年十月二十一日）。第二次中壢事件的始末，見*Archives, A group*, 173。

13 《臺灣日日新報》第一〇三二一號（一九二九年一月二日），第一〇四九七號（一九二九年七月九日），第一〇五七六號（一九二九年九月二十七日）。

14 *Archives, A group*, 151。

15 Ibid., 152, 154.

16 《臺灣民報》第二四二號（一九二九年一月八日）。

17 *Archives, A group*, 61.

18 《臺灣民報》第三三四號（一九三〇年十月十一日）；也見《臺灣日日新報》第一〇八八一號（一九三〇年七月三十一日）和第一〇九三九號（一九三〇年九月二十七日）。

19 《臺灣日日新報》第一〇三六〇號（一九二九年二月二十一日）、第一〇四四五號（一九二九年五月十八日）、第一〇四六九號（一九二九年六月十一日）。

20 *Archives, A group*, 174.

21 十二位被告中，有三位因保證與農民組合斷絕關係而早早獲釋。《臺灣民報》第二七五號（一九二九年八月二十五日）和《臺灣日日新報》第一〇五二七號（一九二九年八月八日）、第一〇五四一號（一九二九年八月二十二日）、第一〇七九一號（一九三〇年五月二日）。

22 簡吉，《簡吉獄中日記》，簡敬等譯（臺北：中央研究院臺灣史研究所，二〇〇五年），頁八一。

23 山邊健太郎，《現代史資料》裡的《臺灣卷一》，第二十一卷（東京：みすず書房，一九七一年），第七節「農民運動」，頁三八九—三九〇，三九六—三九七。

24 *Archives, A group*, 166-170.

25 山邊健太郎，《現代史資料》，出處同前，頁三五六—三五七。

26 見楊肇嘉，《楊肇嘉回憶錄》（臺北：三民書局，一九六八年），第二卷，頁二八八；臺灣通信社編，《臺灣年鑑》（臺北：臺灣通信社，一九三六年），頁五一三—五一五。

27 *Archives, A group*, 46。這則攻訐性的聲明，日期注記為一九三〇年八月八日。也見蔡培火等人編，《臺灣近代民族運動史》（臺北：自立晚報，一九七一年），頁四五六—四五七、四六四—四六五。

28 王育德（Ong Joktik），'A Formosan's View of the Formosan Independence Movement,' in Mark Mancall, ed., *Formosa Today* (New York" Praeger, 1964), 163-164; also Edward I-te Chen, "Formosan Political Movements Under Japanese Colonial Rule, 1914-1937," *Journal of Asian Studies* 31, no. 3 (May 1972), 496.

29 《臺灣總督府警察沿革誌》，中譯本（臺北：南天書局，一九三九年），第三卷「臺灣社會運動史，一九一三～一九三六」，頁六一一，六九八。

30 《臺灣日日新報》第一一〇九二號（一九三一年三月一日）。

31 《戰後臺灣政治案件—簡吉案史料彙編》（臺北：國史館，二〇〇八年），第三章「共產主義運動」，頁一二一—二〇。

32 財團法人大眾教育基金會提供了與臺灣赤色救援會有關的資料。

33 *Archives, A group*, 73-74。

34 《臺灣總督府警察沿革誌》，第三卷「臺灣社會運動史，一九一三～一九三六」，頁八〇四—八一二；也見《臺灣日日新報》第一二四七二號（一九三四年十二月二十一日）。

35 這一資訊根據詹高越的《家父詹以昌》（個人回憶錄，出版日期、地點不詳）。

36 出處同前。

37 《臺灣日日新報》第一二二三九號（一九三四年五月一日）。楊基先是彰化郡清水人，一九三一年拿到日本大學法學位。

38 《臺灣日日新報》第一二三〇〇號（一九三四年七月一日）。

39 出處同前。

40 出處同前，第一三一九六號（一九三六年十二月三十日）、第一四三六一號（一九四〇三月七日）、第一五三一五號（一九四二年十月二十四日）。

41 詹高越，《家父詹以昌》。

第六章

日本人、美國人、中國人齊現於臺灣

戰時臺灣

在組合員和共產黨人遭集體逮捕、監禁的肅殺時期，抱持各種社會主義、自由主義的其他臺灣知識分子，找到別的場合抒發他們的想法。但不久他們就激起右派、當局的猜疑和憤怒回應。一九三三年三月二十日，旅居日本的左派臺籍藝術家、音樂家、作家、劇作家成立「臺灣人文化同好會」，發行日語雜誌《福爾摩沙》。這個同好會和其他刊物的宗旨，乃是提倡臺灣特有文化，收集臺灣的民間傳說、民謠和再現臺灣文化的藝術、故事。作家會員包括嘉義人張文環（一九〇九～一九七八）、呂赫若（一九一四～一九五一，《牛車》作者）、年輕詩人巫永福（一九一三～二〇〇八）。

一九三一年入侵滿洲之後，日本政府對外強化其國際地位，對內則壓制批評者，扼殺反對媒體。只有獲政府認可、協助推動日本軍國主義的媒體和作家，才能向大眾發表信息和意見。在這一背景下，《福爾摩沙》只刊了三期（從一九三三年七月十五日到一九三四年六月十五日），就被迫停刊。[1]

在這同時，一群卓有成就的本土小說家和詩人選擇留在臺灣，將個人創作成果分享同胞。他們包括楊逵（農組領袖和《送報伕》作者）、屏東的楊華（一九〇六～一九三六），以及賴和（一八九四～一九四三）、陳虛谷（一八九一～一九六五）、王白淵（一九〇二～

一九六五）。但臺籍文人自由表達的空間有限。楊華和賴和想揭露殖民統治壓迫、抗議社會不公，遭殖民地當局逮捕，控以散播「危險思想」的罪名。醫生作家賴和，出獄才六個星期，就於一九四三年一月三十一日死於營養不良和絕望。[2]但一九三四年五月六日，八十多位臺籍作家出席臺灣文藝聯盟在臺中小西湖咖啡廳舉辦的聚會（臺灣文學史上最大的一次這類聚會），決意發行《臺灣文藝》刊物。該刊所發表的文章，大部分譴責資本主義，抨擊帝國主義，同時提倡臺灣本土文化。不足為奇的，由於文章的調子和內容牴觸日本軍國主義、擴張主義政策，該刊於一九三七年日本侵華時遭禁。[3]一如政治行動家和農組成員，這群臺籍文化菁英若非就此噤聲，就是被迫順服。事實上，民眾能讀什麼，不能讀什麼，全由臺灣總督府的審查官決定。同樣的，《臺灣民報》於一九三二年四月四日改名《臺灣新民報》。但到了一九三七年六月，這份由臺灣人經營的最大報紙（日發行五萬份），就因為使用中國語發表報導和文章遭禁。然後，一九四一年二月十一日，《臺灣新民報》被勒令重整，改名《興南新聞》，且從此受軍方控制。於是，在支持帝國主義、反西方、反中國情感高漲的戰時，臺灣境內三大報決定了什麼是新聞、什麼不是新聞。

一九三〇年代，許多極富創造力的臺灣人用筆表達自己的本土主義、人道主義看法時，日本財閥用資本進一步擴大、鞏固他們在東亞、東南亞的經濟事業。前者鼓吹小而寧靜、祥和、自治的家園，後者則致力於打造並控制無所不包的大帝國。到了一九三〇年代中期，日本已在打造十九世紀式的傳統帝國主義，為此在遠東強勢擴張經濟和軍事。於是，在這一帝國建造過程中，臺灣總督府既致力於替主子增加財富，也參與這場軍事擴張。一九三六年臺灣總督府成立臺灣拓殖株式會社，就是個絕佳例子。成立此會社，既為在華南和東南亞執行東京的經濟政策和利用原物料，也為在日本的殖民地做同樣的事。臺拓總部設在臺北，最初資本額三千萬圓，其中一半來自總督府金庫，另一半來自三井、三菱、住友、安田等財閥。在臺灣，臺拓致力於增加在東南亞的生產力，以獲取更多原物料。在這情況下，臺拓要在臺灣、海南島、印度支那等地投資多種工商業，包括礦業、漁業、農林業、不動產和營造業、運輸業、貿易。

到一九四二年，臺拓的投資項目總共已達三十二個，其中八個在海外，二十四個在臺灣（十三個在臺北，四個在東臺灣、三個在高雄、兩個在臺中、一個在臺南、一個在新竹）。[4]此外，臺拓鎖定東臺灣的花蓮、臺東，開發其未遭人為破壞的邊地和特別豐富的資源。臺拓成立了一些專門企業。例如臺拓在臺東的三家公司中，臺東興產旨在採集野獸皮和利用原住民人力發展糖業和林業。臺灣棉花株式會社則要種植棉花以滿足日本棉紡織業需求，到了一九三三年日本已超越英國，成為世上最大的棉布製造國。星規那產業是製藥公司，負責種植金雞納樹（樹皮可提取奎寧供治療瘧疾）。臺拓於一九三八年八月在臺東成立星規那產業，初期資本額二十五萬圓，一九四一年增加為一百萬圓，以滿足日本帝國的藥物需求。

占領海南島期間，日本人每年消耗約六千噸石油。由於製造兩百噸酒精需要一萬擔紅糖（一擔合一三三．三三磅），日本人決定找當地能源滿足其戰爭機器的需求。此外，為餵飽海南島上軍民的肚子，日本人不得不於一九四二年從越南進口六千噸米，一九四三年更增加為一萬六千噸。[5]在這情況下，臺拓成立兩處主事務所，一個在北部的海口，一個在南部的三亞（後來改設於榆林），以統籌該公司所有投資。海口事務所負責栽種甘薯、甜瓜、甘藍、番茄、茄子等作物和甘蔗、大麻、橡膠樹等熱帶植物的幼苗（橡膠樹供普利司通輪胎公司使用）。該事務所也要飼養家禽、豬、牛和增加起司、獸皮、鞋子、冷凍設備的產量。榆林事務所管轄兩座大農場、一座牧場、一座木炭場、一處森林站，並供應人力、物資給軍方，協助建設三亞海軍基地、黃流機場、榆林港。[6]

財閥在新占領地展開這麼多事業，日本政府於是提供多種獎勵措施（包括五年無息貸款），以鼓勵日本人、臺灣人前去這個熱帶島嶼。但到了一九四二年，只有九十六戶共兩百六十名日本人（大部分來自沖繩和九州）同意移民海南島。管理這麼多農牧場、站所、工程計畫需要受過訓練的技師或中學畢業生，而在當地，這樣的人才根本不足。在臺灣總督府和臺北帝國大學協助下，臺拓不時舉辦「臺拓技術懇話會」，以吸收臺灣人赴海南島。[7]一九四六年時，共有兩萬三千名臺灣人困在海南島上。戰時臺籍技師總共將五十個品種的米和三個新品種的甘蔗引進海南島。[8]

到了一九四一年末和一九四二年初，臺拓已在越南設了八個棉花、黃麻、木材、稻米之類原料的實驗栽培場。由於戰時人力短缺，臺拓極倚賴臺灣推展其業務，而到戰爭末期該公司需要六千多員工。隨著戰爭繼續激烈進行，臺拓規模變得更大，獲利更高，二戰末期時金融資產超過一億三千五百萬圓。但隨著日本帝國的覆滅，臺拓的龐大資產化為泡影。一九四五年九月三十日，東京盟軍最高統帥下令關閉臺拓和其二十九個子公司。[9]

二戰初期，日本軍隊連戰皆捷，但一九四三年後開始嚐到敗績。有鑑於此，海軍上將長谷川清（一八七九～一九四五），第十八任臺灣總督，一九四二年四月招募成立第一個臺灣人陸軍志願兵師，一九四三年五月開始訓練臺灣人海軍志願兵。與某些社會主義知識分子不同的，臺籍青年對志願從軍一事大體上響應熱烈。有些志願者甚至用血填寫申請書；還有些人寫下所謂的「血書」寄給報社或動員機關。到了一九四二年初夏，總共有四十二萬五千九百二十一名臺灣人報名爭取一千個陸軍志願兵員額，而以當時臺籍男性共三百萬人來看，那意味著每一百名臺籍男子就有十四人志願從軍。一九四三年初第二次招募志願兵時，臺籍男子報名人數更高，達到六十萬一千一百四十七人，而名額只有一千個。[10]

到了一九四三年七月，已有超過三十一萬六千名臺灣人申請志願投入海軍。但由於徵兵制實施在即，海軍志願兵制於一九四四年突然中止，陸軍志願兵制也在一九四五年停止。而到那時，臺籍志願兵已有一萬六千五百人，其中五千五百人服役於帝國陸軍，一萬一千人服役於帝國海軍。另一方面，日本人將軍伕組為數個團，例如農業義勇團、農業指導挺進團、臺灣特設勞務奉公團、臺灣特設建設團等。一九四三年五月上旬開始，帝國海軍大佐澤井秀雄請臺灣的日籍校長和老師說服十三至十六歲的臺籍少年學生「志願」到神奈川的海軍空C廠（一九四四年四月一日後改名高座海軍工廠）工作。總共八千四百一十九名貧苦臺灣少年工被帶到日本，受訓三個月，然後迅即被派去製造轟炸機、輕型神風戰鬥機的各種零件。戰爭快結束時，無計可施的日本海軍指揮官用這些自殺飛機擊沉多艘美國船艦，特別是沖繩戰役期間。[11]

但當財閥和軍方動員臺灣人協助打造日本帝國時，臺共和所提要求個個與殖民地政府相忤的臺灣農民組合幾個行動家際遇如何？誠如前一章談過的，謝雪紅被判十三年徒刑，但因結核病，一九四〇年獲釋。謝和另一位臺共黨員楊克煌（關了四年），在臺中開了名叫「三美堂」的小店，但戰爭末期為躲避盟軍大舉轟炸，不得不搬到偏遠山區。翁澤生，臺共三個最堅定的鬥士之一，在上海被捕，然後引渡到臺北，也被判十三年徒刑，但假釋後不久去世。蘇新，畢業自臺南師範學校和東京外國語學校，負責臺共的宣傳工作，服了十二年的刑。出獄後，他在家鄉臺南的某間兔子養殖場養兔子。洪朝宗，上海臺共九位創黨元老之一，只服了三年刑，但出獄後不久即去世。王敏川，《臺灣民報》主筆但非臺共黨員，在「黑牢」裡蹲了六年後，一九四二年九月抑鬱貧困以終，得年五十四。李天生積極、熱情支持臺灣農民組合運動。一九二八年臺灣農民組合在臺中市召開第二次全島大會期間，李天生帶領百餘位佃農與會，沿路高喊臺灣人會獲勝。但一九三九年秋，他突被拘留於家鄉警局數日。驚恐且受辱的李天生決定避難於中國，並選中南京，在那裡做廢金屬生意。但沒人知道臺共創辦人之一和臺共書記長林木順的下落，自此人間蒸發。至於臺灣農民組合的創立者簡吉，他服完十年刑期，一九四一年十二月出獄，即日本偷襲珍珠港幾天後。當時三十八歲的簡吉已在獄中耗掉將近三分之一的人生。

簡吉於一九二六年放棄教職，把全副精力和資源投入臺灣農民運動。他把妻子和三個小孩留在臺南，奔走於臺灣鄉間，大部分以腳踏車為代步工具。出獄後他見到臺灣被無助且無辜的拖入戰爭，面對臺灣經濟和廣大農民日益惡化的處境，無法或不敢做什麼或說什麼。事實上，他未真正得到自由，因為秘密警察時時在他家附近盯梢，不管他到哪裡都尾隨著他，偶爾未事先知會即「親自登門拜訪」。更糟的是他得定期回高雄監獄，向他的「教誨師」報到。在幾次受教誨期間，簡吉和他的日籍教誨師大部分討論佛教的涅槃、慈悲教義，有時典獄長也在場。日本人希望藉此讓簡吉和其他帶有「危險思想」的罪犯相信諸法皆空，從此徹底忘掉階級鬥爭、無產階級革命之事。史料顯示，即使在戰時，再教育與政治改造仍是日本教化計畫的常態，簡吉之類「思想犯」得乖乖接受。但令人遺憾的，簡吉被中國人視為「不可改造」，一九五一年遭國民黨政權處決。

除了這些思想灌輸計畫，殖民地政府還致力於同化（皇民化）全島居民，包括原住民。皇民化運動從一九三七年開始大力推行，鼓勵臺灣人在家、在公共場所說日語，以使島民能完全融入日本文化，在精神與心靈上真正皇民化。曾任《臺灣民報》總編的林呈祿，原本擁抱社會主義思想，為臺灣自治打造有利條件，卻被迫改名林貞六，在臺北的皇民奉公會當文化部長，儘管他父親死於日本人之手。曾在公學校教書的簡吉，也被找去為皇民化運動服務，奉派擔任高雄皇民奉公會的語言教官。[12]然後他在鳳山郡家和高雄市的州廳之間通勤。於是，在混亂時局和戰爭陰影中，簡吉低頭隱忍，在家過了四年較平靜無事的歲月，毫不過問政治。

桀驁的組合活躍人士東山再起

一九四五年八月十五日，日本裕仁天皇（一九〇一～一九八九）同意接受同盟國領袖在波茨坦會議所提出的無條件投降要求。裕仁天皇的投降詔書大肆廣播後經過兩個星期，志得意滿的麥克阿瑟將軍（一八八〇～一九六四）抵達日本，立即解除日軍武裝並復員。到了一九四五年十一月底，隨著復員接近完成，所有臺籍戰士和軍伕都停止領取軍事津貼。所幸，美國已開始將緊急救援物資運到臺灣，包括穀物、肉、乳製品，以及衣服、毯子。五百五十萬島民普遍樂見日本投降；事實上，九月三日日本於橫濱將臺灣交給駐日盟軍總司令後，立即有些臺籍頭面人物開始爭取臺灣獨立。但由於中國與臺灣有數百年密切關係，國民政府領袖蔣介石手中有許多法寶可使，包括以政治、經濟、軍事手段控制此島。早在一九四四年四月，國民政府就已在重慶設立臺灣調查委員會，為從日本人手中收回臺灣預作籌謀。委員會主委陳儀（一八八三～一九五〇）長期受蔣介石器重，和蔣一樣畢業自日本東京振武學校。一九四五年十月二十五日，在臺北，第十九任臺灣總督安藤利吉將臺灣，連同價值估計達二十億美元的日本資產，交給陳儀。[13]日本接受同盟國的無條件投降要求時，臺灣人歡欣鼓舞，因為他們普遍認為解放他們者是西方同盟國，而非國民黨統治下的中國。接下來的十五個月期間把數十萬臺籍軍人和僑民運回臺灣者是美國的自由輪。一九四五年九月一日，四名美國人，護送一名國民黨秘密警察、廈門市長、臺語翻譯張士德抵達。四天後，一支美國海軍中隊停靠基隆港，以接走約一千三百名盟軍戰俘。九月五至十日間，二十幾名美國戰略情報局的人員從雲南昆明飛抵臺灣，以在此島做大規模民意調查。民調結果顯示，島民心目中最理想的臺灣「監護人，亦即託管國」是美國，小比例的受調查者選擇繼續受日本統治。但是只有極少人想受中國人統治。[14]最後，一九四五年十月五日，一百多位魏德邁中將司令部的參謀組成美軍聯絡組，利用美國船艦、飛機運送數千中國部隊、國民黨幹部和他們的眷屬從大陸前來「收復」臺灣。

誠如前面已指出的，最早來臺，將臺灣從五十年日本殖民統治中「收復」的美、中軍官中，有個叫張士德的臺灣人。張士德曾是臺灣農民組合的活躍成員，戰時避難於中國，成為國民黨軍上校。他也加入「臺灣義勇隊」這個抗日組織。由於有這些資歷，一九四五年九月一日到基隆煤礦坑接走盟軍戰俘的美國救援隊，找張上校當通譯。他邀著名的臺籍律師陳逸松和前臺共成員林日高展開「收復」作業。陳逸松擔任三民主義青年團臺灣區團臨時團長，林日高於蹲了五年牢（一九三二～一九三七）之後離開臺共，掌管這個倉促成立之組織的行政庶務。三民主義指民族、民權、民生，為國民黨創辦人孫中山的政治學說。陳逸松一九〇七年生於北臺灣宜蘭，擁有東京帝國大學法學位。就讀東大時，陳加入左派組織新民會，與日本自由派、左派人士交往。一九三一年在東京通過考試成為合格律師後，富有理想主義的陳逸松為窮人打了幾起免費官司，為貧窮、遭壓迫者取得棲身之所。一九三三年返臺，在臺北開設律師事務所，繼續結交自由派、左派人士，協助臺灣作家的文章在《臺灣文學》上發表。

理論上，三民主義青年團臺灣區團直接聽命於南京國民政府，實際上臺灣五個州（臺北、新竹、臺中、臺南、高雄）各像地方看守政府，行使自治權。臺灣三青團的早期成員主要是戰前數個社會團體的資深成員，包括資產階級、自由派、農組、共黨的成員。陳逸松、王添灯（有錢茶商和發行人）、三個前臺共黨員（王萬得、蘇新、潘欽信），領導三青團臺北分團。黃旺成（記者）掌理三青團新竹分團。葉榮鐘（臺灣文化協會成員）與左派小說家楊逵、呂赫若主持三青團臺中分團。臺南分團由吳新榮醫師和幾名前重要農組成員領導。曾被譽為臺灣農民組合最死忠支持者的簡吉，擔任三青團高雄分團副團長。簡吉接著與楊金虎醫師共事（楊金虎後來成為高雄市長）。這些人代表了戰後臺灣社會的一個橫斷面，代表了他們那一代的佼佼者。[15]

「三民主義」是國民黨的政綱，但瞭解「三民主義」之真締的臺灣人極少，這些在政治轉型期志願出來維持秩序的菁英也不例外。但那是最好的時代，也是最壞的時代，因為在一九四〇年代晚期的國際政治叢林中，臺灣猶如剛被從天而降的猛鵰（美國）巨喙從野狗（日本）嘴裡搶走的一隻小兔子；不過，這隻鵰此刻似乎對這隻獵物還沒胃口，從而使飢餓的野豬（中國）有機會占有這隻兔子。那的確是最好的時代，因為在這個權力真空期，島民首度擁有數百年來的難得機會，自行治理臺灣並同時好好比較日本人、中國人、美國人。那也是最壞的時代，因為權力真空期不長，從九月上旬開始，十月下旬就結束，接下來幾個月的情勢，不只粉碎了臺灣人的自治夢想，還使這個島國陷入一場歷史性的屠殺。

陳逸松在其《回憶錄》裡說道：

> 從日本投降到臺灣光復的七十天中，臺灣政治形成無政府的真空狀態，「青年團」暫時填補了這個真空……在「青年團」的主導下，共同努力，不計名位，沒有報酬，把社會秩序維繫得井井有條，展現了臺灣人從未有過的政治活力，創造了政治史上罕見的自治奇蹟。[16]

日本警察和軍隊這時無權管事，等著遣返日本，三青團臺灣區團採取措施防止盜搶，保護農民牲畜和農具，阻止洗劫糖廠，派人巡視山林防止非法伐木，禁止偷竊學校設備，密切注意市場上稻米和日常必需品的供應，阻止要離境的日本官員摧毀公共財產，特別是防止軍品和武器在黑市販售。法院沒了日籍法官無法運作，三青團臺灣區團的志工於是出面充當律師幫辦和仲裁者，處理民事糾紛，解決人際衝突。這時，美國人在臺統籌拘留在臺、一無所有之日本人、日本兵的遣返事宜。日本軍人全部離臺之後，美軍聯絡隊也於一九四六年四月一日撤離。一個月後，美國領事館和聯合國善後救濟總署辦事處在臺北成立。[17]

除了簡吉，還有許多準備大展身手的社會行動家，在戰後臺灣的動蕩時期重新浮上檯面；他們會以數種不同方式和簡吉的農民組合運動互動。

其中一人是原名李肇基的李友邦。在一九二四年那場廣被宣揚的學生襲擊派出所事件裡，李友邦和臺共創黨人之一的林木順遭臺北師範學校開除學籍。他逃到中國，到廣州就讀國民黨的黃埔軍校，一九二五年九月離開黃埔後，住過臺灣、日本、中國。一九二七年，他回廣州，組織名叫廣東臺灣革命青年團的抗日志士團體。那年春天，國共合作破裂，蔣介石開始肅清共黨分子。李友邦與廣州的左派人士往來密切，因而被列入國民黨的黑名單。李友邦逃離混亂的廣州前往上海，但遭日本特務逮捕，短暫入獄。後來李友邦在杭州的國立藝專覓得教職，但一九三二年被以和共黨圖謀不軌的罪名關入杭州軍事監獄。坐監期間受到嚴酷刑訊，右腿遭打斷，頸部受損。大概因為成了殘廢之人，李友邦於一九三七年獲釋。二次大戰末期，預期日本即將戰敗，李友邦聚集一批流亡中國的臺灣人，組成「臺灣義勇隊」一九四五年十二月八日，掛中將階的李友邦帶領他的「臺灣義勇隊」回臺，立即接管三青團臺灣區團，而此事當然是國民黨政權所核准。張士德上校和簡吉實際上受李友邦管轄。[18]但一九四七年二二八屠殺期間，李友邦被控勾結共黨；先是關在南京，後來押回臺灣，一九五二年四月二十一日處死。如果李友邦將軍的一生事蹟讀來像是一則政治煉獄的故事，那是因為臺灣當時正經歷其近代史上最悲慘的時期。

一九四七年十一月，國民黨已在臺灣成立省黨部，以李翼中為主委。數名右派機會主義臺灣人，包括蔡培火、郭國基等多人，後來加入國民黨。親國民黨的臺灣民眾黨和臺灣工友總聯盟（會員超過萬人）也恢復其組織活動。左派方面有臺共創黨人之一的謝雪紅和一些頑強不屈的地下共產黨員。謝雪紅一走出她在山中的藏身處，立即於一九四五年十月五日在臺中成立人民協會，一個月後有三百多人成為該會會員。過了不久（一九四五年十月二十日），簡吉和他的忠心追隨者在臺中重新建立他們的臺灣農民組合總部，並在全島各地設立支部；一段時日後，重整後的臺灣農民組合已在全島吸收一萬多名佃農入會。在這同時，隨著各種思潮繼續爭鳴，一些新報紙問世，包括國民黨的《臺灣新生報》；哥倫比亞大學博士林茂生創辦的中間派《民報》（一九四五年十月至一九四七年二月）；陳逸松創辦的左派《政經報》；蘇新主編的《臺灣文化》（一九四六年九月至一九四七年二月）；王添灯發行的《人民導報》（一九四五年十月至一九四七年二月）。[19]

在這一艱苦時期，簡吉和他的追隨者重新燃起促進、保障臺灣農民利益的鬥志和熱情。一度有一幫流氓想搶三青團高雄分團倉庫裡的米，卻發現簡吉和他的人等在門口。一九四六年六月六日，高雄地主蔡湖和他的佃農莊垂火因穀物收穫和佃租問題起糾紛。蔡湖找流氓向莊垂火強索佃租，莊不肯照辦，差點被流氓打死。然後，蔡湖賄賂高雄警察局長童葆昭，請他派二十四名武裝警察前去騷擾莊垂火和他鄰居。此外，警察把約二十名沒有武器的倒楣佃農帶到警局訊問，暫時監禁。簡吉一得知此事，立即斷定若要保護他的組合員，最佳辦法就是將此事公諸媒體。於是，他請在臺北的老友蘇新幫忙。

這時，蘇新除擔任三青團臺灣區團幹部，還是《人民導報》總編，該報的出資者和發行人則是有錢茶商王添灯。也是三青團臺灣區團幹部的王添灯，同意以貪婪地主、腐敗警察局長兩者勾結和佃農受壓迫為主題刊出一則頭版頭條新聞。警察局長童葆昭不甘示弱，請國民黨控制的《臺灣新生報》刊文反擊。在這同時，地主蔡湖上法院控告《人民導報》誹謗。一九四六年十月，王添灯被裁定應受罰，判刑六個月。王上訴。對簡吉、蘇新和作家呂赫若來說，這樣的官司不是新鮮事，一九二〇、三〇年代他們遭日本司法體系起訴時就碰過。但這一次有個地方不一樣，因為高等法院法官是臺灣人（非日本人），法官複審過所有證據後，判定為無效審判，結案。[20]

另一個避難於中國且同樣吃過各種苦頭的臺灣人，乃是曾任臺灣農民組合書記長的侯朝宗。他出身嘉義郡富裕的士紳家庭，就讀過臺南師範學校，在公學校教過書——人生軌跡非常類似於簡吉的早年生涯。誠如第三章裡談過的，侯朝宗是一九二八年臺灣農民組合東石支部創立的推手。一九三一年日本人清洗全島左派人士期間，他靠同鄉李天生之助逃到廈門。一九三七年日本開始全面侵華時，他改名易姓劉啟光，加入重慶的國民黨政府，成為臺灣革命同盟會這個誓言將日本人趕出臺灣的組織一員。戰爭結束時，劉啟光以少將身分衣錦還鄉，先擔任新竹縣長，然後擔任臺灣第二大銀行華南商業銀行董事長。不久，劉啟光和簡吉這兩位老同學、老戰友就再相聚。[21]

與其他農組領導人不同的，劉啟光似乎念舊誼，重鄉里、精神生活與傳統。劉啟光擔任新竹縣長時，不只成立救濟、補償機關，以協助戰前、戰時去世的農組同志的遺族，還在新竹建造抗日志士忠烈祠，舉行公開儀式紀念抗日犧牲的臺灣人。此外，他領養了因結核病死於獄中的農組鬥士趙港的遺孤。他還請簡吉主持桃園水利會，簡吉駕輕就熟的職務。一九二〇年代晚期，桃園、中壢兩地區（都在新竹州轄內）的組合員人數居全臺之冠，這時，有機會重新結識他過去就認識的某些人，令簡吉大為興奮。此外，他還能在協助過去同志的遺族上，在替當年為了改善臺灣佃農的工作、生活條件而犧牲的烈士平反上，盡一份心力。簡吉於一九四六年欣然接下這職務，但一九四七年二二八屠殺後，他不得不轉入地下。不過，短暫主持桃園水利會期間，簡吉協助籌得約二十二萬六千元新臺幣，分發給他所能找到的農組烈士遺族。[22]

經過來自中國的外來政權統治一年後，臺灣社會就像一息尚存的垂死之人。政治腐敗、軍人無法無天、惡性通膨、疾病猖獗，使臺灣人民深深絕望。一九四五年八月戰爭結束時，一蒲式耳的米要價六十元新臺幣，但到了一九四七年一月三十一日，一蒲式耳的米暴增為三百元新臺幣。傳染病，例如霍亂、天花、鼠疫，原本已被日本人根除，這時重現。簡而言之，行政長官陳儀粗暴削弱了臺灣的主要收入來源和價值。[23]這些問題，加上歧視和文化衝突的催化，變得令臺灣人愈來愈無法忍受。由於生活困苦，一九四七年過年時，島民幾乎沒東西可過節。臺南吳新榮醫生家原本每三餐還能吃一餐米，這時只吃得起甘薯。難怪在臺的美國觀察家向國務院示警道，島內不久後必會爆發某種暴動或叛亂。就是在這一背景下，簡吉和其農組同志決定再度走入地下，打擊來自中國大陸的新殖民主子。

許多資深行動家重出江湖，有力的說明了戰前的激情在這個渴望自治的島上繼續在燃燒。但未來會如何，這些重大事件會把臺灣人民帶往何處，當然無人能預料。儘管如此，由於同盟國獲勝和美國的出兵，日本人在臺半世紀的統治終於結束。只是臺灣的地位仍然未定，因為不管是波茨坦宣言（一九四五年七月二十六日），還是日本與同盟國在舊金山簽署的和約（一九五一年九月八日），還是中日和約（一九五二年四月二十八日），都未具體指明應由誰依法承接臺灣。該由誰來治理這個島的問題，一如過去，未徵詢過島民的意見。他們該在經濟、政治上與美國拴在一塊，還是該在文化、語言、經濟上與中國重新建立象徵性連結——這是問題所在。經過在東西兩線打了一場慘烈、疲累的戰爭，美國人已不想再打仗，為免和中國起衝突，美國對於臺灣的身分定位自然而然採取審慎含糊的立場。不過美國還是力促在臺的國民黨當局與臺灣人好好溝通。24

二二八屠殺

日本投降時，美國幾個「中國通」對臺灣幾乎一無所知。但有位美國官員極力支持臺灣自治，此人就是駐臺副領事葛超智（George H. Kerr）。葛超智於一九三五至一九三七年攻讀日本歷史和政治；一九三七至一九四〇年在臺北高等學校教英語，一九四〇至一九四二年參加了哥倫比亞大學的「福爾摩沙研究小組」；然後於一九四四至一九四六年擔任美國海軍武官。他與數位臺灣重要人士有密切往來，戰時深入參與此島上的情報蒐集工作。他寫了「臺灣民政事務手冊」（Taiwan Civil Affairs Handbook），收集作戰地圖，為美國預定入侵臺灣的行動，「堤道行動」（Operation Causeway），翻譯未發表的資料。出於個人在臺親身體驗，葛超智尖銳批評一九四五至一九四七年戰後臺灣的情況，對國民黨領導階層極為反感。他寫了政治上極敏感的報告給國務院，報告中將他們稱作「不知所措的群氓」和「無能之徒」。[25]另一方面，他由衷同情臺灣人的困境。

除了總值約合二十億美元的民間資產（包括前面談過的那些大甘蔗田），日本還移交給國民政府大量儲存的食品、藥品、武器、彈藥。久而久之，當臺灣人受到來自大陸的新主子不當對待時，美國人成為外來的中國人和臺灣人之間的緩衝。中國人未把臺灣人當成自己手足，反倒立即壓榨臺灣豐富的資源（包括煤、米、糖、水泥、木材），以支持他們搖搖欲墜的大陸經濟和腐敗的政治機器。有位叫威廉・紐頓（William D. Newton）的美國記者，來過臺灣一趟後，一九四六年三月下旬，在華府的斯克里普斯—霍華德（Scripps-Howard）報業公司，發表了數則下了驚人大標題的報導，包括「腐敗中國人統治 吸富島的血」、「中國人剝削福爾摩沙更甚日本人」、「中國拙劣統治 福爾摩沙工廠生鏽」、「福爾摩沙的苦難 美國難辭其咎」等。聯合國善後救濟總署報導，瘟疫和霍亂重現此島，《華盛頓郵報》則在其一九四六年三月二十九日談「福爾摩沙醜聞」的社論中，把臺灣的新主子形容為「特別愚蠢、貪婪、無能」，接著寫道：

> 中國人成立了恐怖政權，全面劫掠，乃至攔路搶劫……中國的行政長官公署接

管了日本人的專賣事業，似乎把它當成超棒的賺錢勾當來經營，極力自肥，大大加重已受了四年戰爭通膨、物資短缺和美國不斷轟炸之苦的人民的苦難。[26]

然後此文敦促美國勿袖手旁觀，任由國民政府如此踐踏他們戰時所許下的解放承諾。戰時，臺灣人對大陸人有了新的看法和認知，從而產生不同的思想模式、情感模式。戰爭經驗使他們更加相信自己是新的島嶼民族，明顯有別於大陸人。戰前、戰時、戰後，臺灣人看到一般中國人的惡劣行為，心生惱怒，不接受他們的心態。臺灣人把大陸人稱作「外省人」，把自己稱作「本省人」，反映了他們對這些新來者的反感。私下交談時，有些臺灣人甚至把中國人貶為「阿山仔」，意為在山裡四處覓食的野豬。此外，中國派來的行政長官陳儀，乃是造成臺灣人對中國人反感的重要因素，因為他在政治上行事有欠考慮，協商時徹底無能，不斷放話威脅，使信任、和解如颱風天的羽毛飄然遠離。陳儀曾誇稱，日本人花了五十一年才鎮住此島，他希望只花五年再教育島民，就使他們在中國人治理下過更安樂的日子。這些擋不住的社會力量和國民黨在臺的不當統治，隨著島上經濟惡化和遣返臺籍日本人的集體失業而加大其效應，使大陸人、臺灣人間的緊張持續升高。在這情況下，中國人認為臺灣人受到誤導，臺灣人則認為中國人很壞。就在這關頭，國共在大陸上激烈開打。

一九四六年一月，陳儀政府開始施行「臺灣省漢奸總檢查規程」，其中有一條規定凡是參與戰前皇民化運動者，都不得參選參議會議員，於是一百九十二名臺籍菁英遭剝奪公民權。同年十月，禁止說、寫日語。

然後，一九四七年二月二十七日，一小隊國民黨「專賣局」的查緝員在臺北騷擾一臺籍香菸販——一個育有兩個年幼小孩的寡婦——在衝突中殺死一名旁觀者。可悲的是偏袒營私、管理不當的國民黨政權，漠視臺灣人即將叛亂的徵兆。但跡象清楚顯示，在此事發生後幾小時，情況即有了變化。

隔天（二月二十八日）中午，憤怒群眾洗劫「專賣局」，打死局內兩名職員。下午三時之前，已有兩千至三千武裝臺灣人往行政長官公署請願，並占領臺灣廣播電臺。臺灣島面積不大，消息傳得很快，在震驚、混亂、困惑的氣氛中，這件事故迅即引發臺灣人反國民黨當局的全島大叛亂。嘉義的臺灣人占領市政府，把一千四百名大陸人關在嘉義參議會內，在嘉義機場與中國衛兵交戰，但缺水缺食物，無法繼續打下去。臺南、高雄的臺灣人，主要是來自當地中學、大學的學生，摧毀警局、軍事設施和監獄，但無法攻入高雄要塞司令部。中臺灣和東臺灣的其他城市也發生類似的暴動和騷亂。

一九四七年三月八、九日間，國民黨領導人蔣介石派兩千憲兵和一萬一千名重武裝士兵（第二十一師）來臺，殘酷鎮壓臺灣叛亂分子和異議人士。支持獨立的臺灣人裡，有一些服務於三青團在臺的各分團。被捕者通常遊街示眾，然後公開處決。數千名受過現代教育、有行政經驗的臺籍政治領袖遭槍斃。

這事件被稱作「二二八屠殺」。有份調查估計一萬至兩萬人遇害。此事件的總遇害人數仍無定論，且在最近幾十年成為政治爭議。[27]

但這段令人不快的描述只道出局部真相，因為還有數百名受過教育的臺籍專業人士不是入獄就是被迫流亡。美國政府把二二八屠殺稱作臺灣人的「自發性抗議和無組織的暴動」。[28]時為國民黨臺灣省黨部主委的李翼中所寫的〈帽簷述事〉，最能說明此事的寒蟬效應。此文發表於一九五二年九月，部分內容如下：

> 國軍廿一師陸續抵基隆，分向各縣市進發，陳儀明令解散二二八事件處理委員會，又廣播宣佈戒嚴意旨。於是警察大隊、別動隊於各地嚴密搜索參與事變之徒，即名流碩望、青年學生亦不能倖免，繫獄或逃匿者不勝算。中等以上學生，以曾參與維持治安，皆畏罪逃竄遍山谷，家人問生死、覓屍首，奔走駭汗、啜泣閭巷。陳儀又大舉清鄉，更不免株連誣告或涉嫌而遭鞫訊，被其禍者前後無慮數萬人，台人均躡氣呑聲，惟恐禍之將至。[29]

一九四七年夏，一群臺籍異議人士請曾任駐華美軍指揮官的美國特使魏德邁將軍出面干預。魏德邁向國民黨當局保證，美國對臺沒有領土野心，但還是於一九四七年八月十七日向國務卿馬歇爾發了以下信息：

（臺灣）人民真誠且熱切期待脫離日本人宰制。但陳儀和他的親信以無情、腐敗、貪婪的手段，將他們的體制強加在快樂、順從的人民上。（中國）軍隊行事如征服者。秘密警察無法無天恣意恐嚇，為（國民黨）官員的剝削開方便之門……這個島盛產煤、米、糖、水泥、水果、茶。八成的（臺灣）人民有讀寫能力，中國大陸上的情況，普遍來講正好與此相反。跡象顯示福爾摩沙人願接受美國監護和聯合國託管。他們擔心（國民黨）政府想榨乾他們的島以支持搖搖欲墜、腐敗的南京政府，而我認為他們的憂心有憑有據。[30]

魏德邁將軍的精神支持無助於慰藉臺灣人的民族創痛，但他的「美國監護」構想卻令某些臺灣異議人士振奮，包括廖文奎、廖文毅（一九一〇～一九八六）兩兄弟和林獻堂、黃紀男。廖氏兄弟出身雲林郡的有錢地主之家，廖文奎拿到芝加哥大學的政治哲學博士學位，他弟弟廖文毅則擁有俄亥俄州立大學的工學博士學位，娶美國籍女子為妻。

據黃紀男的回憶，葛超智於二二八屠殺期間與另兩位重要的臺灣人有接觸。一位是提倡「美國監護」臺灣的陳逸松，另一位是成立了小型「臺灣獨立」團體的楊肇嘉。一九四六年六月，黃紀男向美國在臺領事館請願，要求在聯合國監督下辦一場全島公投。[31]

一九四七年夏，廖文毅、黃紀男等幾位行動家成立臺灣再解放聯盟。一九四七年九月底，廖文毅帶領該聯盟幾位成員向美國駐華大使司徒雷登遞交請願書。[32]傳教士出身的外交官司徒雷登，據認說了「福爾摩沙獨立是漫長而艱苦的路，但值得爭取」這樣的話。他還「認定二二八事件的屠殺不容忽視」，力促蔣介石撤換陳儀，改以文人魏道明（一八九九～一九八九）為臺灣省長。[33]

蔣介石的確任命在巴黎留過學的魏道明接替陳儀，但魏道明上任後，臺灣省政府立即宣告這個臺獨團體為非法，稱該團體領袖為「外國勢力代理人」、「共黨同路人」、「野心分離主義分子」、「中華民族叛徒」。儘管招來國民黨的負面反應，臺灣再解放聯盟還是代表七百萬島民向聯合國請願，要求由聯合國所任命並監督的國際機構暫時託管臺灣。這份日期注明為一九四八年九月一日的請願書，也要求更晚時舉辦公投。[34]

但就在受過西方教育的臺籍菁英為使家鄉脫離國民政府宰制而尋求國際支持時，本土農組員也在對外來的高壓中國人展開武裝鬥爭。不同的時代和不同的統治者激起大體上相同的一批異議分子。一九四六年秋簡吉在桃園主持水利會計畫時，透過他的農組同志蔡孝乾，結識了中國共產黨地下代理人張志忠。兩人密謀武裝起義，深信簡吉能利用其農組網絡吸收年輕佃農，成立「自治聯軍」。張志忠是嘉義郡新港人，過去既是臺共黨員，也是農組成員，因此於一九三一年遭日本人逮捕。一如其他反日行動家，他後來避難於中國，投入中共陣營抗日。一九四六年，日本投降後一年，國共內戰復起。但與其他以國民黨官員或將軍身分得意返臺的其他流亡人士不同的，張志忠低調返回家鄉，且以化名示人，懷有任務。他的任務乃是與當時住在臺灣的約七十名共產黨員合力打造地下武裝力量，等人民解放軍解放臺灣。由於國民黨政府腐敗、治理不當，由於中國共產黨鎖定農民，承諾將地主的農田分給貧農，藉此把農民拉進自己陣營，簡吉找到了他傾注一生所欲實現的那種計畫，亦即解放臺灣廣大農民的計畫。此外，他打從心底相信，這樣的土地改革會得到臺灣農民支持。

二二八事件爆發時，簡吉為「自治聯軍」的政委。在司令張志忠之下，有北港、新港、朴子、梅山四個支隊成立於嘉義郡轄區。梅山總部充當自治聯軍的指揮所。在這同時，一九四七年三月二日，中臺灣的有志之士召開市民大會，推選謝雪紅為臺中地區治安委員會作戰本部的總指揮。下一個星期，中臺灣情勢開始迅速轉變。該委員會的年輕成員利用從警察局奪來的武器，將守衛中臺灣第三軍械庫的中國兵繳械。三月七日時，二七部隊已成立於臺中某軍營。但國民黨第二十一師進逼中臺灣時，蔡孝乾建議二七部隊轉進埔里打游擊。於是，這支部隊逃進竹林，留在中臺灣山區，直到二二八起義結束。[35]

名醫出身的游擊隊長陳篡地，出身臺中以南的地區。一九四七年三月三日，高大、自信、四十餘歲的陳篡地組織民兵部隊，從虎尾機場收繳武器，以維持居住地斗六（以抵抗外來統治者著稱的城鎮）的社會秩序。他是彰化人，曾就讀大阪高等醫學專門學校，一九三三年返臺。他的妻子亦是醫師，兩人在斗六開業行醫。

二戰末期，眼科醫生陳篡地被徵召到越南服役，但他不打法國人，反倒逃離日軍，跑去幫胡志明的越共。

國民黨的二十一師部隊包圍斗六時，陳篡地將他三十多人的民兵部隊改名「斗六警備隊」。他們把武器、彈藥、糧食搬上數輛牛車，轉移到梅山，與簡吉的「自治聯軍」並肩作戰。

到了一九四七年三月中旬，國民黨二十一師的先頭部隊已封鎖梅山游擊基地。張榮宗醫師統率的朴子支隊，有四十或五十名戰士，在前往梅山基地途中遭遇中國軍隊伏擊。三月十八日，由許壬辰（當地法院書記官）領軍的北港支隊也遭伏擊，他轄下戰士三分之二（約三十人）喪命。根據臺北臺灣警備總部發給二十一師師長的兩封電報，一九四七年三月二十七日對簡吉、陳篡地醫師、張信義發布了逮捕令。簡吉不得不逃命，有時躲在新竹、桃園地區，有時躲在臺北，但大部分時候躲在阿里山區。一九四九年九月時，他在該山區吸收了一些熱情的年輕原住民，將他們組織成名叫山地工作委員會的共產主義蘇維埃。[36]接下來半年，簡吉抱著知其不可而為之的心態，過著猶如游擊隊長的日子，時時處於險境之中。

至於陳篡地，走上逃亡之路後，他回到家鄉彰化，藏在他自己挖就如墓穴的地洞裡。接下來幾年裡，陳篡地晝伏夜出。一九四九年三月七日，陳篡地的妻子、小孩、姪女被捕，關了一個月，但他們自始至終不肯透露陳醫生的行蹤。不過，到了一九五三年，他再也無法忍受在這樣的情況下繼續躲藏，於是走出藏身地向當局自首。國民黨饒他一命，但他從此失去真正的自由，因為得定期向秘密警察報到和交出日記。[37]

其他的臺籍異議人士、革命分子、反政府人士，包括謝雪紅、蘇新、王萬得、潘欽信、蕭來福之類重要的臺共黨員，逃到中國大陸，加入人民解放軍。到了一九四九年，據估計已有一千三百名臺灣人加入中國共產黨。蔡孝乾，人民解放軍裡最高階的臺籍軍官，一九五〇年遭國民黨特務逮捕。禁不住監禁和不斷訊問，蔡孝乾出賣黨，供出其他所有共黨同志的名字。國民黨留他活命，接著派他擔任國民黨某情報機關的副首長（官拜少將），以便利用他偵刺共黨特務活動。成立臺灣再解放聯盟的廖文毅被迫流亡香港、日本、美國等地，繼續他的臺灣獨立運動，終歸徒勞，最後，一九六五年，他認清事實，接受國民黨的招撫返臺。他於一九八六年五月去世，距後來國民黨政府解嚴僅一年。受敬重的林獻堂則選擇流亡日本，仍夢想著建立一自由、民主、自治的臺灣。林獻堂一再拒絕國民黨政府的示好，一九五六年九月八日死於日本，得年七十五。簡吉決定留在臺灣，但於一九五〇年四月二十五日在臺北被秘密警察捕獲，受嚴刑拷問將近一年。這位臺灣農民組合運動的捍衛者，堅守自己原則，不改自己信念，一九五一年三月七日被處死於臺北，得年四十八。

注釋：

1 陳芳明，《臺灣新文學史》（臺北：聯經出版公司，二〇一一年），下冊，頁一一二—一一六。

2 John Balcom, "A Literary Revolution," *Free China Review* 43, no. 5 (May 1993): 73-81. See also, Chung Chao-cheng（鍾肇政）, "The Plight of Taiwanese Literature as Seen From Taiwan's Literary History," in North America Taiwanese Professors' Association *Bulletin* 4, no. 2 (December 1984):5.

3 陳芳明，《臺灣新文學史》，下冊，頁一一七—一二七。

4 臺灣拓殖株式會社，《昭和十七年度事業概況書》（臺北：臺灣拓殖株式會社，一九四三年），頁六七—六九。

5 鍾淑敏，〈臺灣拓殖株式會社在海南島事業之研究〉，《臺灣史研究》（臺北：中央研究院，二〇〇五年六月），第十二卷第一期，頁九七。

6 《臺拓社報》第九六號（一九四二年一月三十一日），頁二—二〇，三六；第一〇八號（一九四二年七月三十一日），頁三—六；第一一九號（一九四三年一月十五日），頁一—二。

7 湯熙勇，〈脫離困境：戰後初期海南島之臺灣人的返臺〉，《臺灣史研究》（二〇〇五年十二月），第十二卷第二期，頁一七二—一七六；也見蔡慧玉，《走過兩個時代的人：臺籍日本兵》（臺北：中央研究院臺灣史研究所，一九九七年），口述歷史叢書第一號，頁四三〇。

8 吉章簡等編，《海南資源與開發》（香港：亞洲出版社，一九五六年），頁一三八。

9 Adam Schneider, "Taiwan Development Company and Indochina: Subimperialism, Development, and Colonial Status," *Taiwan Historical Research* 5, no. 2 (Taipei: Academia Sinica, 1998): 127-128；鍾淑敏，〈臺灣拓殖株式會社在海南島事業之研究〉，出處同前，頁一〇七。

10 《興南新聞》（一九四二年六月十日）：二與（一九四三年二月十三日），晚報版：二。

11 臺灣總督府，《昭和二十年臺灣統治概要》（臺北：一九四五年），頁七二；關於童工，見二〇〇五年紀錄片《綠的海平線—台灣少年工的故事》，郭亮吟製作、導演。

12 欲更瞭解皇民化運動，見周婉窈，《海行兮的年代：日本殖民統治末期臺灣史論集》（臺北：允晨文化，二〇〇四年），頁一四一。

13 末代總督安藤利吉，大概因為無法忍受中國人的羞辱，一九四六年四月十九日自縊於上海監獄。

14 楊肇嘉，《楊肇嘉回憶錄》（臺北：三民書局，一九七八年），頁三五三。

15 陳翠蓮，《百年追求：臺灣民主運動的故事》（新北市：衛城出版，二〇一三年），頁二一六—二一八、二四五。

16 陳逸松，《陳逸松回憶錄》（臺北：前衛出版社，一九九四年），頁三〇四。

17 U.S. State Department, *The China White Paper* (Stanford: Stanford University Press, August 1949)，原以*United States Relations with China*之名發表，頁九六、一〇六、一四三、三四七。

18 陳翠蓮，《百年追求：臺灣民主運動的故事》，頁二四五；楊渡，《簡吉：臺灣農民運動史詩》（臺北：南方家園出版社，二〇〇九年），頁二四四—二四五。

19 陳翠蓮，《百年追求》，頁二四四—二四六；也見陳芳明，《臺灣新文學史》，頁二一七—二一八。

20 楊渡，《簡吉：臺灣農民運動史詩》，頁二四六—二四九。

21 陳翠蓮，《百年追求》，頁一九二。

22 楊渡，《簡吉：臺灣農民運動史詩》，頁二五一—二五二。

23 陳翠蓮，《百年追求》，頁二五八。

24 George H. Kerr, *Formosa: Licensed Revolution and the Home Rule Movement, 1895-1945* (Honolulu: The University of Hawaii Press, 1974) , xv; also Kerr's other book, *Formosa Betrayed* (Boston: Houghton Mifflin Company, 1965) , 81.

25 Many of Kerr's reports are classified as Record Group (RG) 59, in the Department of State Decimal File. Significant documents pertaining to Taiwan include: RG59, 1946, no. 9, 13, 14, 30, 1206; RG59, 1947 no. 36, 45, 405, 449, 499, 500, 893, 894A., 2788; RG59, 1948, no. 2, A-9, A-65, 110, 450; and RG59, 1949, 894A.00/1-749, CSBM, 894A.00/1-2349, CSBM.

26 *Washington Post* (03/29/1946): 18.

27 Lai Tse-han et al. *A Tragic Beginning: The Taiwan Uprising of February 28,1947* (Stanford University Press, 1991), 78-81.

28 欲更瞭解美國政府對二二八事件的立場，見U.S. State Department, *China White Paper*, 926-938。

29 李翼中，〈帽簷述事〉，收錄於《二二八事件資料選輯（二）》（臺北：中央研究院近代史研究所，一九九二年），頁二。

30 *China White Paper*, 309.

31 黃紀男，《黃紀男泣血夢迴錄》（臺北：獨家出版社，一九九一年），頁一三七—一三九、一四六。

32 陳芳明，《謝雪紅評傳》（臺灣：前衛出版社，一九九四年），頁三八二。

33 黃紀男，《黃紀男泣血夢迴錄》，頁一七三；Richard C. Bush, *At Cross Purposes: U.S.-Taiwan Relations since 1942* (Armonk, NY: M. E. Sharpe, 2004), 47, 49, 82.

34 黃紀男，《黃紀男泣血夢迴錄》，頁二〇四。

35 許進發編，《戰後臺灣政治案件—簡吉案史料彙編》（臺北：國史館，二〇〇八年），頁一五—一七。

36 出處同前，頁三三—三六；也見國家安全局解密資料（國史館：臺北），臺灣警備總部，信件編號五〇七，第二局發布，一九四七年三月二十七日。

37 楊渡，《簡吉：臺灣農民運動史詩》，頁二六八—二六九。

第七章

戰後美援和臺灣的土地改革

臺灣來了新統治者

陳儀和其助手迫害臺灣人時，蔣介石的國民政府在國共戰場上正節節敗退。眼見要輸掉徐蚌會戰，華北、華中的軍事局勢急轉直下，國民政府於一九四八年十二月要求在資助下購買的美國裝備運送臺灣。接下來幾個星期，共產黨在戰場上幾乎每戰皆捷。一九四九年四月下旬，毛澤東的人民解放軍越過長江，大舉進入南京。共軍於四月二十四日占領南京，五月十六、十七日拿下漢口，五月二十五日攻下上海，六月二日拿下青島。

徐蚌會戰大敗之後，蔣介石被迫於一九四九年一月二十一日辭去總統職。但他不肯交出兵權，準備把他的政府搬到臺灣，把約四十萬難民和戰敗的三十多萬部隊撤到臺灣。隨著一九四九年五月底蔣抵臺，臺灣由美國監護或聯合國託管的前景更為黯淡。遭革去臺灣行政長官之職後，人稱臺灣屠夫的陳儀於一九四八年六月派任浙江省主席。十一月，陳儀放走一百多名已列入處決名單的共產黨員。一九四九年一月，陳儀下屬湯恩伯（一八九八~一九五四）將陳儀勸他變節投共之事通報蔣介石。私通共黨之事是否屬實並不重要，因為陳儀治臺大傷臺灣民心，蔣極需代罪羔羊來安撫臺灣人心，於是他立即革去陳儀省主席之職，一九四九年五月三十日，命人將他押到臺灣囚禁，然後在臺北馬場町處決。

鑑於大陸形勢嚴峻，國民政府有徹底潰敗之虞，為了保住臺灣，蔣介石的軍事、安全措施取代了魏道明文人政府在臺的政策。原本純粹為了壓制大陸共黨而頒行的戒嚴令，一九四八年五月十日擴大施用於臺灣。它廢除一九四六年十二月二十五日開始施行的憲法，剝奪臺灣人的自由和基本人權，對公開集會和媒體施加限制，審查學術刊物。一九四九年一月五日，共軍正準備越過長江時，魏道明突遭撤換，代之以蔣介石心腹陳誠（一八九七～一九六五）。在這緊要時刻，由蔣介石兒子蔣經國（一九一〇～一九八八）統領的國民黨秘密警察，利用赤裸裸的權力、詭計、假情報，訊問、恐嚇數萬「臺獨」分子和共產黨員，以及批評國民黨、蔣家者。[1]

為了保住政權和取得統治的正當性，國民黨政權肆無忌憚，使不計其數的無辜者，包括幾位支持廖文毅獨立運動者，不是遭處決，就是入獄。一九五〇年二月，一群流亡的臺籍行動家聚集於京都，成立「臺灣獨立聯盟」。但到了一九五〇年代初期，島內最高聲批評國民黨者已經被迫噤聲。接下來三十年，也就是所謂白色恐怖時期，國民黨的不容異說，帶來政治恐嚇、知識怠惰、文化沙漠。

國民黨在臺恣意進行其威權、殘酷統治時，幾名美國國會議員提出美國在華「失敗」的問題和國務院「中國通」的忠誠問題。共黨於一九四九年四、五月拿下南京和上海之後，這些中國通愈來愈失望於國民黨領導階層。但龐大的公眾壓力要杜魯門總統勿承認新成立的北京中共政權。由於國會裡的「中國遊說團」和艾契遜領導的國務院彼此步調不一，美國國內針對該如何處理蔣介石在臺北的難民政權出現激烈爭議。為掩飾其失策和華府的混亂，杜魯門最終決定拋棄國民黨政權，在一九五〇年一月五日發出如下聲明：

> 美國此時無意在福爾摩沙取得特殊權利或特權，或無意在福爾摩沙設立軍事基地。美國也無意利用其武裝部隊干預現狀。美國不會走會使其涉入中國內戰的路。同樣的，美國政府不會提供軍事援助或建議給福爾摩沙的中國軍隊。[2]

一九五〇年六月二十五日，由俄羅斯提供裝備和訓練的北韓軍隊跨過北緯三十八度線南侵，南韓軍隊立即陣腳大亂。金日成入侵南韓時，美國正處於外交政策辯論、與隱然進逼的共黨集團國家的緊張關係升高、對華政策失敗之時。美國決策者立即意識到，不只得在朝鮮半島上抵抗共黨侵略，在亞洲其他地方，乃至世上其他地方亦然。美國參戰，扭轉了美臺關係。六個月前將臺灣排除在美國安保區之外的美國，這時不得不宣布臺灣中立化，將美國第七艦隊駛入臺灣海峽以阻止中共侵臺，從而徹底翻轉其對臺立場。一九五〇年六月二十七日，杜魯門總統發出如下聲明：

我已命令第七艦隊阻止對福爾摩沙的任何進犯。由於這一行動，我會要求福爾摩沙的中國政府停止對大陸的所有海空行動。第七艦隊會確保此事的達成。福爾摩沙未來地位的裁定，必須等太平洋地區恢復安穩、與日本談成和約或聯合國的審議。[3]

農復會

韓戰爆發後（一九五三年停戰），杜魯門政府決定以保衛臺灣支持國民政府，但前提是蔣介石政府不從臺灣進犯大陸。在那之後的六十多年裡，杜魯門的政策不只使臺灣海峽中立化，還把臺灣的中華民國與大陸的中華人民共和國隔開。在美國強力干預下，海峽兩岸從此走上事實上的分離，從而使人更加相信美國已採取「兩個中國」或「一中一臺」政策。一九五〇年七月二十八日，美國代辦藍欽（Karl Lott Rankin）抵臺。三天後，時任韓戰聯合國軍總司令的麥克阿瑟將軍旋風式訪臺（七月三十一日至八月一日），就「發動」國民黨軍隊對付中共的可能性與蔣介石交換意見。訪臺之後，麥克阿瑟如此描述臺灣的戰略地位：「一艘不沉的航空母艦和潛艇供應艦，位置十分理想，既可完成攻勢戰略，也可助長駐紮於沖繩、菲律賓的友軍的防禦或反攻行動。」[4]

後來，一九五二年十二月，艾森豪總統訪問南韓三天，與美國高階軍事官員一同檢討整個西太平洋地區的戰略情勢。這場會議後不久（一九五三年二月二日），艾森豪宣布美國第七艦隊將不再阻止臺灣國民政府對大陸共黨發動攻勢。[5] 一九五四年九月三日拂曉，中共廈門部隊突然猛烈炮擊金門和距大陸沿岸僅九公里的小金門，殺害兩名美國軍事顧問，嚴重威脅臺灣海峽，美國對中華人民共和國的憂心和敵意隨之更為顯著。於是，在美國的「圍堵政策」下，臺灣自然而然成為全球的反共鬥爭熱點之一。[6] 一九五四年十二月二日，美國和臺灣在華府簽署共同防禦條約，以保護臺澎，擊退武裝攻擊。美國參院於一九五五年二月九日批准該條約，艾森豪總統於二月十一日簽署該約。自此，中美共同防禦條約成為接下來二十六年美臺關係的基石，為這兩個盟邦的長期、全面合作奠定法律基礎。

但在炮擊金門和簽署共同防禦條約之前許久，美國國會配合反共圍堵政策，已在一九五一年秋通過共同安全法（Mutual Security Act），而臺灣是此政策的受惠者之一。為更有效利用美國經濟援助並達成臺灣經濟自給自足的目標，美國設立了國際開發總署（U. S. Agency for International Development），然後該署成立名叫「運作計畫」（Operation Program）的監察體制。一九五二年一月五日，該署改名共同安全總署中國分署（Mutual Security Agency, Mission to China）。這一運作計畫由施幹克（Hubert G. Schenck）主持，由四個步驟組成：一、授權，二、撥款，三、分配、四、負責，此外還有數個採購、支出方面的規定和限制，例如最終用途查核制。卜蘭德（Joseph L. Brent）從一九五四年三月三日開始擔任共同安全總署中國分署署長，至一九五八年一月二十五日為止，然後由赫樂遜（Wesley C. Haraldson）接任（一九五八年二月十六日～一九六二年八月九日）。[7]

華府撥給臺灣的非軍事性援助，總共十五億美元，至一九六五年為止平均每年約一億美元，相當於臺灣國民生產總額的一成。例如，一九六一年國民政府的總預算是三億七千五百萬美元。[8]除了一般基礎設施，有些援助資金用於教育、公共行政、住宅供給和城鎮開發。一半的援助用於刺激臺灣經濟，提供技術援助和剩餘農產品（例如棉花、大豆、麵粉、奶油），以減輕兩百萬大陸難民和愈來愈多之本土居民的困境（見表7）。

共有超過十四項計畫，受益於美國的財務援助和技術建議，中國農村復興聯合委員會（簡稱農復會）是其中之一。約兩百萬的中國難民中，有許多是受過良好教育的官員和知識分子，而且這些人體認到國民黨政府的最大失策乃是未能使中國農民心向於政府。美國國務院裡也有許多人認為國民黨政權未能改善農民生計，且這一廣被宣傳的失職，導致國民黨一九四九年的潰敗。批評美國對華政策失敗者警告道，國民黨政權犯了錯，在臺灣絕不能再重蹈覆轍。扶持臺灣鄉村廣大農民，應是施政的首務。

農復會於一九四八年十月一日在南京正式成立，以反制中國共產黨在大陸強勁的政

表 7　臺灣人口的成長情形

年份	總數	臺灣人	中國人	原住民	日本人	其他	普查人口
1896	2,587,688	2,577,104			10,584		
1900	2,846,108	2,707,322	5,160	95,597	37,954	75	
1905	3,123,302	2,942,266	8,223	113,195	59,618	*	3,039,751
1910	3,299,493	3,064,499	14,840	122,106	98,048	*	
1915	3,569,842	3,282,109	18,225	132,279	137,229	*	3,479,922
1920	3,757,838	3,436,071	24,836	130,310	166,621	*	3,655,308
1925	4,147,462	3,787,868	33,258	136,706	189,630	*	3,993,408
1930	4,679,066	4,259,523	46,691	140,553	232,299	*	4,592,537
1935	5,315,642	4,839,629	53,900	150,502	269,798		5,212,426
1940	6,077,478	5,523,912	46,190	158,321	346,663	2392**	5,872,082
1945	6,617,525	5,984,032	47,551	167,561	355,596		
1950	7,555,588	7,029,459	524,940		376		
1954	8,749,151	7,356,265	766,064	181,322			

資料來源：一九四〇年前的數據，根據臺灣年度人民統計和臺灣總督府的七次人口普查；一九四五年的數據，根據一九四五年十月一日不完整的人口普查；一九四六年起的數據，取自臺灣省政府民政廳。
** 大部分是朝鮮人。

治攻勢。但由於內戰方酣，該會的運作時斷時續。國民黨在臺重新成立農復會，推行土地改革，一雪在大陸土地政策失敗之恥。事實上，美國國務院不斷力促國民黨改善其治理和對本省人的待遇，以免失去美國的支持。農復會五個委員中，兩人由美國總統任命，三人由中華民國總統遴選。蔣夢麟（一八八六～一九六四），哥倫比亞大學博士和前北京大學校長，奉命接掌在臺重起爐灶的農復會。一九四九至一九五一年，共有六千五百八十萬美元的美國貸款分配給數個臺灣工業計畫，包括水泥、水庫、水力發電廠、鐵路、漁獲冷凍、鋁、玻璃。一九五一至一九六三年間，農復會預算占去美國對臺援助總額的兩成四。事實上，這一期間臺灣的農業投資，五成九來自農復會補助，這些補助創造了三分之二的國內淨資本形成。[9]

為擬定並監督臺灣的各個農村計畫，農復會成立了以下部門，以進一步協助農民和農村經濟：植物生產、水利工程、水土保持、鄉村衛生、畜牧生產、食品與肥料生品、森林、農業經濟、農業推廣。與在臺的國民黨政府組織不同的，美國援臺資金全由農復會經手，以貸款或補助款的形式撥予專案使用，例如土地改革技術與預算、農會、漁會、水利會、四健會之類專案，以及改善農村地區基礎設施之用——包括衛生、電力、自來水系統、住宅計畫等。

農復會也吸收許多臺籍年輕農業專家，要他們收集資料，執行技術性工作。此外，透過洛克斐勒基金會和美國農業部，農復會挑選臺灣學生送到愛荷華大學、加州大學戴維斯分校、康乃爾大學、夏威夷大學、德州農工大學等美國大學進修，學習各種農業科學和技術。一九五一至一九七一年，總共有三千零三名本省、外省籍科學家、技師、教育人員等，拿到赴美進修的獎學金。此外，有相當多的農復會職員得到在職進修。日本殖民時期臺灣人所培養出的技能，基本上與後來從大陸帶來的技能相輔相成。大量中國難民的存在，其實帶給臺灣相當多的技術性技能和過多的具有行政經驗者。因此，一開始，農復會的技術性職員兼有大陸籍、臺籍、美籍專家，但一九六五年後，不再有美籍專家。這些專家為各種工程提供技術指導。農復會聘任考夫曼（I.H. Kauffman）、邁爾斯（W.I. Myers）之類美籍農業專家，在臺開啟先驅性工程，為農民設立農業合作社和貸款機構。農復會也從提愛姆斯（Tippetts-Abbett-McCarthy-Stratton）公司和莫里森－克努森（Morrison-Knudson International）公司雇請美籍工程師，協助設計、建造青草湖和曾文、明德等水庫。[10]

在此應該指出的，科學與技術在打造臺灣戰後經濟上扮演了吃重角色。建造和維護道路、電話服務、電力、鐵路、電臺所需的專門技術，遠非未受教育的農民所能勝任。例如，用於森林調查的空中攝影和攝影測繪法，不久就擴大運用於研究大壩構築和排水區、設計灌溉系統、港口建設。許多臺灣技師得到在職訓練。必須指出的，臺灣受益於美國援助計畫時，三分之二以上的美國金援（美金和新臺幣）流入基礎設施和農業。[11]臺灣備受讚揚的經濟基礎設施，用美國資金和技術建成：高雄港第十號碼頭（完成於一九五二年四月）、中臺灣西螺大橋（完成於一九五三年九月）、臺北南港的臺灣化學肥料廠（造於一九五四年）、石門水庫和水力發電廠（一九五五年七月開始運行）、全島八座甜菜農場（一九五五年創立）、東臺灣崎嶇海岸上的縱貫公路（一九六〇年五月啟用）。[12]

國民黨政府逃到臺灣之前，可供運用的美國援助款和中國體制的不健全，助長大陸境內的貪污，不管誰掌權皆然。但在臺灣，農復會不在公務體系內，其在農業領域裡的運作幾乎獨立自主。因此，他們能有效推動每個工程，不受拖沓、索回扣的官僚掣肘。他們的管理箴言是「左右聯繫，上下貫通。」出於這些因素，整個單位非常團結，農復會職員的生產力非常高。[13]農復會的許多決策，包含在以下十九點裡：[14]

一、鼓勵儲蓄，抑制消費。
二、建立資本市場（一年後執行）。
三、消除、解放經濟管制，讓私人企業享有最大自由。
四、國營企業民營化。
五、在融資、課稅、外匯、貿易和那些手續的簡化上提供民間投資者誘因和便利（一年後完成）。
六、改進投資計畫處理、出入境手續、土地取得和其他相關事務方面的既有法規（一年後完成）。
七、更充分利用國營企業的既有設備和設施（兩年後執行）。
八、針對公用事業費的訂定問題擬出長遠的解決辦法（一年後執行）。

九、將國防支出維持在目前水平（在一年內予以檢討後執行）。
十、改善稅制和稅務管理以促進資本形成和經濟發展（兩年後執行）。
十一、改善預算編列制度，推行績效預算制（三年內執行）。
十二、廢除非公開的補助，以使真正的國防開支和國營企業的獲利或虧損能確實反映於預算裡（兩年內執行）。
十三、調整公務員薪給，廢除各種非公開的補助，制訂退休計畫（一年內執行）。
十四、更嚴密審查國防支出（一年內執行）。
十五、建立中央銀行制，以更有效控制信貸（立即執行）。
十六、將所有接受存款和放貸的金融機構納入銀行體系（一年後執行）。
十七、強化對銀行業務的監督（一年後執行）。
十八、建立單一外匯利率和解除貿易管制（兩年後執行）。
十九、促進出口（需要長期努力）。

這十九點決策落實到何種程度難以確知，但這些決策的確大大影響臺灣經濟成長。例如，藉由除去各種壁壘和引進最先進的美國制度，欣欣向榮的臺灣經濟急速擴張。又如，稅負結構、關稅規定、商業法的徹底改革，促進貿易與工業成長，且增加了產量和獲利。這些作為大幅改變了臺灣進出口狀況，因為臺灣出口更多工業產品（從一九五〇年的百分之七．九增加為一九六五年的百分之四十六），進口更多資本財（從一九五〇年的百分之十三．三增加為一九六五年的百分之二十九．三）和農產品（從一九五〇年的百分之四十．七增加為一九六五年的百分之六十五．六）。一九五一至一九五九年間，臺灣為發展其新興的紡織業所亟需的原棉，百分之九十一．八來自進口（在共同安全總署的計畫下）。[15] 美援也刺激臺灣航運業成長和高雄、基隆兩港的發展。例如，一九五三年，共有四百一十六艘船載著美國貨到基隆卸貨。此外，基隆的進出口總噸數從一九五一年的一百二十萬七千兩百六十一噸增加為一九六五年的四百二十一萬五千七百九十九噸。[16]

有趣的是，這些政策的執行也使臺籍農民得以存錢，然後用餘錢買奢侈品。到了一九七二年，臺灣已有超過七十二萬輛摩托車，電視機成為熱門的農家購入品。由於大量美國小麥的輸入，臺灣人的飲食文化開始從幾乎只有米食轉變為兼吃米食和麵食（麵條和麵包）。一九五三年，臺灣人平均每人每年消耗十五．二公斤的麵粉和一百四十一．二公斤的米，到了一九八〇年，臺灣人每人每年吃掉二十三．六公斤的麵食，但消耗掉的米只有一〇六．五公斤。[17]

另一個正面結果是電網擴及島內人口相對較少而需求極低的地方。但到了一九七〇年代，許多這類地方已變成人口稠密，電力消耗高。事實上，美國的資本財（例如機械工具和零件、原油和潤滑油、五金製品、橡膠產品、化學製品、藥物）和新技術，創造出形形色色的多種計畫，比如以新款紡錘取代紡織廠裡的舊款紡錘，建造大型污水排放系統，從用燒炭灶炊煮改為用煤氣爐炊煮，從報廢船隻回收廢鐵等，不一而足。[18]

土地改革

大量美援流入臺灣，改造了島上的農村社會，另一方面，農復會也實行大規模土地改革以重新分配臺灣的經濟資源。此舉既是個經濟挑戰，也具有政治考量。相較中國共產黨在大陸粗糙、殘暴的土改，臺灣的三階段土改，作法較漸進、平和、人道得多，也使國民黨政權贏得信任與讚賞。由於政府大權在握，第一階段的改革將佃農付給地主的穀租從百分之五十降為百分之三十七．五。據估計有二十九萬六千零四十三戶農家受益於這一計畫，因為訂約面積達二十五萬六千五百五十七公頃（〇．九七公頃合一甲）。第二階段改革，從一九五一年起，將十三萬九千零五十八公頃的公地（一九四五年臺灣擺脫日本統治後沒收的日本人地產），賣給二十八萬六千五百六十三戶農家。第三階段改革，始於一九五三年，使耕者能擁有自己所耕的部分土地或全部土地。為協助佃農買下他們過去承租的地，臺灣銀行成立一筆資金，供低利放款給佃農。於是，共有十九萬四千八百二十三戶農家得到十三萬九千兩百四十九公頃的地，八成三的出租耕地成為自耕地，三十萬佃農成為小地主。[19]

切記，當國民黨政權實行這些改革計畫時，臺海兩岸的緊張正逐漸升高，導致臺美於一九五四年簽署共同防禦條約。在這情況下，華府急忙增加對國民黨政權的經援、軍援，而難民政府所推動的土改，就成為對其在臺統治成效的檢驗。毋庸置疑的，國民黨政府投下大量人力於土地改革，使用宣傳和強制手段消除阻擋者。農復會不只參與決策和政策執行，而且間或扮演替計畫宣傳的公關角色。為評量臺灣土改的前景和完成程度，農復會邀請美國農業專家雷正琪（Wolf Ladjinski）博士來臺至少四次。一九五一年訪臺期間，雷正琪直截了當表達他對以土改反共一事的看法。他指出，由土改計畫的成敗，通常可看出歐洲、亞洲政治情勢的穩定程度。為詳述他的觀點，他以俄羅斯、日本為例：

> 我的第一個心得來自俄羅斯的布爾什維克革命。當時，要保住政權，只有靠一個支持來源，若得不到農民支持，就完全沒有支持。如果當初列寧未呼籲在前線打仗的軍人（大部分是窮農）逃兵返鄉；如果，同一時候，（亞歷山大·克倫斯基，一八八一～一九七〇，當時的社會黨籍總理）未惡待農民，未逼俄羅斯佃農將地還給

地主，列寧永遠沒機會統治俄羅斯。克倫斯基受到的打擊極大，從此在政壇一蹶不振，那完全是因為他不懂農民的心理和心願。我的第二個心得來自道格拉斯・麥克阿瑟將軍。盟軍最高司令部占領日本後，麥克阿瑟頭一個瞭解到戰後日本最急迫的改革是土地改革。一如其他許多亞洲國家，日本大部分可耕地握在少數地主手裡，佃農生活悲慘。盟軍最高司令部入主日本後不久，麥克阿瑟將軍即下令推動全面土地改革，且按照他的計畫迅速推行。土改之前，日本農民的經濟情況，說得再怎麼客氣，都是可悲且糟糕。他們漸漸成為共產主義的溫床。土改之後，情況徹底改觀。原本支持共產主義者，如今轉向支持當今政府。[20]

雷正琪的土改前提，既來自他在烏克蘭長大的反共背景，也來自他在日本的親身經驗。因此，雷正琪建議國民黨政府，首要當辦之事乃是把一九四五年從日本人手裡沒收的廣大甘蔗田賣掉，以增加整體農業生產力。但國民黨的土地改革者較傾向於先重新分配大量的私有地，創造一個充斥小地主的新農業社會，而這主要因為當時臺灣仍倚賴糖賺取外匯。而且，在理論上和實際上，政府仍是臺灣最大的地主。一開始，農復會主委蔣夢麟博士較傾向於採行他所謂的「生產與分配並重」原則。一九五二年十月，蔣夢麟在《土地改革月刊》的一篇文章裡，進一步闡釋這一原則：

農復會成立之前，美國方面所提出的方案著重於生產，計劃在揚子江下游地區，以及廣州、上海、天津等大都市附近，發展增產工作。既可增加農村收益，也可減少舶來品的輸入，用意未始不善。但是我們以為如果專講增產，而土地制度未改革，則增產收益勢必盡歸地主所有，結果使富者愈富，貧者愈貧了，失了復興農村的意義。

因此，經過詳細的研討，認為在中國目前的狀況下，祇講生產不講分配是不能解決問題的，所以農復會決定工作方針時，以生產與分配並重，務使增產的果實歸之於農民大眾。這個工作方針，可說是農復會的基本哲學，過去如此，現在如此，未來的工作方向，當然還是不變。[21]

蔣夢麟承認，第一階段改革（三七五減租）的成功，要歸功於政府的決心、農復會職員與官員的賣力付出、美國的出資和技術協助。尤其值得一提的，他提到美籍委員穆懿爾（Raymond T. Moyer，一九一三～二〇〇〇）和本國籍委員沈宗翰（一八九五～一九八〇）的付出與提供意見。他們兩人都是康乃爾大學農業與生命科學學院的博士。至一九五三年，農復會已總共批准三十七項土地改革計畫。完成三七五減租的小目標後，一連串專案計畫接著出爐：創設地方監督制；重組所有租佃委員會；啟動全島土地所有權登記；開始草擬「耕者有其田條例」和旨在補償地主的「臺灣省實物土地債券條例」；建立全省的土地所有權資料庫；成立一專門小組，調查、核實農家的所有土地交易；找出提供專門技術和財務援助的方法和工具，以支持這些計畫。[22]

農復會諸委員決定，在照雷正琪的建議將大量公地放領之前，應先把土地所有權問題放在更大的經濟資源分配計畫裡予以調整處理，尤其應把人口問題考慮在內。當時，所有可耕地都處於集約耕種下；事實上，島上許多地方，甚至一年栽種四次作物。而擁有一公頃耕地的農民，如有一個以上的兒子，基本上不可能再將地分割。一九五〇年代時大家庭傳統還未消失。因此，執行了三七五減租這個第一階段改革後，他們思考該如何處理土地所有權這個迫切的問題。為處理此問題，各級政府必須清楚且有系統地掌握所有地籍資料。於是農復會擬出一筆預算，以協助地方政府訓練各地地政機關技師逐戶登記土地所有權。下表說明臺灣一九五〇年人口分布情況和各縣市的戶數和每戶平均人口（見表8）。

全島家戶土地所有權登記於一九五一年一月於高雄、屏東兩縣大舉展開，同年七月結束。八月，省地政局開辦土地所有權登記講習會，有百餘名地方政府地政官員出席。

表 8　臺灣各縣市人口密度（1950 年 12 月）

縣市名	土地面積（平方公里）	人口	百分比	人口密度（每平方公里）	戶數	每戶平均口數
臺北縣 **	2,257.49	568,756	7.53	251.94	107,463	5.29
宜蘭縣	2,137.46	255,088	3.38	119.34	47,662	5.35
桃園縣	1,267.23	343,160	4.54	270.80	57,907	5.93
新竹縣	1,482.47	344,033	4.55	232.07	62,323	5.52
苗栗縣	1,820.31	336,523	4.45	184.87	54,196	6.21
臺中縣	2,051.62	460,980	6.10	224.69	79,028	5.83
彰化縣	1,061.46	686,359	9.08	646.62	116,010	5.92
南投縣	4,106.44	298,182	3.95	72.61	53,441	5.58
雲林縣	1,290.83	510,444	6.76	395.44	82,539	6.18
嘉義縣	1,951.39	526,060	6.96	269.58	93,606	5.62
臺南縣	2,003.59	606,751	8.03	302.83	101,392	5.98
高雄縣	2832.52	447,306	5.92	157.92	78,172	5.72
屏東縣	2,775.60	465,972	6.17	167.88	81,856	5.69
臺東縣	3,515.25	116,252	1.54	33.07	20,654	5.63
花蓮縣	4,628.57	174,256	2.31	37.65	32,871	5.30
澎湖縣	126.86	77,993	1.03	614.80	14,147	5.51
臺北市	66.99	503,450	6.66	7,515.30	106,707	4.72
基隆市	132.30	145,751	1.93	1,101.67	36,400	4.00
臺中市	163.43	199,559	2.64	1,150.66	39,312	5.08
臺南市	175.65	221,160	2.93	1,259.09	43,221	5.12
高雄市	113.75	267,553	3.54	2,352.11	60,380	4.43
臺灣	35,961.21	7,555,588	100.00	210.10	1,369,287	5.52

資料來源：臺灣省民政廳統計室

** 包括陽明山特區

一個月後，每個縣展開縣內的土地所有權登記，到了十二月全島已正式進入戶籍登記階段。整個計畫預定於一九五二年三月完成，經費兩百多萬新臺幣，由農復會支出。投入的人力，包括地方政府官員和臨時雇員，共超過兩千人。投入如此財力人力，表明土地所有權登記是國民黨政府的重要政策。將土地所有者與其戶籍掛鉤（地籍總歸戶），政府較易查核土地的所在位置和核定的等級，以及土地的登記號碼，而土地編號則融入土地課稅系統。

這一登記作業涉及四個過程：一、發放含有三七五減租方面之資訊的地籍卡；二、將土地所有人與其戶籍掛鉤，記載土地的面積和所在位置；三、發放歸戶卡，裡面記載每個擁有土地的家庭成員（例如一戶可能有三個各擁有一塊地的兒子）；四、收集所有資料供官方統計之用。地籍總歸戶之後，政府掌握了全臺地產大戶的分布情形。換句話說，從此政府知道每個大地主擁有多少公頃的地、地位在何處、根據等級表土地的價值高低。這是農復會的計畫。蔣夢麟博士要在臺灣土地改革裡兼重生產與分配的主張，很明顯是這一政策的一大特點。表9說明實施三階段土地改革十年後臺灣的農戶數目和農業人口。

表 9　臺灣的農戶和農業人口，1952-1964

年份	農戶		農業人口			占總人口的%
	數目	指數	（千）	指數	年增率%	
1952	697,750	100	4,257	100	1	52.4
1953	702, 325	101	4,382	103	2.9	51.9
1954	716,582	103	4,489	105	2.4	51.3
1955	732,555	105	4,603	108	2.5	50.7
1956	747,318	107	4,999	110	2.1	50.0
1957	759,234	109	4,790	113	1.9	49.4
1958	769,925	110	4,881	115	1.9	48.6
1959	780,402	112	4,975	117	1.9	47.7
1960	785,592	113	5,373	126	1.8	49.8
1961	800,835	115	5,467	128	1.7	49.0
1962	809,917	116	5,531	130	1.2	48.0
1963	824,560	118	5,611	132	1.4	47.2
1964	834,827	129	5,649	133	0.7	44.3

資料來源：臺灣省農林廳，《臺灣省農業年報》，1952-1964 年版。

三七五減租之前，三成二的臺灣農民是自耕農，半自耕農占兩成七，佃農占四成一。一九五三年耕者有其田條例施行完畢後，自耕農、半自耕農、佃農的比例變成百分之五十五、二十四、二十一。經過數次的公地放領，到一九七七年時佃農所占比例更降至只有百分之八．四五。[23]但由於人口成長，農戶的平均農地面積相應萎縮。雖然人口問題依然存在，臺灣老早就走完從平衡到不斷改變的轉變。兩百萬難民從中國大陸抵臺時，出現相當劇烈的變化。根據臺灣稻米專家所做的某項調查，一九三一至一九三二年，每個農戶平均耕種三．二七三八甲地，但到了一九五〇至一九五一年時，降為每戶只有二．〇八一八甲；例如，一九三一至一九三二年每個農民平均擁有〇．三五〇五甲農地，一九五〇至一九五一年時降為〇．二一八八甲。另一方面，如果看過中國難民來臺之前十年的人口普查結果，會看出從一九四二至一九五一年臺灣的農戶數其實增加了四成六，務農人口增加了三成一。相對的，在這期間可耕地只增加了百分之二．二七；因此，每戶的平均農地面積少了三成，每個耕者的平均農地面積少了兩成一。表10說明從一九〇〇至一九五〇年五十年間的人口統計數據，表11提供有關臺灣農業勞動力的詳細統計數據。

土地改革過程中出現數個問題，其中有些是技術性問題，有些則是涉及根本的問題。問題之一是人口。自馬爾薩斯（Thomas Malthus，一七七六～一八三四）於一七九八年發表其《人口論》以來，有關人口成長與社會富裕的相互關係，有多種理論。馬爾薩斯認為，人口增長的力度大於土地供養人類的能力，而在某些方面，農復會主委蔣夢麟同意這一主張。臺灣總面積一萬三千八百平方英里，稍小於佛蒙特、康乃狄克兩州面積的總和。一九五六年有人口約九百二十萬，人口密度為每平方英里六百六十七人，相對的，日本人口密度為每平方英里五百八十六人，比利時七百二十七人，美國只有五十一人。但這數據並未道出真相：臺灣一萬三千八百平方英里的總面積中，只有三千兩百一

表 10　臺灣的農業人口，1900-1950

年份	總人口	務農人口	占總人口的百分比
1900	2,750,511	1,783,660	64.9%
1910	3,299,493	2,086,955	63.3%
1920	3,757,838	2,226,677	59.3%
1930	4,679,066	2,534,404	54.2%
1940	6,077,478	2,984,258	49.1%
1950	7,555,588	3,998,470	52.9%

資料來源：陳正祥，〈臺灣之人口及其農業〉，《科學農業》，第 3 卷第 11 期（1955），頁 7-17；第 3 卷第 12 期，頁 19-29。

表 11　耕作面積、作物面積、農業勞動力，1911-1960

時期	耕作面積（公頃）	作物面積（公頃）	農業勞動力（1000人）	農業人口（1000人）	每個農業人口的耕作面積（公頃）	每個農業勞動力的耕作面積（公頃）	每個農業勞動力的作物面積（公頃）	作物複種指數（%）
1911-1915	692,272	806,282	1,155	2,199	0.31	0.60	0.70	116
1916-1920	731,228	865,561	1,124	2,288	0.32	0.65	0.77	118
1921-1925	758,538	920,177	1,126	2,271	0.33	0.67	0.82	121
1926-1930	802,222	982,261	1,188	2,452	0.33	0.68	0.83	122
1931-1935	820,304	1,079,004	1,286	2,658	0.31	0.64	0.84	132
1936-1940	856,108	1,138,520	1,374	2,908	0.29	0.62	0.83	133
1941-1945	837,015	1,098,007	—	3,242	0.26	—	—	131
1946-1950	852,911	1,288,308	1,658	3,752	0.23	0.51	0.78	151
1951-1955	873,962	1,501,891	1,741	4,378	0.20	0.50	0.86	172
1956-1960	875,897	1,575,849	1,725	4,944	0.18	0.50	0.91	180

資料來源：謝森中與李登輝，〈臺灣農村勞動力過剩對作物制度與約耕作之影響〉，*Journal of China Agriculture*，第 48 號（1964 年 12 月），頁 59-75。

十二平方英里（也就是兩成四）是可耕地。那意味著臺灣每平方英里的可耕地得養活兩千七百七十七人。在日本是每平方英里得養活三千五百三十四人，比利時是兩千兩百人，美國則只有一百八十八人。[24]因此，將臺灣農業機械化，同時吸收剩餘的農村勞動力，成為農復會的最艱鉅任務之一。要解決這其中某些問題，除了強調家庭計畫，似乎還得將科學和技術運用於農業生產，並推動工業化。

而地主強硬反抗。第三階段土地改革期間，政府採取措施以說服地主和佃農接受改革，包括訂出讓賣方（地主）和買方（佃農）都能接受的地價估價。而為了化解地主可能的憤怒反應，臺灣立法院於一九五三年一月二十日通過「實施耕者有其田條例」，以補償地主的損失。依照該法，一九五三年八月一日，會把將近兩千四百萬新臺幣的現金和價值十五億六千萬新臺幣的實物土地債券轉交給地主。地主則該用這些錢換取國營企業股票（但國家專營的製糖、電力公司除外）。政府聲稱在這過程中地主只是把手上的土地資產轉換為工業證券，地主的資本協助支持了臺灣剛萌芽的工業經濟，但批評者表示地主所拿到的債券和股票，相較於他們資產的市值，根本不能比，聲稱此舉是政府「偷搶」。有些不滿的地主痛批「實施耕者有其田條例」，指出許多人被冠上「地主」之名，但其實只擁有少量土地；但地主還是被以剝削他們的貧窮佃農的理由因而土地財產被徵收。

許多所謂的欠繳地價的佃農，不管出於什麼原因，若非未繳付他們向地主買地的費用，就是延遲繳還向臺灣銀行或土地銀行（充當政府保證人）的貸款。根據實施耕者有其田條例臺灣省施行細則第七十二條，承領耕地的佃農付完地價頭期款（現金或實物）之後，可拿著銀行的繳納收據到本地的地政機關申請土地所有權狀。但如果未繳付頭期款，依法該佃農即喪失特權，政府能將該佃農承領的土地放領給別的合格佃農。然後有人上訴，甚至發生法律糾紛。另一方面，許多地主不肯將他們的土地所有權狀交給佃農，引發各種法律糾紛。根據實施耕者有其田條例第十七條，耕地經公告期滿確定徵收後，應由縣（市）政府通知其所有權人，限期呈繳土地所有權狀，及有關證件；逾期不呈繳者，宣告其權狀、證件無效。但即使權狀、證件變成廢紙，未按期呈繳的地主仍有資格領到政府以債券或現金支付的補償。[25]農復會存在十六年期間（美援於一九六五年正式終止，但最後一筆援助款於一九六八年送達），透過有效的土地改革，的確協助確保了社會正義，使農民有自己的耕地，能行銷自己的農產品，能維持自己的診所，能開鑿自己的灌溉溝渠，從而使農村富裕。

結論

臺灣農民組合運動的興衰起伏，源於多種因素，既達成許多成就，也蒙受損失。對那些讀日文、上日語學校的臺灣人來說，他們含糊且有時混亂的社會、政治思想仍然不定且不明確。一次大戰後那段時期，他們很容易受誘於聲勢日壯的國際社會主義浪潮和昂揚的無產階級世界革命呼聲。在他們的日籍指導者影響下，臺灣人迅即將他們的社會主義想法、憤怒的情緒、受挫的心情化為抗議和行動。簡而言之，農民組合運動就是如此於島上展開。

一九二〇年代，日本人將基本的社會主義論點傳給臺灣人，為農組創辦人簡吉背書，然後簡吉全心全意致力於改善臺灣貧苦、受壓迫佃農的生計。簡吉非常清楚他要做的事艱鉅且危險，但他堅持不懈。已故美國總統甘迺迪在其《當仁不讓》（*Profiles in Courage*）一書中說道，最令人欽佩的德性是勇氣。對那些在不穩定且充滿敵意的政治環境裡發動這場臺灣農民組合運動者來說，勇氣的確是最崇高的德性，因為沒有勇氣，其他一切都沒意義。農組領導人展現出吸引人的個人特質，但組織能力不足。他們獻身於農組運動且具有才幹，但他們領導的組織卻非穩如磐石。他們不斷爭辯，迎合他們的日籍指導者和國際共產黨人的指示，在無數公開集會裡亮相，最終卻沒有多大成就。但令史學家著迷的地方，不是他們所成就的東西，而是他們所象徵的東西。他們在歷史上站錯邊，因而似乎個個都難以從世界列強的角度來看臺灣的內部事務。美國例外主義大行其道，一九五〇年代時在臺灣取代了日本資本主義和殖民主義。從一九二〇年代到一九五〇年代，臺灣農民變了，他們口中的官話也從日語變成中國話，但這在他們心中激起的恐懼和感激之情沒變。

臺灣左派／農組成員被迫噤聲和他們的農民運動遭扼殺後將近二十年，農復會在美國政府的指導下，站出來承擔大任，面對臺灣的貧窮和不公平。一如麥克阿瑟將軍釋放所有日本共產黨人，為日本佃農展開他心目中的土地改革，農復會對何謂成功的土地改革，也有具體明確的看法。靠外部來源（在此是美國）取得資金的計畫和只能靠國家（臺灣）自己籌措所有資金的計畫，兩者差異極大。在前一情形下，美國人能用錢推行數個計畫，且的確這麼做。受援國通常不願把送上門的錢拒於門外，因此這些計畫大部分得到推行。就土地改革來說，農復會的計畫得到國民黨政府成功的執行，從而有助於鞏固蔣介石在臺灣的地位，同時強化美國在西太平洋的霸權。事實上，由於農復會的計畫非常成功，到了一九八〇、九〇年代，臺灣比以往富強許多，因而轉而發出自己的農業專家和資金，協助非洲、拉丁美洲、東南亞的第三世界國家。

農民運動和土地改革，一如戰爭和政治，必然離不開權力。人能發表激烈演說，但沒有權力，基本上改變不了什麼。簡吉的農民組合能打造風起雲湧的社會運動且的確做到，甚至能發出一些請願和引發流血小衝突，但沒有實權，成不了什麼事。日本農民組合和其他左派團體送來顧問、資金、布爾什維克搞運動的訣竅以協助臺灣人的農民運動，但終歸徒勞。最終是農復會的專家、資金、權力和「新政」訣竅，使弱勢的臺灣農民擺脫半農奴的境地，找到全面實現簡吉的構想並推進他志業的辦法。

注釋：

1 Jay Taylor, *The Generalissimo's Son: Chiang Ching-kuo and the Revolutions in China and Taiwan* (Cambridge, MA: Harvard University Press, 2000), 191-192.

2 U.S. State Department, "American Foreign Policy, 1950-1955, Basic Documents" (Washington, DC: Government Printing Office, 1957), 2448-2449.

3 U.S. Department of State, July 3, 1950. 杜魯門的對臺政策也見：Su-ya Chang, "Pragmatism and Opportunism: Truman's Policy toward Taiwan, 1949-1952," Ph. D. dissertation, Pennsylvania State University, 1988.

4 Joseph W. Ballantyne, *Formosa: A Problem for United States Policy* (Washington, DC: Brookings Institution, 1952), 153.

5 Thomas A. Bailey, *A Diplomatic History of the American People* (New York: Appleton-Century-Crofts), 826.

6 Karl L. Rankin, *China Assignment* (University of Washington Press, 1964), 274-275, 315.

7 吳密察編，《臺灣史小事典》（臺北：遠流出版公司，二〇〇二年），頁一六六、一七一；也見Peter Chen-min Wang, "A Bastion Created," in Murray Rubinstein, ed., *Taiwan: A New History* (Armonk, NY: M.E. Sharpe, 1999, 2007), 325.

8 Kerr, George H. *Formosa Betrayed* (Boston: Houghton Mifflin Company, 1965), 408.

9 吳密察編，《臺灣史小事典》，頁一六六；也見趙既昌，《美援的運用》（臺北：聯經出版公司，一九八五年），頁三一、一一五—一三五。

10 另見 Neil H. Jacob, U.S. Aid to Taiwan-A Study of Foreign Aid, Self-help and Development (New York: Praeger, 1966), 195-197.

11 Bruce H. Billings, "Study of the Role of Science and Technology in Taiwan," an unpublished report submitted to USDA, dated July 1975, 10-11. 此報告現存美國史丹福大學胡佛研究所（Hoover Institution on War, Revolution and Peace, Stanford University）。

12〈臺灣經濟日誌〉，《臺灣銀行季刊》第七卷第二期（一九五四年十月一日～一九五四年十二月三十一日）和第七卷第四期（一九五四年四月一日～一九五四年六月三十日）。

13 Bruce H. Billings, "Study of the Role of Science and Technology in Taiwan," 8-9.

14 Bruce H. Billings, ibid. See appendix of the report.

15 中華民國行政院經濟建設委員會，《臺灣統計資料冊》，一九七七年，頁二一九—二二〇，以及《臺灣統計資料冊》，一九八一年，頁四—六；Shiau Chyuan-jeng, "The Political Economy of Rice Policies in Taiwan, 1945-1980," Ph. D. dissertation, University of Pennsylvania, 1984, 121.

16 基隆港務局，《基隆港建港百年紀念文集》，一九八五年，頁一三一。

17 農復會，《臺灣糧食平衡表》（臺北：農復會，一九五三年、一九八〇年）。

18 文馨瑩，《經濟奇蹟的背後：臺灣美援經驗的政經分析》（臺北：自立晚報，一九九〇年），頁二〇三；也見趙既昌編，《美援的運用》，頁三一、一一五—一三五。

19 農復會編，《農復會三十年紀實》（臺北：農復會，一九七八年），頁四二；熊鼎盛，〈臺灣地籍總歸戶之檢討〉，《土地改革月刊》第一卷第六期（一九五二年二月），頁一〇—一三。

20 雷正琪（Wolf Ladjinsk）口述，洪瑞堅譯，〈我為什麼是一個土地改革者〉，《土地改革月刊》（一九五一年七月，特刊），頁五—六。

21 蔣夢麟，〈台灣三七五減租成功因素及限田政策實施後的幾個問題〉，《土地改革月刊》第二卷第十二期（一九五二年八月），頁四。

22《農復會三十年紀實》，一九四七年—一九七八年，頁四〇。

23 出處同前，頁四二。

24〈蔣夢麟博士談農復會的成就〉，《土地改革月刊》第一卷第一期（一九五一年九月），頁二〇；也見該刊專欄文章，〈臺灣農業人口與總人口〉，《土地改革月刊》第十九卷第十二期（一九六九年十二月），頁一。

25 《土地改革月刊》社評，〈在耕者有其田接近完成階段時應該糾正的三種現象〉，第四卷第六期（一九五三年八月），頁一。

參考書目

一、檔案、文集、官方文獻

《農復會三十年紀實》，一九四七年—一九七八年。

《臺拓社報》第九六號（一九四二年一月三十一日）；第一〇八號（一九四二年七月三十一日）；第一一九號（一九四三年一月十五日）。

《臺灣文獻叢刊》，臺北：臺灣銀行經濟研究室，第四號（一九五七年），第一三號（一九五八年），第二一號（一九五八年），第四六號（一九六〇年），第八三號（一九六〇年），第八四號（一九六〇年）。

《臺灣省五十年來統計提要》，臺北：臺灣省行政長官公署統計室，一九四六年。

《警察沿革誌》（臺北：南天書局，一九三九年），第三卷，《臺灣社會運動史，一九一三年—一九三六年》。

行政院經濟建設委員會，《臺灣統計資料冊》，一九七七年、一九八一年。

青木惠一郎編，《日本農民運動史料集成》，東京：三一書房，一九七六年。

許進發編，《戰後臺灣政治案件—簡吉案史料彙編》，臺北：國史館，二〇〇八年。

朝日新聞社編，《史料明治五十年》，東京：朝日新聞社，一九六六年。

臺灣史料保存會編，《政治運動篇》裡的《日本統治下の民族運動》，東京，一九六九年。
臺灣通信社編，《台湾年鑑》，臺北：臺灣通信社，一九三六年。
臺灣銀行經濟研究室編，《日據時代臺灣經濟史》，臺北：一九五八年。
臺灣總督府外事部，調查報告二三六（一九三七年十一月十日）。
臺灣總督府編，《公學校修身書》，臺北：一九一四年、一九二八年、一九三〇年，一九四二年、一九四三年。一～五卷。
——《台湾の南方協助に就いて》，一九四三年。
——《台湾事情》，一九三六年。
——《昭和二十年台湾統治概要》，一九四五年。

二、期刊與報紙

《土地改革月刊》，一九五一年七月，特刊；一九五一年九月，第一卷第一期；一九五二年二月，第一卷第六期；一九五二年八月，第二卷第十二期；一九五三年八月，第四卷第六期；一九六九年十二月，第十九卷第十二期。
《華盛頓郵報》（*Washington Post*），一九四六年三月二十九日。
《臺灣日日新報》09/17/1914; 02/12/1925; 03/01/1925; 04/11/1925; 10/24/1925; 12/22/1925; 06/29/

1926; 08/20/1926; 09/01/1926; 10/10/1926; 12/05/1926; 02/6/1927; 04/17/1927; 04/28/1927; 04/21/1927; 06/25/1927; 06/28/1927; 07/05/1927; 07/26/1927; 08/04/1927; 08/05/1927; 08/18/1927; 08/27/1927; 08/30/1927; 09/03/1927; 09/23/1927; 10/19/1927; 12/7/1927; 08/20/1927; 08/29/1927; 09/11/1927; 11/29/1927; 02/04/1928; 3/19/1928; 4/13/1928; 4/16/1928; 5/10/1928; 6/21/1928; 10/4/1928; 1/2/1929; 02/21/1929; 05/16/1929; 05/18/1929; 06/11/1929; 06/22/1929; 07/09/1929; 07/14/1929; 08/08/1929; 08/22/1929; 09/27/1929; 05/02/1930; 07/31/1930; 09/27/1930; 03/01/1931; 07/24/1933; 05/01/1934; 07/1/1934; 12/21/1934; 10/22/1935; 12/30/1936; 03/07/1940; 03/21/1940; 10/24/1942。

《臺灣民報》03/21/1924; 10/25/1925; 11/15/1925; 12/15/1925; 03/21/1926; 07/11/1926; 07/25/1926; 08/22/1926; 09/01/1926; 09/05/1926; 09/12/1926; 09/26/1926;10/03/1926; 10/17/1926; 11/28/1926; 12/19/1926; 02/06/1927; 03/27/1927; 04/10/1927; 04/24/1927; 05/01/1927; 05/15/1927; 06/20/1927; 07/08/1927; 07/13/1927; 10/30/1927; 11/30/1927; 12/11/1927; 01/22/1928; 03/04/1928; 03/05/1928; 03/11/1928; 03/18/1928; 03/25/1928; 04/01/1928; 04/22/1928; 05/13/1928; 05/27/1928; 06/24/1928; 07/08/1928; 07/21/1928; 07/22/1928; 08/20/1928; 08/28/1927; 09/02/1928; 10/07/1928; 10/14/1928; 10/21/1928;

11/04/1928; 11/18/1928; 12/16/1928; 01/08/1929; 07/28/1929; 08/25/1929; 10/21/1929; 05/24/1930; 10/11/1930; 08/01/1931。

《臺灣新生報》，一九四六年四月十九日。

《臺灣銀行季刊》（〈臺灣經濟日誌〉），一九五四年四月一日至六月三十日；一九五四年十月一日至十二月三十一日。

《興南新聞》，一九四二年六月十日、一九四三年二月十三日。

三、書籍、期刊文章

〈橫濱商工會議所〉，《橫濱開港五十年史》，東京：名著刊行會，一九七三年。

《板垣退助全集》，板垣守正編，東京，一九三三年。一九六九年重刊。

入江文太郎，《基隆風土記》，臺北：成文出版社，一九八五年。一九三三年版的重刊本。

三菱經濟研究所編，《東洋及び南洋諸國の国際貿易と日本の地位》，東京：三菱經濟研究所，一九三三年十一月。

大澤正道，《大杉榮研究》，東京：同成社，一九六八年。

小山弘建，《日本マルクス主義史》，東京：青木書店，一九五六年。

山邊健太郎編，《現代史資料》，卷十四至二十二，東京：みすず書房，一九六四—一九七二年。
川村竹治，《台湾の一年》，東京：時事研究會，一九三〇年。
文馨瑩，《經濟奇蹟的背後：臺灣美援經驗的政經分析》，臺北：自立晚報，一九九〇年。
毛利敏彥，《台湾出兵》，東京：中央公論社，一九九六年。
布施柑治，《布施辰治外傳：幸德事件より松川事件まで》，東京：未來社刊，年份不詳。
矢內原忠雄，《帝国主義下の台湾》，岩波書店，一九二九年。
伊能嘉矩，《台湾文化史》，東京：刀江書院，一九二八年。
朱德蘭，〈臺灣拓殖株式會社的政商網絡關係（一九三六年－一九四五年）〉，《臺灣史研究》，臺北：中央研究院，第十二卷第二期（二〇〇五年十二月）。
吳文星等編，《臺灣總督田健治郎日記》，臺北：中央研究院臺灣史研究所，二〇〇一年。
吳密察編，《臺灣史小事典》，臺北：遠流出版公司，二〇〇二年。
吳濁流，《無花果》，臺北：草根出版社，一九九五年。
——《亞細亞的孤兒》，臺北：草根出版社，一九九五年。
李登輝，《臺灣的主張》，臺北：遠流出版公司，二〇〇一年。
李翼中，〈帽簷述事〉，收錄於《二二八事件資料選輯（二）》，臺北：中央研究院近代史研究所，一九九二年。

村上玉吉，《台湾紀要》，東京：警眼社、一八九九年。臺北重刊本：成文出版社，一九八五年。

周婉窈，《臺灣歷史圖說》，臺北：聯經出版公司，一九九七年。

——，《海行兮的年代》，臺北：允晨文化，二〇〇四年。

林玉茹，〈戰爭、邊陲與殖民產業：戰時臺灣拓殖株式會社在東臺灣投資事業的佈局〉，《近代史研究所集刊》第四三號（二〇〇四年三月），臺北：中央研究院。

後藤新平，《後藤新平文書》，東京，雄松堂書店發行，一九八〇年。

——"The Administration of Formosa (Taiwan)," in Okuma Shigenobu, ed., *Fifty Years of New Japan*. London: Smith, Elder & Co., 1909.

恒川信之，《日本共産党と渡辺政之輔》，東京：三一書房，一九七一年。

若林正丈，〈台湾革命とコミンテルン〉，《思想》第六一〇號（一九七五年），頁五七三—五九四。

——，《台湾抗日运动史研究》，東京：研文出版，一九八三年。

翁佳音，《臺灣漢人武裝抗日史研究》，臺北：國立臺灣大學，一九八六年。

茶園義男編，《大東亜戦下外地俘虜収容所》，東京：不二出版，一九八七年。

基隆市文獻委員會編，《基隆市志》，基隆，一九五四年。

基隆港務局，《基隆港建港百年紀念文集》，一九八五年。
莊永明編，《臺灣世紀回味》，臺北：遠流出版公司，二〇〇〇年。
許雪姬，《日治時期在「滿洲」的台灣人》，口述歷史叢書第七九號，臺北：中央研究院近代史研究所，二〇〇二年。
許進發編，《戰後臺灣政治案件—簡吉案史料彙編》，臺北：國史館，二〇〇八年。
連溫卿，《臺灣政治運動史》，張炎憲編校，臺北：稻鄉出版社，一九八八年。
陳佳宏，《海外臺獨運動史》，臺北：前衛出版社，一九九八年。
陳芳明，《謝雪紅評傳》，臺北：前衛出版社，一九九四年。
——《臺灣新文學史》，兩卷，臺北：聯經出版公司，二〇一一年。
陳逸松，《陳逸松回憶錄》，臺北：前衛出版社，一九九四年。
陳逸雄譯，〈福澤諭吉的臺灣論說〉，《臺灣風物》第四十一卷第一期（一九九一年三月）和第四十二卷第一期（一九九二年三月）。
——譯，〈板垣退助的臺灣論說〉，《臺灣風物》第三十九卷第三期（一九八九年九月）。
陳翠蓮，《百年追求：臺灣民主運動的故事》，新北市：衛城出版，二〇一三年。
湯熙勇，〈脫離困境：戰後初期海南島之臺灣人的返臺〉，《臺灣史研究》，第十二卷第二期（二〇〇五年十二月）。

黃紀男，《黃紀南泣血夢迴錄》，臺北：獨家出版社，一九九一年。

黃富三，《林獻堂傳》，南投：國史館臺灣文獻館。

楊渡，《簡吉：臺灣農民運動史詩》，臺北：南方家園出版社，二〇〇九年。

楊肇嘉，《楊肇嘉回憶錄》，臺北：三民書局，一九六八年。

農復會，《臺灣糧食平衡表》，臺北：農復會，一九五三年。

臺灣拓殖株式會社，《昭和十七年度事業概況書》，臺北：臺灣拓殖株式會社，一九四三年。

臺灣教育會編，《臺灣教育沿革誌》，臺北：臺灣教育會，一九三九年。臺北重刊本：古亭書局，一九七三年。

趙既昌，《美援的運用》，臺北：聯經出版公司，一九八五年。

蔡石山（Tsai, Shih-shan Henry），*Lee Teng-hui and Taiwan's Quest for Identity*. New York: Palgrave Macmillan, 2005.

——《滄桑十年：簡吉與臺灣農民運動，一九二四年—一九三四年》，臺北：遠流出版公司，二〇一二年。

蔡培火等編，《臺灣近代民族運動史》，臺北：自立晚報叢書，一九七一年。

蔡慧玉（Ts'ai Hui-yu Caroline），"One Kind of Control: The Hoko System in Taiwan under

Japanese Rule," Ph.D. dissertation, Columbia University, 1990.

——《走過兩個時代的人：臺籍日本兵》，口述歷史叢書第一號，臺北：中央研究院臺灣史研究所，一九九七年。

鍾淑敏，〈臺灣總督府的「南支南洋」政策—以事業補助為中心〉，《臺大歷史學報》，第三四期（二〇〇四年十二月），臺北：國立臺灣大學。

——〈臺灣拓殖株式會社在海南島事業之研究〉，《臺灣史研究》，第十二卷第一期（二〇〇五年六月），臺北：中央研究院。

——〈俘虜收容所—近代臺灣史的一段悲歌〉，收於《曹永和先生八十壽慶論文集》，臺北：樂學書局，二〇〇一年。

簡吉，《簡吉獄中日記》，簡敬等譯，臺北：中央研究院臺灣史研究所，二〇〇五年。

羅吉甫，《野心帝國：日本經略臺灣的策謀剖析》，臺北：遠流出版公司，一九九二年。

臺灣農民運動與土地改革，1924～1951

2017年1月初版　　定價：新臺幣350元
有著作權・翻印必究
Printed in Taiwan.

著者	蔡石山
譯者	黃中憲
總編輯	胡金倫
總經理	羅國俊
發行人	林載爵

出版者	聯經出版事業股份有限公司
地址	台北市基隆路一段180號4樓
編輯部地址	台北市基隆路一段180號4樓
叢書主編電話	(02)87876242轉211
台北聯經書房	台北市新生南路三段94號
電話	(02)23620308
台中分公司	台中市北區崇德路一段198號
暨門市電話	(04)22312023
台中電子信箱	e-mail：linking2@ms42.hinet.net
郵政劃撥帳戶第	0100559-3號
郵撥電話	(02)23620308
印刷者	世和印製企業有限公司
總經銷	聯合發行股份有限公司
發行所	新北市新店區寶橋路235巷6弄6號2樓
電話	(02)29178022

叢書主編	梅心怡
校對	陳佩伶
封面設計	陳文德
內文排版	極翔企業有限公司

行政院新聞局出版事業登記證局版臺業字第0130號

本書如有缺頁，破損，倒裝請寄回台北聯經書房更換。　ISBN 978-957-08-4873-1 (平裝)
聯經網址：www.linkingbooks.com.tw
電子信箱：linking@udngroup.com

The Peasant Movement and Land Reform in Taiwan, 1924–1951
by Shih-Shan Henry Tsai
Copyright © 2015 by Shih-Shan Henry Tsai
Chinese (Complex Characters) copyright © 2017 by Linking Publishing Company
This Tradition Chinese edition published by arrangement with
MerwinAsia through CGCH Foundation of Education, Taiwan
ALL RIGHTS RESERVED

國家圖書館出版品預行編目資料

臺灣農民運動與土地改革，1924～1951/
蔡石山著．黃中憲譯．初版．臺北市．聯經．2017年1月
（民106年）．336面．14.8×21公分
譯自：The peasant movement and land reform in Taiwan,
1924-1951
ISBN 978-957-08-4873-1（平裝）

1.農民運動 2.土地改革 3.臺灣史

733.2867 105025265